本书为自然科学基金青年项目"公共项目绩效的价值建构及测度方法创新研究"（72104095）、教育部人文社会科学研究基金项目"影响地方政府回应绩效有关问题：基于全国性网络问政平台大数据的实证研究"（21XJC630009）、兰州大学人文社会科学类高水平著作出版经费资助的成果。

公共项目绩效损失测度与治理研究

基于PV-GPG理论的视角

RESEARCH ON
PERFORMANCE LOSS MEASUREMENT AND
GOVERNANCE OF
PUBLIC PROJECTS

马　翔 / 著

社会科学文献出版社
SOCIAL SCIENCES ACADEMIC PRESS (CHINA)

序

　　马翔青年研究员的专著《公共项目绩效损失测度与治理研究——基于 PV-GPG 理论的视角》即将由社会科学文献出版社出版，为之欣喜，表示祝贺。

　　古今中外，公共项目都是国之大者、重者、远者。因为它承载着人民的福祉以及经济社会发展、政权巩固和民族复兴的重任。诸如都江堰工程，历经 2200 多年时光，至今仍在持续滋养川蜀大地；京杭大运河历久弥新，仍然焕发着时代的春光；古罗马的下水道工程拉开了城市排水史的帷幕；我国的古长城、秦直道和埃及的金字塔不仅彰显着劳动人民的智慧与创造，而且无不守护着人类璀璨文明的火种。时至今日，从全球合作的气候变化治理、全球信息乃至国际金融工程到我国的高铁系统、南水北调工程等，都凝结着人类和国家的重大政策目标，发挥着不可替代的公共项目功能。同样，在新中国成立初期工业与国民经济体系建立和改革开放 40 多年的快速发展与民生改善中，公共项目都起着支柱性作用。然而，面对古今中外辉煌的公共项目，如果用经济学的机会成本理论、公共管理学的公共价值理论以及政府绩效治理理论来审视，其价值还有提升的空间吗？如果有，这些"价值"的价值是什么？有多大？如何测量？这正是马翔这部著作所思并力图攻克的理论问题。

　　《公共项目绩效损失测度与治理研究——基于 PV-GPG 理论的视角》一书是 PV-GPG 理论在公共项目管理领域的应用和落地之作。因此，该专著的创新点第一在于详尽论述了公共项目绩效损失在 PV-GPG 模型中的结构、分布和价值分类。从而为 PV-GPG 理论和方法在公共项目管理的理论研究与实务操作奠定了基础。第二是以多个多类世行项目为案例，在与传统公共项目绩效内涵与标准的比较中，对公共项目绩效社会价值建构、组织管理和协同领导三部分的九个类型绩效损失的测度方法进行深入细致研究论证和检验，形成了较为系统的操作方案。第三个创新点是建构了公共项目绩效损失治理模型并提出了全周期治理方案，从思路、测度到具体方法，极具理论深度和实践操作性。这本专著还有很多亮点：填补了系统研究公共项目绩效损失的空白；系统梳理了公共项目评估理论与方法的演进脉络从而找到了 PV-GPG 理论的学术价值和地位；还深入讨论了公共价值与政府绩效的关系，公共项目绩效损失的来源和对公共项目绩效损失治理的重大战略意义、政治意义和政策价值。从而使治理经济建设中特别是区域发展中的形象工程、面子工程和政绩工程有了理论依据。当然，本书还有很多需要进一步探究和深化研究的地方，比如公共价值与公共项目绩效的关系、绩效损失判断的时空界限以及公共项目绩效损失定量测度方法与建构方法的互补原理、如何运用 AI 技术化解公共项目绩效测不准的难题等。

　　马翔青年研究员的这一专著是他博士学位论文的拓展，是他多年进行公共项目绩效管理主题研究的结晶，其中许多研究成果获得了世界银行驻华代表处的采纳。这一成果也为我国政府绩效管理学科发展和兰州大学公共管理学科建设添砖加瓦，贡献了养分和知识。我由衷欣慰并写序推荐。

包国宪

2024 年 5 月 11 日于金城开鉴庐

内容提要

公共项目显著地促进了我国的经济社会发展，但在实际运作中也出现了不少问题，表现为公共项目的目标偏离、效率低下、效益不高以及可持续性不强等。如何通过对公共项目的绩效测度，发现绩效生产中的薄弱环节，进而实现绩效改进，是当前公共项目管理中的一个关键问题。传统的公共项目绩效评估理论与方法在这一问题上进行了尝试，但没有从根本上找到绩效改进的钥匙。本书在以公共价值为基础的政府绩效治理理论（Public Value-based Government Performance Governance Theory，简称 PV-GPG 理论）上，引入了绩效损失的概念，并将其界定为公共项目实际绩效产出与预期结果的差值，试图通过对绩效损失结构、测度、影响因素以及治理的研究，找寻公共价值视角下公共项目绩效损失的测度方法与改进路径。

本书的规范研究发现：公共项目绩效测不准特性根源于公共项目缺乏社会价值建构过程而未能承载公共价值，项目偏离了公共价值的轨道，就会出现绩效损失；社会价值建构是测度体系构建方法的核心，组织管理是构建方法的实施流程，协同领导系统用以处理体系构建过程中的价值冲突；公共项目的绩效损失有使命型、权益型与工具型三种类型，其中，使命型绩效损失的大小直接决定了项目成败，权益型绩效损失因不具有强制性而容易被忽视，工具型绩效损失在三重约束理论下等同于全部绩效损失。本书的实证研究发现：PV-GPG 理论下测度出的绩效损失要大于三重约束与新公共管理理论下的绩效损失；影响绩效损失的社会价值建构因素包括缺乏公众参与、缺乏调查研究与资源禀赋不足，组织管理因素包括激励障碍、项目设计问题与管理流程问题，协同领导因素包括冲突、沟通障碍与缺乏价值共识。

目　录

第一章

绪　论

第一节　研究问题的提出

公共项目是政府、非营利组织向社会公众供给的重要公共产品,它主要用于贯彻国家公共意志、促进区域经济发展、提升公共服务水平。作为特定国家治理方式,被学界称为"项目制"的运作模式具有典型的"中国特色"。自 1994 年实行分税制改革后,我国搭建了市场经济条件下中央与地方财政分配关系的基本制度框架。在分税制 20 余年的运行过程中,这个框架发挥了一系列的正面效应,其中,最引人关注的是资金分配制度:利用聚拢的中央政府财政,以公共项目为载体将专项转移支付资金从国家层面直接注入地方。一方面,中央政府可以通过大量的专项转移支付资金"反哺"地方,以体现公共性、践行社会公平、促进共同繁荣;① 另一方面,地方政府各尽所能,向中央政府抓项目、要项目,以运行公共事务、弥补财政缺口、彰显政府绩效。在这种背景之下,大量类型不同、规模各异的公共项目如雨后春笋般在全国开工、建成、运行,这些项目有效地促进了经济发展、减少了农村贫困、提升了生活品质、彰显了社会公平,使

---

① 渠敬东:《项目制:一种新的国家治理体制》,《中国社会科学》2012 年第 5 期。

各地旧貌换新颜。以此为标志，中国社会也从总体支配走向技术治理。[①]
但与此同时，问题也在不断增多并逐渐显现。[②]

2014 年 10 月，在党的群众路线教育实践活动收官之际，全国叫停的"形象工程""政绩工程"就达到了 663 个，其中存在弄虚作假问题的有 436 个，共有 418 名个人被查处。[③] 本来公共项目要秉持普惠公共服务的原则，然而少数项目目标在实际运作中往往容易偏离或被替代，这些项目既无法实现国家意图，又没有完全体现社会需求。公众在公共项目申请与评估的全周期中缺乏足够的参与，一些最为需要的公共项目可能无法落地，已经落地的公共项目可能并不能精准满足公众需要，并且运营维护又成为新的难题，一些项目被公众诟病为"面子工程""政绩工程""形象工程"，有些还成了"豆腐渣工程"。以上问题统称为公共项目的绩效损失问题。

公共项目的绩效损失问题受到党中央和国务院的高度关注，党的十八大以来，与公共项目有关的问题被不断提及，习近平同志多次强调："要树立正确政绩观，多做打基础、利长远的事，不搞脱离实际的盲目攀比，不搞劳民伤财的'形象工程'、'政绩工程'。"[④] 党的十九大报告首次明确提出："建立全面规范透明、标准科学、约束有力的预算制度，全面实施绩效管理。"[⑤] 可以说，这是政府运用绩效管理工具，以期解决中国公共项目管理问题的一项重要政策，以此为标志，中国也以专项资金绩效评价的方式进入了公共项目绩效管理时代。然而，要解释并解决公共项目绩效损失问题有大量理论性与细则性的工作要做，这需要建立在对现实问题及其背后蕴含的理论问题进行深切思考的基础之上。其中，现实问题是：为什么一些本应普惠公众的公共项目却沦为"形象工程""面子工程"，更为吊

[①] 渠敬东、周飞舟、应星：《从总体支配到技术治理——基于中国 30 年改革经验的社会学分析》，《中国社会科学》2009 年第 6 期。

[②] 杨锡春：《公共投资项目绩效评价研究》，博士学位论文，西南财经大学，2012。

[③] 《"政绩工程"如何收场？——全国 663 个"形象工程""政绩工程"被叫停》，中国共产党新闻网，http://cpc.people.com.cn/n/2014/1014/c64387-25834019.html。

[④] 《习近平谈治国理政》，外文出版社，2014，第 400 页。

[⑤] 《决胜全面建成小康社会 夺取新时代中国特色社会主义伟大胜利——在中国共产党第十九次全国代表大会上的报告》，人民出版社，2017，第 34 页。

诡的是，为什么这些项目还能够顺利通过评估验收，而成为地方政府的"政绩工程"。其背后的理论问题是：究竟什么是公共项目的绩效与绩效损失，通过什么样的方法与指标体系测度公共项目绩效损失，依靠传统范式的公共项目绩效管理理论能够解决绩效损失的治理问题吗？以上问题整合起来，就是"公共项目绩效损失的认知、测度及治理问题"。解决这一问题，需要反思公共项目绩效固有研究视角与所遵循的理论基础，从理论上提出绩效损失测度体系的构建方法，并进入经验世界，构建测度体系，来相对准确地测度公共项目的"好"与"坏"、"成功"与"失败"。

在研究视角上，以往从正向界定的公共项目绩效往往与公众的感知存在不一致而受到客观性与完备性的质疑，令人担忧的是，无论什么样的绩效结果，一些地方政府总会用来标榜自己做得有多好，绩效有多高。从现实层面讲，绩效评估报告中"总体上是好的，仅谈一点点问题"的只论成绩、回避问题的方式需要加以反思。从方法论上讲，仅研究成功并不能保证项目成功，只有研究失败才可以提高成功的概率，只有研究绩效损失才可以避免损失，实现绩效的最大化。从心理学上讲，相比实现积极结果的动力而言，避免损失所带来的动力更强①，这种"否定性偏见"在绩效报告中表现出来，可以促使实施主体将注意力更加集中在不符合期望水平的绩效分数上。② 因此，采取逆向研究视角，探究公共项目中的"绩效损失"是一条可行路径且具有现实价值，有助于促使公共项目管理主体更加聚焦问题，而不仅是展示成绩。正如研究质量损失有助于改进企业绩效，研究绩效损失对公共项目绩效改进同样意义重大。在理论基础的选择上，新公共管理理论基于功能主义与实证主义的调查模式，过分强调在科学管理范式导向下以效率为中心的绩效内涵，可能会导致重结果轻过程、重效率轻公平、重显绩轻潜绩的问题，新公共管理理论下的绩效测度与治理在解决绩效的最大化问题时显得捉襟见肘，而一些地方政府对公共项目绩效的认

①　Donald P. Moynihan, "Performance Regimes Amidst Governance Complexity," *Journal of Public Administration Research & Theory*, Vol. 21, No. 1 (2011): 141 – 155.

②　Aaes P. Nielsen, "Learning from Performance Feedback: Performance Information, Aspiration Levels, and Managemenrial Priorities," *Public Administration*, Vol. 92, No. 1 (2014): 142 – 160.

知尚停留在概念层面，现行绩效测度与治理方法同全面推进专项资金预算绩效管理的要求还有距离。

什么样的项目绩效测度理论与方法可以解决现实问题，传统的绩效损失测度与治理的理论与方法又出现了什么样的问题？对以上问题的反思形成本书的关键研究问题：公共项目绩效损失是什么，怎么测，又如何治？这一问题应该包括具体的绩效损失所应遵循的理论基础、绩效损失测度体系和绩效损失治理体系。本书希望，对这一问题的研究可以推动政府对公共项目的认识从过去"做了哪些公共项目，绩效是多少"转向"公共项目的哪些方面没做好，哪些项目根本不应该建，哪些项目不应该这么建，公共项目在哪些方面还有改进空间，应该如何改进"。然而，要解决这一问题，需要加以诠释的具体问题应该包括：①绩效损失应该遵循何种理论，又如何解释公共项目绩效评估的"测不准"特性。②测度体系的构建方法是什么。③能够依据测度方法构建体系并开展实证测度吗。④绩效损失的影响因素是什么，发生路径又是什么。⑤绩效损失如何治理。

第二节　研究思路、内容、方法与数据

一　研究思路

以公共价值为基础的政府绩效治理理论（Public Value-based Government Performance Governance Theory，即 PV-GPG 理论）首先提出了绩效损失的概念，即公共项目实际产出与预期结果之间的差距。然而，要想明确公共项目绩效损失的内涵、分类、测度以及治理，仍有许多工作要做。本书的行文思路亦按照这一研究目标展开（见图 1—1）。

（1）对传统公共项目绩效损失研究所遵循的理论及传统公共项目绩效损失测度与治理进行批判性反思：在不同的理论下分别如何定义公共项目绩效损失，有哪些方法可以测度公共项目绩效损失，又如何治理绩效损失，它们解决了哪些问题，还有哪些问题没有解决。在此基础上论证 PV-GPG 理论作为公共项目绩效损失测度与治理所遵循的理论框架的合理性与适用性。

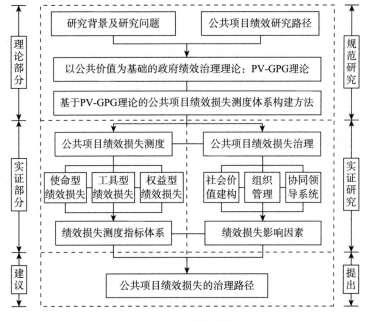

图 1 - 1　技术路线

资料来源：笔者自制。

（2）绩效损失的概念定义奠定了研究前提，下一步亟须解决的问题是，如何在 PV-GPG 理论与第四代评估理论的基础上，提出公共项目绩效损失测度体系的构建方法，为形成公共项目绩效损失的测度体系提供方法论指导。

（3）立足于公共项目实践案例，探讨如何基于绩效损失测度体系的构建方法，开发绩效损失测度指标体系。本书基于测度指标体系进行公共项目案例的实证测度，在此基础上同传统理论下的测度结果进行对比分析。

（4）PV-GPG 理论提出，在"社会价值建构""组织管理""协调领导系统"的综合作用下，可以实现绩效最大化与绩效损失最小化，一旦出现绩效损失则意味着这三个维度中的一个或多个出现问题，那么每一个维度所包含的具体要素是什么、它们是如何影响绩效损失等问题，需要基于公共项目案例进行质性分析。

（5）公共项目绩效损失测度体系用以测度损失发生的环节与大小，绩效损失治理体系提出了绩效损失的影响因素。下一步需要基于定性比较分析，进行影响因素与绩效损失之间关系的实证研究，以探究三种绩效损失的发生路径，为绩效损失治理提供证据支持。

（6）明确了公共项目绩效损失的定义、构建方法、指标体系、影响因素与发生路径，最后的关键问题是提出可操作的公共项目绩效损失治理的思路与具体路径。

二　研究内容

本书研究内容主要围绕具体研究问题展开，包括五个部分（见图1-2）。

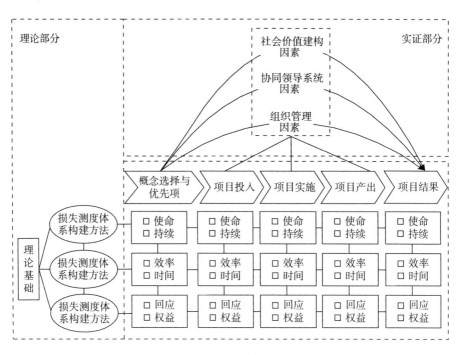

图 1-2　研究内容框架

资料来源：笔者自制。

（一）公共项目绩效损失的理论基础

公共项目绩效损失的界定、分类、测度与治理建立在公共项目绩效评估理论研究的范式基础之上，而理论基础决定绩效的根本信仰体系，它是研究的逻辑起点。比如新公共管理理论下的公共项目绩效就是追求经济、效率、效益以及顾客满意度，测度与治理也相应围绕这些指标展开。然而，任何理论范式都是在特定历史阶段下产生，解决特定的问题，并随着时代的发展而不断演进与变迁的。那么，现有的公共项目绩效评估有几种理论研究范式，它们解决了哪些问题、可借鉴之处是什么，还有哪些问题尚待解决，能否构成公共项目绩效损失研究的理论基础，构成本书第一块研究内容，体现在本书第三章。

（二）公共项目绩效损失测度体系的构建方法

在确定理论基础后，如何基于理论基础提出操作方法是当务之急，旨在为构建绩效损失测度体系提供具体操作方针，为开展公共项目绩效损失测度实践提供方法论指导。其中涉及的具体问题包括：绩效损失测度体系构建方法的具体内容、各内容的结构功能与作用发挥、内容要素下的具体步骤，并在此基础上总结凝练构建方法的优势与不足。对这些问题的解答构成了绩效损失测度体系的构建方法，是本书第二块研究内容，体现在本书第四章。

（三）公共项目绩效损失的实证测度

公共项目绩效损失测度体系构建方法为绩效损失的实证测度奠定了方法论基础。依据构建方法，基于公共项目实践案例，可以构建公共项目绩效损失的测度指标体系。在构建过程中，需要解决公共项目所应承载的具体公共价值内容、公共价值内容所对应的绩效指标、公共价值偏离所对应的绩效损失指标等问题。在测度指标确定后，还要明确指标通过什么渠道获取、评价主体是谁、评价方法是什么、评判标准如何等问题。此外，还需要基于典型公共项目案例，开展实证测度。公共项目绩效损失的实证测度体现在本书第五章。

（四）公共项目绩效损失的影响因素与发生路径

依照 PV-GPG 理论三个维度的治理体系，公共价值约束下的绩效最大化是公共项目的治理目标。[①] 首先，公共项目的社会价值建构过程解决了公共项目"为了谁"的需求对象瞄准问题与"依靠谁"的合作生产路径问

---

① 王学军、马翔：《政府绩效生成路径：新范式下的理论及其解释》，《上海行政学院学报》2015 年第 4 期。

题，具体研究内容包括确定多元主体构成、厘定各主体、识别集体偏好、选定优先事项等，旨在通过自上而下的政治路径和自下而上的需求路径确保公共项目的"无偏与在轨"。其次，通过科学的组织管理保证项目实现预期目标，保证绩效的最大化。最后，依靠协同领导系统解决项目全周期中各种类型的冲突问题并在社会、战略、政治体系的交互过程中凝聚共识、传导价值。[①]

这三个维度之下的具体要素需要进一步明确，通过质性研究探究治理体系之下公共项目绩效损失的影响因素是重要的研究内容。绩效损失的发生不一定由单因素导致，更可能是多因素交互作用的结果，因此它的发生路径是多元的。具体来看，需要以影响因素为前因条件，以绩效损失为结果变量进行实证检验，探究导致绩效损失发生的交互作用与路径，为绩效损失治理提供经验证据。影响因素与发生路径体现在本书第六章。

（五）公共项目绩效损失的治理路径

上述研究内容论述了公共项目绩效损失的理论基础，提出了绩效损失测度体系的构建方法，进行了绩效损失的实证测度，探索了绩效损失的影响因素与发生路径，在此基础上，最后一部分从测度与治理两个层面提出绩效损失的治理路径。

三　研究方法

（一）方法范式的选择

公共项目绩效损失测度与治理属于评估学研究范畴，因此研究方法必须建立在评估学方法研究范式的基础之上。实证主义与建构主义是评估学的两种方法论，不同的评估理论遵循着不同的方法论范式。在一些学者眼里，这两种范式不可调和，实证主义认为建构主义太主观、不可靠、不够

[①] 包国宪、毛雪雯、张弘：《政府绩效治理中的公民参与：绩效领导途径的分析》，《行政论坛》2017 年第 6 期。

普遍①，而建构主义认为实证主义奉行管理主义、过分强调科学、忽视多元化价值。② 当然，也有学者从实用主义角度出发，认为两种范式的融合将会成为趋势。他们提出，方法论学家很难稳稳地扎营于某一认识论，越来越多"定量"的方法论学家正站在逻辑实证主义立场上使用自然主义和现象的方法去补充测验、调查和有组织的访问。另外，日趋增多的质性研究者和人类学者正使用着提前设计的概念框架和事先构造的理论。③

本书亦采纳后一类学者的观点，并认为不存在唯一的、放之四海皆准的研究方法论，建构主义范式需要实证加以检验，实证主义范式同样需要建构理论加以解释，方法使用者应该尽可能地协调范式冲突，来根据研究需要与范式优势灵活地改变范式立场。本书采用建构主义研究范式针对绩效损失的理论基础、绩效损失测度体系的构建方法等内容进行研究；采用实证主义范式针对绩效损失体系应用、影响因素与发生路径等内容进行研究。

（二）具体研究方法

本书在具体研究的不同阶段，针对不同的研究内容，方法使用上会有不同侧重。同时，为保证研究结论的普适性与概推性，本书严格按照"问题提出—理论建构—构建方法—体系构建—实证测度—影响因素—发生机理—治理路径"的研究规范展开。第一阶段通过规范研究论证理论基础；第二阶段通过规范研究提出测度体系构建方法；第三阶段通过案例研究，构建绩效损失测度体系，并进行实证测度；第四阶段通过扎根理论研究，探索绩效损失的影响因素；第五阶段通过定性比较分析研究绩效损失的发生路径（见图 1 - 3）。

---

① 中国社会科学院哲学研究所自然辩证法研究室编《国外自然科学哲学问题》，中国社会科学出版社，1991。

② M. Q. Patton, "Effective Evaluation: Improving the Usefulness of Evaluation Results through Responsive and Naturalistic Approaches," *Journal of Higher Education*, Vol. 54, No. 54 (1981): 339.

③ T. A. Schwandt, "Qualitative Data Analysis: An Expanded Sourcebook: Edited by Matthew B. Miles and A. Michael Huberman. Thousand oaks, Calif.: Sage, 1994," *Evaluation & Program Planning*, Vol. 19, No. 1 (1996): 106 - 107; T. A. Schwandt, *Qualitative Inquiry: A Dictionary of Terms*, Sage Publications, 1997.

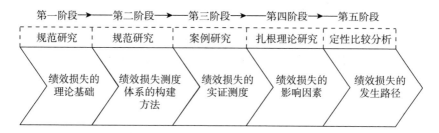

图 1 - 3　研究方法

资料来源：笔者自制。

1. 第一阶段——公共项目绩效损失的研究路径与理论遵循

规范研究：在文献综述的基础上，论述现有公共项目绩效评估理论的优势与不足，论证 PV-GPG 理论的范式优势以及它作为全书理论基础的适用性，并廓清绩效损失的概念、内涵以及与现有相似概念的区别。

2. 第二阶段——绩效损失测度体系构建方法

规范研究：基于 PV-GPG 理论，在借鉴第四代评估方法论的基础上，通过规范研究，提出公共项目绩效损失测度体系的具体构建方法，为构建绩效损失测度体系提供操作指南。

3. 第三阶段——公共项目绩效损失的实证测度

案例研究：公共项目绩效损失的实证测度需要以构建方法的应用为基础，而构建方法的应用需要一定的实践场景。案例研究旨在提供研究场景，强调发现"是什么""怎么样"的问题，有助于研究者了解项目建设的背景、项目绩效的现状及存在的问题等丰富而详尽的信息。因此，对于本部分研究内容，案例研究是合适的方法。[①]

4. 第四阶段——绩效损失的影响因素

扎根理论研究：选择扎根理论研究法的原因有二，一是当前文献对绩效损失影响因素的经验研究相对缺乏，而可供讨论、解释公共项目绩效损失的变量和命题框架更乏善可陈；二是经过多年的追踪调研，研究者掌握充分的定性数据。众所周知，通过分析多样化的定性数据来解释议题的影

---

① 王红丽、崔晓明：《你第一时间选对核心利益相关者了吗?》，《管理世界》2013 年第 12 期。

响因素问题正是扎根理论所擅长的。① 目前，扎根理论常用的编码方法有两种，一种是没有任何理论预设的自然编码，这种编码方法以构建理论为目标；另一种是结构化编码，即在研究者设定的理论框架下，基于一定的准则进行编码，目标在于完善理论或了解理论内在元素之间的逻辑关系。② 本部分内容旨在提炼 PV-GPG 理论三个维度下可能导致绩效损失发生的具体因素，故选用第二种编码方法。

5. 第五阶段——绩效损失的发生路径

定性比较分析（QCA）：QCA 分析方法在进行"多样性导向"的研究时具有较强的方法优势，能够强化理论与数据分析的关联性，③ 集合了规范研究与实证研究两种分析方法的长处，将需要研究的案例集合视为一个整体对象，分析不同前因要素组合对结果的影响，进而有效推理案例中所隐含的复杂的因果关系。这种方法善于应对样本量较少等定量研究所难以触及的研究情境，且相对于个案研究，它能够得出概推性更强的结论从而规避案例的突变风险。在公共项目绩效信息公开程度有限并且公共项目绩效损失测度范围广、周期长、内容多的背景下，几乎不可能测度大样本量的公共项目绩效损失。而这一方法同样可以解释样本量不大的社会科学问题中的因果关系问题，并且，不是因为有太多的影响社会现象发生的变量，而是因为不同的与原因相关的条件（Different Causally Relevant）共同结合起来以某些方式产生一个特定的结果。④ 简言之：基于多样本案例，多变量之间的交互作用以及多元路径选择问题是 QCA 方法所擅长解释的研究问题。

① 费小冬：《扎根理论研究方法论：要素、研究程序和评判标准》，《公共行政评论》2008 年第 3 期。

② 包国宪、张弘、毛雪雯：《公共治理网络中的绩效领导结构特征与机制——基于"品清湖围网拆迁"的案例研究》，《兰州大学学报》（社会科学版）2017 年第 3 期。

③ 包国宪、马翔：《兰州市洒水治污政策变迁路径与动力研究——基于定性比较分析法》，《北京理工大学学报》（社会科学版）2018 年第 4 期。

④ C. Q. Schneider, "Wagemann C. Standards of Good Practice in Qualitative Comparative Analysis（QCA）and Fuzzy-Sets," *Comparative Sociology*, Vol. 9, No. 3（2010）：397 – 418.

四　研究数据

案例素材与研究数据是本书的一个亮点。研究者在研究过程中收集了丰富、真实、典型、详尽的公共项目一手数据资料，为研究中国的公共项目绩效提供了丰富的研究素材。本书的案例素材与数据资料主要体现在第五、六、七章实证部分。

（一）案例素材的基本情况

案例素材是本书实证部分的主要载体，主要用来分析公共项目绩效损失测度体系构建方法的应用、开展实证测度、提炼绩效损失的影响因素与发生机理等。但是，如果案例选取失当，就容易引起对研究结果可靠性与结论概推性的质疑，即它能否推出普适性的研究论断。本书选取的公共项目案例是中国利用世界银行建设农村经济综合开发示范镇项目，该项目由世界银行发起，总投资额超过 10 亿元，由中国地方政府与世界银行共同出资，用于满足公共需求，属于中国最为常见的基础设施类公共项目，是典型的公共项目，因此具有代表性。该项目旨在通过 5 类 30 余个项目，协助改善广东、湖南、甘肃 3 省 12 市 20 县 28 个小城镇的公共基础设施和服务，惠及当地居民和企业，数量具有充分性。该项目具体包括投资建设和改造城乡道路，扩大和完善给排水和污水处理系统，加强垃圾管理，开展河道治理和河堤修复，改造扩建灌溉基础设施，建设农贸市场、商业基础设施、综合服务中心，等等。项目类型丰富，但均属于基础设施建设项目，具有可比性。因此，无论是样本量、典型性还是可比性，案例均满足概推性较强的研究条件。

该项目的申请依托各省发改委进行，通过财政部向世界银行申请贷款。项目于 2008 年 7 月得到国务院批复，2012 年 7 月得到世界银行的最终批复。项目目标是：通过项目实施，优先改善基础设施和服务，促进当地产业带动经济发展，改善当地居民的居住环境，提高居民生产生活的便利性，增加当地农民的就业机会，拓宽农民增收渠道，从而有效提高当地公众生活质量，全面拉动各示范镇及周边地区社会、经济、环境的可持续发展。

虽然审批周期较长（见图1-4），但项目获批依然鼓舞了省、市、县三级申请机构，一方面，这个项目具有较大的示范带动作用，总投资额超过10亿元，而且利率极低，这是显而易见的"政绩"；另一方面，项目包含市场工程、道路工程、管网工程、灌溉工程、培训项目等五块内容，除了培训外，其他内容对于深谙项目制运作模式的县（区）政府来说是轻车熟路。与此同时，三省迅速成立了项目管理机构，包括在省发改委成立了世界银行项目总的管理机构——省利用世界银行贷款建设农村经济综合开发示范镇项目办公室；在各县（区）成立了子项目管理机构——项目协调领导小组，组长一般由县（区）长或常务副县（区）长担任，成员包含县（区）发改局、财政局、农业局、建设局等局主要负责人；在项目所在镇成立了子项目执行机构——项目办公室，办公室主任由镇党委书记或镇长担任。

图1-4　世界银行贷款公共项目申请审批全周期

然而，项目资金充足、建设内容并不复杂的各种项目本应按时发挥作用，却在实际运作中出现了明显的分化。从整体看，原定于2017年底全部竣工的世界银行项目被迫延期1年以上，整体项目的预期效益无法实现，三省的项目被世界银行总部评为"不满意"项目。从子项目看，部分项目建设内容进行了多番调整，严重拖慢了进度，部分项目的效益不好，公众满意度欠佳。与此同时，也有少数项目能够如期建成，及时发挥效益，得到核心利益相关者的高度评价。其中牵扯的问题复杂却有趣，我们不禁要追问，在结果端，一些公共项目是否存在不同程度的绩效损失，那么公共项目的绩效损失是什么、如何测、有多大？在原因端，又有哪些具体因素可能导致绩效损失发生，绩效损失发生的机理与路径又是什么？在进行外部监测与评估过程中，笔者也发现了项目中存在的可能导致损失发生的一些原因，比如，一些公共项目缺乏公众参与；一些项目的各级管理系统对世界银行项目规则不熟悉、不适应；一些项目具有设计缺陷，从一开始就埋下了隐患；等等。然而，这些原因对于以上问题的解释并不充分。因此需要对公共项目案例进行全面的审视，在解构、分析与综合的研究过程中，回答以上具体问题。

（二）具体的数据素材

第一类研究素材是研究者所收集的公共项目资料。2014 年至 2019 年，研究者以项目秘书的身份参与中国利用世界银行建设农村经济综合开发示范镇项目外部监测评估、满意度评估、社会影响评估，在项目执行过程中，研究者系统收集了与项目有关的大量一手资料，包括项目的各类监测评估报告、观察记录档案、部分合同书、可行性研究计划、环评报告、项目工作手册、贷款项目协定。此外，研究者与河海大学移民中心、甘肃省农科院等单位建立了良好的联系，获取了项目的移民安置计划等资料。

第二类研究素材是研究者在项目办公室工作人员的协助与授权下，进入项目管理信息系统（简称信息系统），从中获取的各级项目管理办公室未来投资计划、各类合同信息、提款报账信息等资料。

第三类研究素材是各类访谈资料。研究者深入访谈了中国利用世界银行建设农村经济综合开发示范镇项目中的几乎所有关键当事人，这些当事人大多来源于发改、住建、农业、财政系统，具有丰富的公共项目运作与管理经验。在项目管理系统的决策层面，主要包括世界银行驻华代表处的项目经理、各省发改委外资利用处的相关领导、省项目办的有关人员；在项目管理系统的执行层面，主要包括各县（区）项目协调领导小组成员、各县（区）项目办的工作人员；在项目利益相关者层面，主要包括项目的监测机构、监理机构、受益群体、受影响群体。可以说，访谈对象基本涵盖了本书所涉及的关键要素。需要强调的是，研究者追踪案例的时间长达5 年，浸入式地参与了项目的方方面面，并对一些关键被访对象进行了多次回访，因此可以较好地保证素材的真实性与可靠性。被访对象是地方公共项目的决策者、执行者与受益者，他们提供的信息资料是本书主要的信息来源之一。出于研究伦理与受访者建议，研究者在书中隐去了受访者的部分个人信息。

第四类研究素材是研究小组打分。基于研究设计与研究需要，本书根据开展公共项目监测评估实践超过两年、参与过项目的一线调研、参与过相关研究报告撰写等原则，组建了七人的研究团队，研究团队根据焦点小组讨论、关键诊断性问题、相关监测报告、调研报告等多来源、多渠道的一、二手数据，根据循证原则与规范，对公共项目绩效损失的影响因素及类型进行了打分，并将此作为隶属的标定依据。

第三节　研究意义

一　理论意义：丰富和深化 PV-GPG 理论，进一步促进该理论的落地

PV-GPG 理论认为公共项目与私人项目的本质区别在于是否具有公共属性，因此，只有承载公共价值的公共项目才具有合法性，才能在此基础上创造绩效。要保证公共项目承载公共价值，则需要包含政府、社会公众、市场在内的多元主体的响应、互动与合作，达成公共价值的一致性认知，然后用绩效指标承载公共价值，最后通过绩效的生产创造公共价值。缺乏建构过程、协调领导不好以及管理不善所造成的公共价值偏离与产出差距就可能导致绩效损失。PV-GPG 理论定义了绩效损失的概念，提出了基于社会价值建构、组织管理、协同领导系统三个维度的绩效损失治理体系，但公共价值与政府绩效的关系廓清、公共价值以及绩效损失的类型划分、三个维度下的要素支撑、要素与绩效损失之间的因果关系、绩效损失测度体系的构建方法等方面仍然有不小可理论拓展的空间。本书拟围绕上述问题展开，可以进一步丰富和深化 PV-GPG 理论，促进 PV-GPG 理论在公共项目领域的落地，推动 PV-GPG 理论向中观层面发展。

二　实践意义：提出基于 PV-GPG 理论的公共项目绩效损失测度体系构建方法，为构建公共项目绩效损失测度体系提供方法论指导

囿于方法缺陷、认知偏差与制度障碍，现行公共项目绩效评估实践未能通过构建基于公共价值的绩效与绩效损失测度体系进而促进绩效的最大

化。本书以基于 PV-GPG 理论的公共项目绩效损失测度体系构建方法为基础，致力于提出构建绩效损失测度体系所需要的方法与路径，相比传统公共项目绩效损失测度更为全面系统，意在为解决过去绩效评估中存在的只做测度评价却较少进行理论反思、只关注测度方法却忽视实践应用、只论测度框架却不建立测度指标、只谈测度结果却不审视指标构建方法的问题做出边际贡献。公共项目的研究者、实践者、使用者等各类利益相关者群体，可以尝试用本书提出的方法，构建公共项目绩效损失测度体系，并在这一过程中理解公共项目的公共价值共识形成、价值创造与绩效生成过程，以此为基础探索公共项目绩效损失的分布、测度与治理。

第四节　框架结构

本书共八章。第一章为绪论，主要介绍了全书的研究背景、研究问题、研究思路、研究内容、研究方法与研究数据。

第二章对与本书有关的文献进行了系统回顾与梳理，主要围绕不同公共项目绩效评估理论下对绩效的定义、测度及治理方法展开。

第三章主要介绍了两块基本内容：一是阐述了 PV-GPG 理论作为全书理论基础的适用性；二是阐释了 PV-GPG 理论下绩效损失的概念、内涵、分类，辨析了它与现有相似概念的区别与联系，在此基础上论证绩效损失是一个全新的概念。

第四章提出了公共项目绩效损失测度体系构建方法，旨在为构建公共项目绩效损失测度体系提供流程指导。该章首先系统建构了包含三个维度十个环节在内的绩效损失测度体系构建流程；其次比较了本书方法与其他方法的不同。

第五章基于绩效损失测度体系构建方法，构建了公共项目绩效损失测度体系并进行实证测度。该章首先基于构建方法构建了绩效损失的测度指标体系，其次进行实证测度，最后对比了不同评估理论指导下绩效损失测度结果的差异。

第六章进行公共项目绩效损失的影响因素与发生机理分析，将此作为绩效损失治理的基础。该章首先基于 PV-GPG 理论框架的三个要素，利用扎根理论的编码方法提炼了 PV-GPG 理论三个维度下可能引发的各类绩效损失的影响因素；其次以影响因素为前因条件变量，研究了绩效损失的具体发生路径。

第七章基于第三、四、五、六章的研究发现，进一步分析了绩效损失背后的深层次原因，在此基础上提出绩效损失的治理对策。

第八章是本书的最后一章，主要论述了全书的研究结论、研究创新、研究不足与研究展望。

第二章

文献综述

第一节　公共项目绩效测度与治理的概念

一　公共项目

（一）公共项目的定义

项目是为特定目标所设定的、有组织的若干行动的集合。[①] 从项目目标、预期的效益和受益对象的角度，可以将其划分为私人项目（Private Program）和公共项目（Public Program）。公共项目是为实现公益目标，旨在体现社会效益并承载公众意志的项目，它主要由政府投资，少数项目也会由非营利组织、企业或个人投资，它可以以项目资金的来源、基本目标、预期效益、社会影响、运营维护主体为依据进行界定，它是提供公共物品和公共服务的重要途径和载体。而私人项目是为取得利润与实现企业发展目标，旨在体现经济效益并承载企业、组织或个人意志的项目，它主要由企业投资，其产出有明显的排他性和竞争性。[②] 无论是学术界还是实务界，公共项目都是一个被普遍接受并使用的概念。在不同的国家和地区，公

[①]　付伟江、李旭辉：《基于系统视角的项目框架模型探索》，《项目管理技术》2018 年第 5 期。

[②]　汪吉庶、张汉：《农村公共物品供给的议程困境及其应对——以浙江甬村为案例的小集体分成付费制度研究》，《公共管理学报》2014 年第 4 期。

共项目的含义相同，但称谓各不相同。有些国家和地区称之为公共工程，比如日本、智利和中国香港；有些称为公共项目或政府投资项目，比如英国、美国以及中国大陆。虽然各个国家和地区所惯用的叫法不同，但描述的是同一个概念。

（二）公共项目的分类

不同的国家和地区对公共项目有不同的分类方式，以公共项目数量最多的两个国家为例。美国联邦政府公共项目依据资金的属性与项目的目标分类，共有竞争性资助项目、分类财政补贴项目、规制项目、资本资产与服务采购项目、信贷项目、研究与发展项目、联邦直接项目等七种类型。[①]中国的公共项目分类方法更多，以资金来源为依据，可以将公共项目分为政府投资项目、国有企业投资项目、事业单位投资项目以及政府和社会资本合作（PPP）项目等四种类型；以归口部门为依据，可以分为发展、科技、农业、工信、民生类公共项目；以项目属性为依据，可以分为国防军工、基础邮政、防灾减灾、卫生防疫、江河治理、科研计划、消防、生态建设、环境保护、公共医疗卫生、教育、体育、文化、农村基础设施等类型。有文献也按照公共项目是否具有营利属性，将其分为非营利性公共项目和营利性公共项目。其中，非营利性公共项目基本是由政府投资，单纯为了社会效益，在项目全周期不会向公众收取任何费用，这一类项目属于民生类项目，比如常见的水利、扶贫、部分道路项目。营利性公共项目是具有一定社会效益，也同时会依据一定的市场经济准则，同时考虑经济效益的项目，比如机场、铁路、公交、高速公路项目。可以看出，无论采用哪种分类，无论投资主体是政府部门、各类组织还是个人，公共项目在中国情境下可以归为面向公共需求、追求社会效益、由政府运营维护的项目。

（三）公共项目与相关概念辨析

这里需要对易与公共项目混淆的"公共工程"[②]做概念辨析。从定义

---

①　孙一平：《美国公共项目评估研究》，中国人事出版社，2011。

②　"公共工程"在英文语境下大多被翻译为 Public Project，而"公共项目"则大多被翻译为 Public Program。从学科的主流杂志看，*Public Administration Review*、*Public Administration* 等公共管理主流期刊，较多用 Public Program，而 *International Journal of Project Management*、*Project Management* 等项目管理类的期刊，较多用 Public Project。

上讲，公共工程是行政主体或其他主体为实现行政主体意图对不动产进行的以公共利益为目的的工程活动。[①] 由定义可知，公共项目概念的内涵更广，而公共工程隶属于公共项目，但公共项目并不都可以被称为公共工程。区分的关键在于是否具有不动产，有不动产的项目，既可以称为公共项目，又可以称为公共工程（政府通常称为公共工程项目）；"培训""文化建设""宣传""服务"等没有不动产的项目，则只能称为公共项目，不能称为公共工程，它们在中国通常被称为公共服务项目。在中国情境下，传统意义上的公共项目更多属于有固定资产的工程类项目，受世界银行等国际组织和发达国家的影响，各类非工程类的公共项目也越来越多。综合以上介绍，本书将公共项目定义为：由各类主体投资、面向公众需求、以社会效益为根本目标、由政府作为最终运营维护主体的项目。

二　公共项目绩效

绩效是一个不断演变的多维度构念，有众多的文献对其作出定义，其中最广为接受的定义为：绩效是关于目标达成程度的具体衡量，它是过程与结果的统一体。那么按照如上定义，公共项目绩效就是对公共项目目标达成程度的具体衡量。然而，需要强调，虽然对公共项目绩效的定义容易达成共识，但在不同的理论体系下，公共项目目标是不一致的。从根本上讲，公共项目目标与其所遵循理论的底层价值逻辑有关，理论范式下的价值取向会塑造公共项目的绩效观。比如，在三重约束（triple constraint）理论下，公共项目的目标就是成本、质量与时间；在新公共管理理论下，公共项目的目标则是经济、效率与效益。因此，本书对公共项目绩效的定义强调三个方面：首先，公共项目绩效内涵处于动态调整与不断演变的状态；其次，公共项目绩效内涵的调整和演变伴随着公共项目绩效评估所遵循的理论范式的变迁，换言之，在不同理论范式下，公共项目具有不同的绩效内涵；最后，公共项目绩效表示它在对应理论范

---

① 〔英〕L. 赖维乐·布朗、〔英〕约翰·S. 贝尔：《法国行政法》第五版，高秦伟、王锴译，中国人民大学出版社，2006。

式下的公共项目目标实现程度。

三　公共项目绩效评估

公共项目管理是通过实施计划、组织、领导、协调、控制等管理职能，实现公共项目目标的活动过程，它对公共项目的成功至关重要。公共项目管理包括公共项目立项与启动、可行性论证、招投标管理、合同管理、进度管理、融资与成本管理、质量管理、绩效管理等内容。[①]　其中，公共项目绩效管理是公共项目管理的核心，它能够统合所有的公共项目管理内容，是管理主义改革方案中最重要的组成部分。[②]　公共项目绩效评估是指根据公共项目的绩效目标，以测度指标为载体，以测度方法为工具，对公共项目所要实现的成果进行全面审视，并在指标测度结果呈现的基础上进行项目价值判断。可以说没有评估，就无法管理，公共项目绩效评估是公共项目绩效管理的主要内容，是项目绩效改进的前提与基础。本书可以归属于公共项目绩效评估的范畴。需要指出，围绕公共项目绩效评估形成了不同的公共项目绩效评估理论，在不同的理论下，公共项目绩效的内涵、测度指标、影响因素与治理手段会有根本不同。

四　公共项目绩效测度

在进行公共项目绩效评估时，需要循证决策（Evidence-based），因此需要制定一个信息收集的程序，来确定要测度哪些构念、哪些构念应该在数据收集程序中被转化成变量，采集信度和效度较好的数据，通过一定的方法将原始数据转化为绩效数据。[③]　变量的设计、原始数据的收集、绩效数据的转化、判断证据的形成都需要通过公共项目绩效测度（Public Program Performance Measurement）。由此来看，公共项目绩效测

---

① 杜亚灵、尹贻林、严玲：《公共项目管理绩效改善研究综述》，《软科学》2008 年第 4 期。
② 包国宪、马翔、李树军：《公共项目绩效损失结构、测度与评价方法研究》，《上海行政学院学报》2020 年第 4 期。
③ 曹堂哲：《基于测量理论的政府绩效测量与评估的方法体系》，《宜宾学院学报》2015 年第 10 期。

度是测度的一种特殊形式，是对公共项目绩效进行量化和表达的过程。公共项目绩效测度是公共项目绩效评估的前提与基础，它依据一定的准则与价值尺度，使用特定的测度工具，通过特定的方式收集绩效信息，形成绩效评估的证据。

五　公共项目绩效治理

治理的定义在中西方语境下存在差异。在中国语境下[①]，治理有两层含义：首先是统治与管理，这与西方语境下的管理是一致的，比如治理国家；其次是处理与整修，这侧重于对问题的解决，具体来看，它以问题的存在为前提，以处理问题为核心要义，以问题的解决为最终目标，比如黄河水患治理、大气污染治理等。[②] 在西方治理理论的语境下，治理内涵更为丰富，首先，它代表参与主体的多元化；其次，它代表不同主体的合作与协同是具体运作方式；再次，它代表公共部门需要向其他主体让渡公共管理权力；最后，它代表多元价值诉求。[③] 由此可知，西方语境下的治理内涵与中国本土的治理内涵存在错位现象，而概念的厘清是学术对话的前提，一方面，本土的概念只有在不断吸收借鉴先进治理理念的基础上才能与时俱进；另一方面，治理的概念也不能照搬西方，它只有在本土化的基础上才能实现理想的重塑。本书在整合中西方治理概念并总结凝练现有文献的基础上，将其定义为：在不同主体的参与下，协调利益相关者关系，寻求处理与解决问题的办法。在此基础上，公共项目绩效治理是，在不同主体的参与下，寻求处理与解决绩效问题并最终实现绩效最大化的办法。

---

① 中国很早就有对治理的描述，如在春秋战国时期形成的"治大国，若烹小鲜""修身、齐家、治国、平天下"等。由此可知，古人对治理的使用意在表达其"统治"意涵，这个意涵一直沿用至今。

② 姜士伟：《"治理"的多语境梳理与"国家治理"内涵的再解读》，《广东行政学院学报》2015 年第 5 期。

③ 王浦劬：《国家治理、政府治理和社会治理的含义及其相互关系》，《国家行政学院学报》2014 年第 3 期；沈佩萍：《反思与超越——解读中国语境下的治理理论》，《探索与争鸣》2003 年第 3 期。

六 小结

绩效治理需要以绩效测度为前提，而绩效测度又要遵依于绩效评估的理论研究范式，因为理论范式是整体研究的哲学基础、理论前提和操作规则。公共项目绩效内涵、测度、方法与治理的演进伴随着公共项目绩效评估理论研究范式的变迁，公共项目绩效评估理论研究范式决定着公共项目绩效的根本信仰体系[①]，在不同评估理论范式下，对绩效内涵的认知、具体的测度指标、绩效的影响因素以及治理路径会有不同。因此，本部分对已有研究文献进行梳理的核心内容包括不同理论研究范式下公共项目绩效评估有什么样的绩效内涵、通过什么样的方法测度绩效、什么因素会影响公共项目绩效、绩效的治理路径又是什么。在评估理论研究范式方面，本书在既有文献的理论研究范式分类基础上，通过对公共项目绩效评估的系统性文献梳理，发现三重约束理论、新公共管理理论、第四代评估理论、公共价值管理理论等四种公共项目绩效评估理论研究范式。[②]

第二节 三重约束理论下公共项目绩效
测度及治理路径

一 三重约束理论下公共项目绩效及其测度

最早定义公共项目成功标准的理论被称为三重约束理论，它规定，公共项目的成功与否由三个指标衡量，然而对于"这三个指标是什么"，存在两种观点。一是狭义的三重约束指标，即项目的绩效取决于时间、

---

① M. Bronte-Stewart, "Beyond the Iron Triangle: Evaluating Aspects of Success and Failure Using a Project Status Model," *Computing & Information Systems*, Vol. 19, No. 2 (2015): 19 – 36.

② 有文献将公共项目的评估理论研究范式分为三重约束理论、新公共管理理论与公共价值管理理论研究范式。本书认可这一理论研究范式分类，并在此基础上进行系统性的文献综述，发现第四代评估理论在对项目绩效的认知、绩效测度的方法、绩效改进的措施方面与其他三个理论研究范式具有很大不同，第四代评估理论出现的时间处于新公共管理理论与公共价值管理理论中间，由此认为它不隶属于现有理论，不能将其纳入传统公共项目绩效评估的三评估理论研究范式论。

成本和质量。^① 二是广义的三重约束指标，它拓宽了三重约束下项目绩效的内涵，即项目绩效取决于时间、成本和范围，其中范围的内容又可以随着项目的不同而调整。广义的三重约束观点对范围的定义过于宽泛，且不同文献对范围所涵盖指标的观点存在很大不同。为避免范围定义不一致而引起争议，本书所指的三重约束采用狭义观点。三重约束标准最初被应用于私人项目，直到 20 世纪 60 年代，它被引入公共项目评估。在很长一段时间内，三重约束理论都成为公共项目绩效的判断准则。^② 三重约束理论之下的公共项目绩效不彰问题较为常见，具体表现为项目延误、项目超支以及项目质量问题。与此相对应的测度方法也较为简单，常见的有甘特图法（GANTT）、挣值管理法（EVMS）以及关键绩效指标法（KPI）。

二　三重约束理论下公共项目绩效的影响因素

三重约束的测度指标清晰简单，学者因此更多关注于公共项目绩效不佳的影响因素问题。阿萨夫和萨迪克（Assaf & Sadiq）通过访谈与多元回归研究了大型公共项目延误与质量不佳的原因，结果表明，低价中标制度、更改订单、拖延付款、承包商规划欠佳、管理不善、监督不力、劳工短缺、承包商施工困难等原因会导致项目延误与工程质量问题。^③ 莫曼（Momani）和斯威斯（Sweis）等学者将用户变化、天气、合同纠纷、设计

---

① S. U. R. Toor, S. O. Ogunlana, "Beyond the 'Iron Triangle': Stakeholder Perception of Key Performance Indicators (KPIs) for Large-scale Public Sector Development Projects," *International Journal of Project Management*, Vol. 28, No. 3 (2010): 228 – 236; P. M. Institute, *A Guide to the Project Management Body of Knowledge: PMBOK (R) Guide*, Project Management Institute, 2013; Gordon David, "The Black Swan: The Impact of the Highly Improbable," *Library Journal*, Vol. 132, No. 7 (2007): 94.

② I. T. Avery, *Bent Flyvbjerg*, Cel Press, 2012; E. Mkoba, C. Marnewick, *IT Project Success: A Conceptual Framework for IT Project Auditing Assurance*, The Conference of the South African Institute of Computer Scientists and Information Technologists, 2016; S. M. Schim, A. Z. Doorenbos, "A Three-dimensional Model of Cultural Congruence: Framework for Intervention," *Journal of Social Work in End-of-life & Palliative Care*, Vol. 6, No. 3 (2010): 256.

③ S. A. Assaf, S. Al-Hejji, "Causes of Delay in Large Construction Projects," *International Journal of Project Management*, Vol. 24, No. 4 (2006): 349 – 357.

缺陷等变量纳入三重约束指标的影响因素。① 卡明（Kaming）等研究了公共项目的成本超支问题，他通过案例研究，认为成本超支的主要原因是原材料成本增加、原材料用量估计不准、设计变更、劳动生产率低下、计划不足和资源短缺。② 此外，还有文献列举了"无效控制""激励障碍""满意度""冲突"等众多可能导致项目三重约束问题产生的原因。③

三 三重约束理论下公共项目绩效的治理路径

与影响因素相对应，三重约束绩效治理的关键，在于管理手段的运用，首先，做好预算管理，以此进行成本控制；④ 其次，雇用具有丰富经验的管理人员，以此保证项目质量和进度；⑤ 最后，进行质量控制，通过现场监督、随机抽查、高频检查等方式，确保工程建设质量。⑥ 此外，也有学者提出，要通过重建项目团队、完善项目中标制度、进行合同管理、强化监督等方式，来保证项目绩效目标的实现。⑦ 从绩效治理主体看，三重约束理论下的绩效治理主要依托施工企业，缺乏对其他多元主体的关注，这与私人项目绩效改进路径几乎完全一致。

---

① A. H. Al-Momani, "Construction Delay: A Quantitative Analysis," *International Journal of Project Management*, Vol. 18, No. 1 (2000): 51 – 59; G. Sweis, R. J. Sweis, S. M. Bisharat et al., "Factors Affecting Contractor Performance on Public Construction Projects," *International Journal of Project Management*, Vol. 11, No. 4 (2014): 28 – 39.

② P. F. Kaming, P. O. Olomolaiye, G. D. Holt et al., "Factors Influencing Construction Time and Cost Overruns on High-rise Projects in Indonesia," *Construction Management & Economics*, Vol. 15, No. 1 (1997): 83 – 94.

③ E. Mkoba, C. Marnewick, *IT Project Success: A Conceptual Framework for IT Project Auditing Assurance*; S. M. Schim, A. Z. Doorenbos, "A Three-dimensional Model of Cultural Congruence: Framework for Intervention," *Journal of Social Work in End-of-life & Palliative Care*, Vol. 6, No. 3 (2010): 256.

④ 夏冬林：《企业会计是一个战略控制系统——纪念杨纪琬先生诞辰 100 周年》，《会计研究》2017 年第 1 期。

⑤ 杨小平、韩金伟：《基于挣值管理有效模型的挣值动态预测研究》，《北京理工大学学报》（社会科学版）2010 年第 4 期。

⑥ 郭汉丁、张印贤、陶凯：《工程质量政府监督多层次利益分配与激励协同机制探究》，《中国管理科学》2019 年第 2 期。

⑦ 周俊：《政府购买公共服务的风险及其防范》，《中国行政管理》2010 年第 6 期。

四 小结

随着公共项目评估实践的发展，三重约束理论因其过于简单的绩效内涵而受到越来越多文献的质疑。传统的三重约束措施不适用于衡量大型公共部门发展项目的绩效；[1] 如果以三重约束指标为标准，那么绝大多数的公共项目是失败的；[2] 不能仅仅依靠对这三项指标进行测度，项目成功与否还应该广泛采纳各利益相关者的观点；[3] 这样的测度缺乏成本效益分析或不能系统地满足真实需求或未来利益；[4] 不追求满足需要的公共项目即使符合三重约束，也应该是没有绩效的项目。[5] 总结来看，对三重约束的批判集中在两个方面，一是过于严格，仅通过质量、时间与成本等方面的问题就判定公共项目失败显然过于苛刻；二是测度出的绩效仅能体现项目整体绩效的冰山一角，忽略了其他更重要的部分。而无法测度出全部绩效，相对应的治理手段也只能局限于对三重约束指标的改进与提升上。简言之，三重约束理论过分关注项目自身的建设而忽视了其要承载的最初使命与最终价值。[6]

---

[1] S. U. R. Toor, S. O. Ogunlana, "Beyond the 'Iron Triangle': Stakeholder Perception of Key Performance Indicators (KPIs) for Large-scale Public Sector Development Projects," *International Journal of Project Management*, Vol. 28, No. 3 (2010): 228 – 236.

[2] R. Joslin, R. Müller, "Relationships between a Project Management Methodology and Project Success in Different Project Governance Contexts," *International Journal of Project Management*, Vol. 33, No. 6 (2015): 1377 – 1392.

[3] K. D. Bakker, A. Boonstra, H. Wortmann, "Does Risk Management Contribute to IT Project Success? A Meta-analysis of Empirical Evidence," *International Journal of Project Management*, Vol. 28, No. 5 (2010): 493 – 503.

[4] A. Diallo, D. Thuillier, "The Success Dimensions of International Development Projects: The Perceptions of African Project Coordinators," *International Journal of Project Management*, Vol. 22, No. 1 (2004): 19 – 31.

[5] M. Olsen, H. T. Sørensen, V. E. Hjortdal et al., "Congenital Heart Defects and Developmental and Other Psychiatric Disorders: A Danish Nationwide Cohort Study," *Circulation*, Vol. 124, No. 16 (2011): 1706 – 1712.

[6] K. Jugdev, R. Moller, "A Retrospective Look at Our Evolving Understanding of Project Success," *IEEE Engineering Management Review*, Vol. 34, No. 3 (2005): 110.

第三节　新公共管理理论下公共项目绩效
测度及治理路径

一　新公共管理理论下公共项目绩效及其测度

从时间节点看，对三重约束的反思始于新公共管理运动的兴起，这一时期，西方国家的公共项目绩效评估经历了从对各种管理理念的介绍到测度方法开发的复兴时期。[①] 新公共管理理论从科学管理传统中公共部门的"新制度经济学"和商业性"公共管理"理念出发，建立在竞争和效率的价值基础上，假定私营部门比公共部门管理要好，因此一切公共部门必须学习私人部门的最佳做法，而最好的实现效率的方式就是面向顾客、任务外包。[②] 在新公共管理理论下，公共项目绩效评估遵循实证主义的方法论，信奉存在着自然法则支配的、单一的、真实的事实，这些事实可以被科学的方法发现和利用。[③]

这一时期的文献在三重约束理论的基础上有了更为丰富的绩效测度内容，主要表现有三：一是将顾客满意度维度纳入绩效评估，顾客满意度不高是一种绩效不佳，在新公共管理理论下，顾客满意度不再是三重约束指标的影响因素，而是进行了因果互换，顾客满意度不高本身就是绩效不佳；[④] 二是在过程与产出阶段，增加了投入产出比等经济、效率型指标，

① J. E. Lane, "New Public Management," *Encyclopedia of Creativity Invention Innovation & Entrepreneurship*, Vol. 25, No. 2 (1998): 234 – 240.

② 董礼胜：《西方公共行政学理论评析——工具理性与价值理性的分野与整合》，社会科学文献出版社，2015。

③ E. G. Guba, Y. S. Lincoln, "Fourth Generation Evaluation," *Canadian Journal of Communication*, Vol. 16, No. 2 (1989): 6 – 10.

④ E. S. Andersen, Q. X. Dyrhaug, S. A. Jessen, "Evaluation of Chinese Projects and Comparison with Norwegian Projects," *International Journal of Project Management*, Vol. 20, No. 8 (2002): 601 – 609; W. T. Chen, S. L. Liao, C. S. Lu et al., "Evaluating Satisfaction with PCM Services for School Construction: A Case Study of Primary School Projects," *International Journal of Project Management*, Vol. 28, No. 3 (2010): 296 – 310.

投入产出比低、效率不高是绩效不佳；① 三是在结果阶段，增加了效益、安全性、名誉、影响等指标，效益未达预期、安全问题、负面影响等是绩效不佳。② 可以发现，新公共管理理论下的绩效指标包含了三重约束指标，衡量公共项目效率维度的指标涵盖了时间与成本指标，效益维度的绩效也包括了项目质量。

在新公共管理理论中更加精彩的是测度方法的荟萃，梳理文献可知，常用的公共项目绩效测度方法不下十种。从目标测评法（Objective Evaluation Method）③ 到投入产出分析法④，从数据包络分析法（DEA Method）⑤ 到人工神经网络智能评价法（ANN Intelligent Evaluation Method）⑥，从层次分析法（AHP）⑦ 到综合模糊评价法（Fuzzy Comprehensive Evaluation Method）⑧，从

---

① C. Barclay, K. M. Osei-Bryson, "Project Performance Development Framework: An Approach for Developing Performance Criteria & Measures for Information Systems (IS) Projects," *International Journal of Production Economics*, Vol. 124, No. 1 (2010): 272 – 292; P. Beck, J. J. Jiang, G. Klein, "Prototyping Mediators to Project Performance: Learning and Interaction," *Journal of Systems & Software*, Vol. 79, No. 7 (2006): 1025 – 1035; R. Cordero, "The Measurement of Innovation Performance in the Firm: An Overview," *Research Policy*, Vol. 19, No. 2 (1990): 185 – 192.

② Z. M. Torbica, R. C. Stroh, "Impact of Total Quality Management on Home-buyer Satisfaction," *Journal of Construction Engineering & Management*, Vol. 125, No. 3 (1999): 198 – 203; J. R. Meredith, S. J. J. Mantel, "Project Management: A Managerial Approach," *Cardiff University*, Vol. 13, No. 3 (1995): 7 – 9; R. Joslin, R. Müller, "The Relationship between Project Governance and Project Success," *International Journal of Project Management*, Vol. 34, No. 4 (2016): 613 – 626.

③ Colorado State Dept. of Education, Denver, "Pilot Program on Common Status Measures Objective-Referenced Tests," *Colorado Evaluation Project*, No. 1 (1970): 1 – 16.

④ E. E. Elder, W. R. Butcher, "Including the Economic Impact of Cost Paying in Regional Input-Output Analysis," *Western Journal of Agricultural Economics*, Vol. 14, No. 1 (1989): 78 – 84.

⑤ K. C. Iyer, P. S. Banerjee, "Measuring and Benchmarking Managerial Efficiency of Project Execution Schedule Performance," *International Journal of Project Management*, Vol. 34, No. 2 (2016): 219 – 236.

⑥ Y. Dai, Z. Xu, L. Yan et al., "New Evaluation Scale of Linguistic Information and Its Application," *Chinese Journal of Management Science*, Vol. 16, No. 2 (2008): 145 – 149; N. R. Jennings, K. Sycara, M. Wooldridge, "A Roadmap of Agent Research and Development," *Autonomous Agents and Multi-Agent Systems*, Vol. 1, No. 1 (1998): 7 – 38.

⑦ A. Amitai, "Project Post-evaluation via AHP," *Production Planning & Control*, Vol. 5, No. 4 (1994): 337 – 341.

⑧ H. Zhang, Y. Shen, Z. Zhang, "Local Government Performance Evaluation Model Based on Fuzzy Comprehensive Evaluation," *Science Technology & Engineering*, 2006.

成本效益法[①]到聚合多种绩效评估方法的多准则决策评价法[②]，从满意度导向的绩效测度[③]到交互式多目标评价方法，[④] 但是无论何种方法，测量的绩效没有超出上述三方面内容，多是围绕"3E"（经济、效率、效益）及"顾客满意度"指标进行绩效测度。

二　新公共管理理论下公共项目绩效的影响因素

新公共管理理论认为传统的公共部门机构臃肿，而公共服务垄断限制了竞争，因此造成了项目绩效的低下；[⑤] 同时，绩效评估手段对公共项目绩效影响显著，比如三重约束理论下的公共项目绩效管理没有将顾客满意度、效益等内容纳入绩效目标，使上述指标被忽视；[⑥] 公共项目外包企业的专业化水平和服务质量不高，也会影响公共项目绩效；[⑦] 公共部门没有宏观战略规划能力，无法适应外部环境的变化和顾客多样化的需求，也会产生项目绩效问题。[⑧] 新公共管理理论下公共项目的绩效改善主要面向政府，即使外包企业的专业化水平和服务质量低下会造成项目效益问题，主要原因也是政府提供的外包平台存在问题。

三　新公共管理理论下公共项目绩效的治理路径

在绩效治理方面，新公共管理理论相比三重约束理论有了明显进步，

---

① K. P. Gan, E. Tower, "A General Equilibrium Cost-benefit Approach to Policy Reform and Project Evaluation in Malaysia," *Singapore Economic Review*, Vol. 32, No. 1 (1987)：46 – 61.

② B. Rębiasz, A. Macioł, "Comparison of Classical Multi-Criteria Decision Making Methods with Fuzzy Rule-based Methods on the Example of Investment Projects Evaluation," *Intelligent Decision Technologies*, Vol. 39 (2015)：549 – 561.

③ 郑方辉、王珺：《基于满意度导向的政府公共项目绩效评价》，《广东社会科学》2010 年第 2 期。

④ M. Sakawa, "Interactive Fuzzy Decision Making for Multiobjective Linear Programming Problems and Its Application," *IFAC Proceedings Volumes*, Vol. 16, No. 13 (1983)：295 – 300.

⑤ 厉晓婷：《政府垄断下无形公共产品的高成本服务问题研究——以杭州市环境保护事业为例》，硕士学位论文，浙江工商大学，2015。

⑥ 马翔：《公共项目失败的类型划分、发生机理及其绩效损失测度——基于 PV-GPG 理论的跨案例研究》，硕士学位论文，兰州大学，2016。

⑦ 谢永结：《企业服务外包项目采购管理的研究和应用》，硕士学位论文，上海交通大学，2009。

⑧ 李东来、奚惠娟：《图书馆卓越绩效管理的驱动——领导力与战略管理》，《图书馆建设》2013 年第 7 期。

在具体手段上，首先，它强调要引入竞争机制来改善绩效，认为公共部门缺乏效率的根本原因在于其对公共资源具有垄断特征，因此主张用市场竞争的方式来改造政府；① 其次，它提倡借鉴私人管理理念、方法与原则，通过产出控制、战略管理、人力资源管理、任务外包等手段强化绩效产出；② 最后，它认为绩效不佳的原因不仅在于企业，更在于公共部门，因此，政府的角色不仅是执行，更多要负起"掌舵"的责任，熟练掌握各种政府工具，并树立顾客至上的理念，以解决公共项目绩效不佳以及由此导致的顾客满意度低下问题。③ 此外，在实务界，绩效评估被认为是改善绩效最有效的工具，因此要有明确的绩效标准与绩效目标。有国家推出了具体的项目绩效评估工具来改善绩效，例如美国政府推出的项目评级工具（Program Assessment Rating Tool，PART）、项目评估与结果法案（Program Assessment and Result Act，PARA），④ 试图通过评估目标、设计、管理、结果运用与评价来改善项目绩效。

四　小结

新公共管理理论相比三重约束理论在公共项目绩效的定义、测度与治理路径方面均有明显进步，但它过分依赖定量工具，追求通过完善的数学模型对可计量数据的统计分析，做到对项目投入产出的精确测量，对公共项目的公共性认知依然不足。毫无疑问，新公共管理理论下的绩效测度可以相对精确地测量公共项目的经济、效率与效益，但其因为采用商业道德标准，还是影响了对公共项目绩效的认知。⑤ 首先，如果公共项目的服务

---

① 毛寿龙：《治道变革：90 年代西方政府发展的新趋向》，《北京行政学院学报》1999 年第 1 期。

② 〔美〕戴维·奥斯本、〔美〕特德·盖布勒：《改革政府：企业精神如何改革着公营部门》，上海市政协编译组、东方编译所编译，上海译文出版社，1996。

③ 陈振明：《评西方的"新公共管理"范式》，《中国社会科学》2000 年第 6 期。

④ 晁毓欣：《美国联邦政府项目评级工具（PART）：结构、运行与特征》，《中国行政管理》2010 年第 5 期；张强、韩莹莹：《当代美国联邦政府绩效评估的层级体系分析》，《社会科学研究》2006 年第 1 期。

⑤ 何俊青：《西方公共行政发展中的管理主义——对管理主义思想与实践的梳理与反思》，硕士学位论文，武汉大学，2005。

对象被简单化为顾客,[①] 那么其他利益相关者的"满意度"将不会被纳入绩效测度;其次,由追求"效率"的公共部门发起并主导的公共项目不可避免地削弱了其在公共性方面的责任;最后,对于结果的过分关注会使多元价值在一开始就被忽视。以上可能造成的严重后果是,它虽然会减少公共项目绩效的测量偏差,但是仍然无法反映全部绩效,总有一部分绩效会被漏测,这也揭示了为什么测度结果很好的公共项目也并非完全满足公众需要。从治理方面看,新公共管理理论虽然认为政府在绩效管理中应该扮演更加积极的角色,但根本上将绩效问题的解决寄希望于组织管理,解决问题的思路属于传统的管理过程,不能称为严格学术意义上的治理过程,而缺少公众这类最重要的治理主体,就很难解决因公共项目的"公共性"缺失而引发的绩效问题。

第四节 第四代评估理论下公共项目绩效测度及治理路径

一 第四代评估理论下公共项目绩效及其测度

第四代评估理论由古贝(Guba)等人在 20 世纪 80 年代提出,它被一些学者推崇为具有突破性理论意义和实践价值的评估学理论。[②] 该理论认为,传统公共项目评价方法具有管理主义倾向、无法适应价值多元化、过度评价科学研究理论范式等显著特征,[③] 传统方法是对早已存在于幕后的决策的"背书",使其合理化和合法化,可评估结果往往与实际情况相反,因为最为关键的利益相关者虽然常常被评估者征求意见,但意见却很少得到真正重视。[④] 因

---

① 包国宪、孙加献:《政府绩效评价中的"顾客导向"探析》,《中国行政管理》2006 年第 1 期。

② E. G. Guba, Y. S. Lincoln, *Fourth Generation Evaluation*, Sage Publications, 1989.

③ L. King, J. V. Appleton, "Fourth Generation Evaluation of Health Services: Exploring a Methodology that Offers Equal Voice to Consumer and Professional Stakeholders," *Qualitative Health Research*, Vol. 9, No. 5 (1999): 698 – 710.

④ Pei-Ling Hsu, Wolff-Michael Roth, Asit Mazumder, "Natural Pedagogical Conversations in High School Students' Internship," *Journal of Research in Science Teaching*, Vol. 46, No. 5 (2009): 481 – 505.

此,第四代评估理论与三重约束理论和新公共管理理论所信奉的实证主义方法论针锋相对,着重强调完全秉持建构主义方法论的评估才具有合法性,视评估为一个在利益相关者之间反复进行、多次迭代沟通并达成共识的过程,在评估前不存在既定的目标结果。

相比传统公共项目绩效评估,第四代评估理论的内容要更为丰富。从定义上看,绩效是利益相关者共同的建构,一个指标在被利益相关者认同之前不能成为绩效指标。没有利益相关者之间的响应式互动就不会存在绩效指标。在方法方面,第四代评估理论排斥实证主义的方法,认为要依靠建立在建构主义基础之上的人类学调查方法,通过多次浸入式沟通协商和分析质性资料来取得共识指标,寻找共识差距。[①] 也有文献在第四代评估理论与人类学方法的基础上,进一步提出认同度评估法。[②]

第四代评估理论范式相比传统更为复杂,为了增加测度可操作性,古贝等人在文献最后部分提出了评估测度的程序,这一操作程序与其说是测度方法,更像是操作方法论,它主要包括九个部分:①确定在预计评估中存在风险的所有利益相关方。②从每个利益相关者群体中引出他们的手头问题以及他们希望提出的与其相关的主张、关注点和问题的范围。③提供背景和方法,通过这种背景和方法可以理解、批评和考虑不同的结构、主张、关注点和问题。④就尽可能多的结构及其相关的主张、关注点和问题产生共识。⑤就没有共识或不完整的共识的项目准备谈判议程。⑥收集并提供谈判议程中要求的信息。⑦建立可以进行谈判的利益相关者代表论坛。⑧编写报告,向每个利益相关者群体传达有关建设的任何共识以及关于他们提出的索赔、关注点和问题的任何决议。⑨再次回收评估结果,以处理尚未解决的结构及随之而来的声明与问题。[③]

---

① M. Lay, I. Papadopoulos, "An Exploration of Fourth Generation Evaluation in Practice," *Evaluation*, Vol. 13, No. 4 (2007): 495 – 504.

② 范柏乃、闫伟:《公共部门绩效评估方法的缺陷与修正:FBN 认同度评估法》,《南京社会科学》2016 年第 9 期。

③ 〔美〕埃贡·G. 古贝、〔美〕伊冯娜·S. 林肯:《第四代评估》,秦霖、蒋燕玲等译,中国人民大学出版社,2008。

二　第四代评估理论下公共项目绩效的影响因素

第四代评估理论运用于实践的案例难觅，所以无法直接找到其理论范式下项目绩效的影响因素，但可以从它提出的系列研究观点中窥一斑而知全豹，寻找公共项目绩效影响因素的证据：①对绩效内涵的认识存在偏差，即脱离了文化与政治因素，难以准确定义绩效的内涵。②绩效评估过程中缺少了多元参与，造成的结果是评估目标没有被利益相关者所共同追求。③评估者本身的能力有限，没有能够承担起有效的绩效目标建构责任。④绩效评估过程过于简单，没有进行复杂、连续的社会建构。⑤一些突发状况没有被纳入整个绩效管理过程。⑥先验制定了绩效的评估标准。⑦将绩效等同于调查结果的呈现，而非一个多元主体建构的过程概念。

三　第四代评估理论下公共项目绩效的治理路径

第四代评估理论也没有提出具体绩效的治理路径，但从体系的测度方法论可知，第四代评估理论对绩效的测度过程本质上也是对绩效的治理过程。该理论下的绩效本质上是个合作生产的过程，因此绩效不能由某类主体进行单一定义，对绩效的测度包含多元主体的参与过程。具体来看，每一个测度步骤均包含了对绩效治理的启示，比如要纳入更多的利益相关者、了解利益相关者的各类主张与争议、就无法达成共识的部分展开多次谈判等。由此可知，相比三重约束理论与新公共管理理论，第四代评估理论在绩效改进手段上最大的不同，在于认识到公共项目绩效的改进仅仅依靠传统的"管理手段"是无能为力的，需要走向多元主体的"合作治理"。

四　小结

第四代评估理论对传统项目评估进行了深度反思，意在避免使评估陷入"管理主义"的境地。它为绩效测度与治理带来了启示：首先，测度是一个利益相关者响应式互动并达成共识的过程，各主体均享有评估的参与权与结果的解释权；其次，测度要以利益相关者的主张、关注点与问题为焦点；再次，测度的是建构后的事实，而非在测度之前预设事实；最后，测度方法要想落地必须构建一套完整的程序，并提供方法论的指导。但是第四代评估理论并非完美，首先，它过分追求价值理性，把建构主义与实证主义、政治与科学完全对立，这也意味着传统评估从工具理性的极端走向了价值理性的极端；其次，操作太过复杂，在40多年的实践中，它几乎没有得到具体应用，甚至从理论上讲，它可能陷入无限迭代，正如古贝所说，"第四代评估从未完成，他们进行，他们暂停，直到出现进一步的需求和机会"，因此它是不计成本的；再次，没有提出具体的目标，建构的共识没有得到厘清，政府、建设主体、公众等利益相关者主体的角色定位不清晰，因此进行测度时难免出现混乱，也无法实现作者想实现的政治共识；最后，构建方法没有办法落地，治理也就无从谈起。总结起来，第四代评估理论是理想化的完美评估，但欠缺可行性。

第五节　公共价值管理理论下公共项目绩效测度及治理路径

一　公共价值管理理论下公共项目绩效及其测度

在新公共管理理论下，公共项目绩效过于注重工具理性，价值理性有所削弱，但第四代评估理论又完全走向了另一个极端。因此，寻找能够定义与测度公共项目绩效的新理论就成为一个迫切的命题。1995年，穆尔（Moore）在《创造公共价值：政府战略管理》一书中首次提出公共价值的概念，[1] 并自此开启了公共行政研究的新时代。[2] 斯托克（Stoker）认为，公共价值管理理论是一种适应网络治理的、取代新公共管理理论的公共行政新范式。[3]

---

[1] M. H. Moore, *Creating Public Value: Strategic Management in Government*, Harvard University Press, 1995.

[2] 〔美〕杰伊·D. 怀特、〔美〕盖·B. 亚当斯：《公共行政研究——对理论与实践的反思》，刘亚平、高洁译，清华大学出版社，2005。

[3] G. Stoker, "Public Value Management: A New Narrative for Networked Governance?" *American Review of Public Administration*, Vol. 36, No. 1 (2006): 41 –57.

有学者提出，公共价值管理理论是绩效测量与评估的新范式。[①] 然而，公共价值管理的研究文献众多且路径多元，不同研究路径对公共价值的定义、绩效内涵的认知、绩效测度的方法并不相同，因此亟待厘清不同研究路径下公共价值的概念及其与公共项目绩效的关系。围绕以上两点，可以将现有公共价值管理研究文献归为三类，也代表着三个研究学派。一是公共价值观学派，[②] 二是公共价值创造学派，[③] 三是公共价值混合研究学派。[④]

（一）公共价值观研究路径下的绩效与测度

从词源学角度来看，公共价值观隶属于价值观范畴，价值观是在判定事务是否合意和良好的重要性上所持的共同、持久的信念或者理想，[⑤] 因此，公共价值观是政府、市场、公众对于公共领域中理想公共事务的一种共识。有学者基于心理学角度提出，公共价值应该反映公众基本需求，基本需求构成公共价值观的基础。[⑥] 在公共价值观众多定义之中，最被认可的定义来自波兹曼（Bozeman），公共价值被定义为在以下三个方面达成的规范性共识：①公民应（或不应）拥有的权利、利益和特权。②公民对社会、国家以及他人的义务。③政府和政策所应遵循的基本原则。[⑦] 这里的规范性共识并不意味着普遍的一致，而是强调社会中的广泛认可，并且可以作为集体行动的基础。这一定义的基本内涵是：首先，公共价值观根植

---

① 王学军、韩志青:《从测量到治理：构建公共价值创造的整合分析模型》,《上海行政学院学报》2017 年第 6 期。

② B. Bozeman, "Public Values and Public Interest: Counterbalancing Economic Individualism," *Acta Politica*, Vol. 44, No. 4 (2009): 472 – 475.

③ M. H. Moore, *Recognizing Public Value*, Harvard University Press, 2013.

④ S. Piotrowski, Rosenbloom D., "Nonmission-based Values in Results-oriented Public Management: The Case of Freedom of Information," *Public Administration Review*, Vol. 62, No. 6 (2002): 643 – 657.

⑤ M. Rokeach, "The Nature of Human Values," *American Journal of Sociology*, Vol. 89, No. 1 (1973).

⑥ T. Meynhardt, S. A. Brieger, P. Strathoff et al., *Public Value Performance: What does It Mean to Create Value in the Public Sector?* Springer Fachmedien Wiesbaden, 2017; T. Meynhardt, "Public Value Inside: What is Public Value Creation?" *International Journal of Public Administration*, Vol. 32, No. 3 – 4 (2009): 192 – 219.

⑦ B. Bozeman, *Public Values and Public Interest*, Georgetown University Press, 2007.

于社会和文化、个人和团体而不仅仅是政府;① 其次，要从共产主义或合作的角度出发，"假设在公共事务中人们需要与对方分享并支持对方";② 再次，在合作过程中，要进行适当授权，让公民表达需求和愿望，政府从中处理冲突与变化，确定集体价值，在这一过程当中，公共事务才具有合法性;最后，公共管理者根据调解后公民表达的愿望进行生产。③

围绕公共价值观的定义，学者们也试图对其进行分类，以理清公共价值观的层次结构。奥弗林（O'Flynn）认为公共价值观既强调与权利和责任有关的终极价值观，也强调导致这种终极价值观的工具价值观，其中，终极价值观是指最终想要的理想状态，例如生活幸福、富裕、开心、民主等;工具价值观则是实现终极价值观所需付出的努力，比如效率、服务意识、利他主义。④ 波兹曼也有同样类似的分类，他认为公共价值观可以设想为一个高度分化的价值层次结构，这个结构中有主要价值与工具价值，主要价值代表有价值的公共事务，工具价值是实现主要价值的手段，这两种价值有时可以互相替换。在具体的公共价值观类型上，波兹曼更进一步，通过文献荟萃分析，构建了包含 7 个维度共 72 个指标的公共价值观星座，但他对于星座中的价值观分别从属于主要价值还是工具价值，或者在什么情况下从属于两类价值没有做进一步研究拓展。⑤ 罗格斯（Rutgers）对单纯依靠逻辑推演进行公共价值观的分类提出批评，他认为大多数分类缺乏先验理论的基础。⑥ 罗斯（Rose）的分类则避免了上述不足，他根据公共部门工作规范提出了职业价值观、行政绩效、服务改进、公民赋权价

---

① M. B. Melchior, A. Melchior, "A Case for Particularism in Public Administration," *Administration & Society*, Vol. 33, No. 3 (2001): 251 – 275.

② 〔荷〕米歇尔·S. 德·弗里斯、〔韩〕金判锡主编《公共行政中的价值观与美德：比较研究视角》，熊缨、耿小平等译，中国人民大学出版社，2014。

③ P. W. Adams, "Perspective: Public Values Have Changed?" *Journal of Forestry*, Vol. 93, No. 6 (1995): 60.

④ M. Osella, E. Ferro, M. E. Pautasso, *Toward a Methodological Approach to Assess Public Value in Smart Cities*, Springer International Publishing, 2016.

⑤ B. Bozeman, "Public Values and Public Interest: Counterbalancing Economic Individualism," *Acta Politica*, Vol. 44, No. 4 (2009): 472 – 475; T. B. Jørgensen, B. Bozeman, "Public Values An Inventory," *Administration & Society*, Vol. 39, No. 3 (2007): 354 – 381.

⑥ M. R. Rutgers, "Sorting Out Public Values? on the Contingency of Value Classification in Public Administration," *Administrative Theory & Praxis*, Vol. 30, No. 1 (2008): 92 – 113.

值等四维度分类框架。① 此外，也有很多学者通过法律、政策、道德规范等研究资料定性梳理了公共部门以及公务人员所应秉持的深层次公共价值观体系。

基于公共价值观的研究文献更多停留在理论和规范层面，聚焦探讨公共价值与绩效之间关系的文献较少，但从仅有的文献中可以做出一些基本推断：公共价值观要先于绩效评估而出现，即绩效评估要以秉持公共价值观为前提。因此，此类研究文献最大的启示是，绩效是有"方向"的，这个方向就是公共价值观，它表现为公众参与后的集体偏好，并且在这一过程中要注重政治的作用，最终目标是达成价值共识并制定有约束力的绩效目标。而一旦绩效偏离了公共价值观，就会引发绩效不彰问题。对于公共项目，当公众的集体共识确定并通过公共价值观表现出来时就完成了"正确"的绩效观念承载，当项目没有承载正确的观念时，就可能出现绩效问题。但是从操作维度来看，公共价值观研究路径没有给出绩效的定义与测度细则，公共价值与绩效的关系没有得到彻底厘清。

（二）公共价值创造研究路径下的绩效与测度

公共价值创造研究最先由穆尔提出，同公共价值观研究路径相比，这一研究路径更为贴近实践，它关注公共价值的创造过程与有形结果。穆尔将公共价值定义为：公民对政府期望的集合，是公众通过切实的公共政策、项目与服务所获得的一种效用，公共管理者的重要使命就是探寻并通过有形的服务回应公众真实的期望。② 他提出，政府创造的公共价值必须符合三个条件：首先，政府无论采取什么样的行动，都必须对公民有价值；其次，民选政治家和决策者必须支持这种创造；最后，公共行政部门必须展开高效的活动。为了能够使公共价值在政府绩效管理实践中运用，穆尔提出了战略三角模型。

---

① M. K. Mohapatra, B. Rose, D. A. Woods et al. , "Attitudes toward Public Administration Education, Professional Role Perceptions and Political Values among the Public Administrators in an American State—Kentucky. Research Report," *Administrator Attitudes*, Vol. 4, No. 10 (2001): 22 – 28.

② M. H. Moore, *Creating Public Value: Strategic Management in Government*, Harvard University Press, 1995.

　　战略三角模型包含合法性和支持、运作能力与公共价值三个维度。其中，合法性和支持同公共价值观中强调的合法性是一致的，强调自上而下的政治支持和自下而上的利益相关者认同；运作能力同一般的管理过程相似，强调培养公共管理人员强烈的责任意识，公共管理人员应具有组织能力并能够积极获取创造价值所需要的行政资源；公共价值旨在将价值明确为具体指标，是前两个维度的最终旨向。战略三角模型既是政府绩效管理的工具，又是创造公共价值的途径，还是公共部门绩效评估的框架。首先，合法性和支持是指在期望公共部门人员履行责任、专业和道德义务方面提出具体的方法；其次，在运作能力上需要以绩效为导向来指导工作人员专注于通过组织学习和反思找到提高绩效的手段；最后，通过开发和使用绩效考核标准来衡量公共价值。其中，衡量公共价值是最为关键的内容，如果没有通过绩效评估衡量公共价值，就无法管理公共组织。

　　在绩效测度方法上，有文献构建了由公共价值生产不同阶段组成的价值链模型（见图 2-1）。这一模型在原则上要衡量价值链上任何一个阶段，并依据结果进行问责。具体而言，首先，注重投入（资本控制）的测量；其次，关注过程的测量，重视在活动和程序层面进行绩效评估；再次，监测产出，进行工作量和生产力的度量；然后，还要衡量社会成果，以检视有形的公共价值结果；最后，与客户满意度相区别的公民满意度也应该成为绩效评价内容。还有一些学者没有使用绩效衡量公共价值，而是直接使用了"公共价值计量"概念，例如卡鲁纳塞纳（Karunasena）等学者提出的公共价值计量方法包括收入、支出等财务维度公共价值以及满意度、效率、服务质量、适宜性等非财务维度公共价值；[1] 布拉奇（Bracci）的公共价值计量维度为用户角度的社会价值、行政角度的经济价值与非经济价值。[2] 从本质看，战略三角模型与公共价值计量所用的方法

---

[1]　K. Karunasena, H. Deng, "Critical Factors for Evaluating the Public Value of E-government in Sri Lanka," *Government Information Quarterly*, Vol. 29, No. 1 (2012): 76 - 84.

[2]　L. Papi, M. Bigoni, E. Bracci et al., "Measuring Public Value: A Conceptual and Applied Contribution to the Debate," *Public Money & Management*, No. 2 (2018): 503 - 510.

与指标与政府绩效管理同源，因此可以推知，在公共价值创造语境下，绩效与公共价值是一致的，公共价值创造研究路径下公共价值与绩效之间的关系相较公共价值观研究路径下更为紧密，可以说公共价值创造要通过绩效来衡量。公共价值创造研究路径相比公共价值观研究路径更为清晰，它的启示是：要从全周期评估公共价值创造的程度，而公共价值创造等同于政府绩效生成。

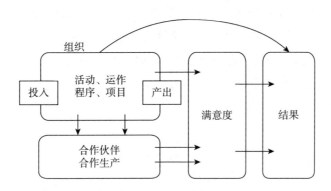

图 2 - 1 价值链模型

资料来源：M. H. Moore, *Recognising Public Value*：*The Challenge of Measuring Performance in Government*, Harvard University Press, 2006。

（三）公共价值混合研究路径下的绩效与测度

也有一些文献认为公共价值观与公共价值创造都很重要，选择一种研究路径并不能体现对另外一种路径的排他性偏好，并且在大多数情况下从字面上无法区分，因此采取了第三种研究路径，可以称之为混合研究路径：不纠结于公共价值观还是公共价值创造，而把它们统称为公共价值，并在此基础上将研究重点转移到了公共价值的分类与测量上。其中，贝宁顿（Benington）提出的公共价值维度包括公众满意度、改善生态、政治经济、社会结果、民主对话、公众参与、合作、创新等价值内容；[①] 胡杰兰

[①] John Benington, "Creating the Public in order to Create Public Value?" *International Journal of Public Administration*, Vol. 32, No. 3 (2009)：232 - 249；John Benington, M. H. Moore, *Public Value*：*Theory and Practice*, Palgrave Macmillan, 2011.

（Hujran）提出了效率、服务价值、透明度、问责等价值内容；① 布鲁克斯
（Brookes）提出了过程及公平、社会成果和金钱价值、资源和效率、服务
质量、信任和合法等价值内容；② 克里斯滕森（Christensen）提出公共价值
的主要维度是保护公民权利、维护公共健康和安全，次要维度是政治支
持、可行性、效率性；③ 福克纳（Faulkner）则在总结包括以上文献在内的
20 余篇文献基础上，将公共价值凝练为成果成就、服务质量交付、信任和
合法性、效率等四个维度，其中成果成就类指标包括社会成果、环境成
果、文化成果、经济成果等，服务质量交付指标包括服务满意、及时、公
民参与、无障碍设施等，信任和合法性指标包括信任组织、透明感知、公
平感知、合法正当等，效率包括物有所值、经济成本、最小化官僚主义等
（详见图 2 - 2）。

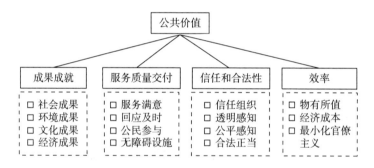

图 2 - 2　福克纳构建的公共价值维度

资料来源：N. Faulkner, S. Kaufman, "Avoiding Theoretical Stagnation: A Systematic Review and Framework for Measuring Public Value," *Australian Journal of Public Administration*, No. 5（2017）：67 - 85。

　　罗森布鲁姆（Rosenbloom）的研究也属于混合研究路径，但同以上文
献不同，他选取具体的公共部门，以是否隶属于公共部门的使命为标准，

---

① O. Al-Hujran, "E-government Adoption in Developing Countries," *Proceedings of the International Conference on Cloud Computing and E-government*, Vol. 2, No. 3（2013）：53 - 58.

② Stephen Brookes, Jay Wiggan, "Reflecting the Public Value of Sport," *Public Management Review*, Vol. 11, No. 4（2009）：401 - 420.

③ T. Christensen, P. Lægreid, eds., *NPM and Beyond: the Second Generation of Reforms*, NASPAA（National Association of Schools of Public Affairs and Administration）Annual Conference：The Future of the Public Sector, 2006, pp. 19 - 21.

从根本上将公共价值分为使命型公共价值和非使命型公共价值，这为公共价值研究提供了全新的视角。① 其中使命型公共价值是由组建公共部门时的任务分工决定，比如警察局就是为了维护安全，卫生局是为了维护健康，司法局是为了维护公平，环保局是为了优化生态环境，等等。非使命型公共价值则是重要却不以实现公共部门中心目标或核心利益为目的的价值，它有三个特点，首先，它不一定在部门创建时有明确的表达；其次，它可以推动组织使命以外的价值发展，甚至有时会妨碍组织使命或任务的完成；最后，它经常会被强加给公共部门。具有代表性的非使命型公共价值包括透明度、回应、保护隐私等。②

这类文献提供了一个相当庞大的公共价值库，不必再花费时间去探讨应然层面的价值，将研究聚焦于对公共价值库中的内容重新排列组合从而提出测量维度与指标。同公共价值创造研究路径一样，这种研究路径中的公共价值测度方法与指标亦来源于绩效指标，它的贡献在于提供了一个更具包容性的绩效衡量标尺，绩效评估不只包括过程和结果层面的价值，还包括诸如民主、透明、回应、合法性等抽象的共识层面的价值。对于评估方法，过程和结果层面的公共价值倾向于采用传统的定量评估法，而共识层面的公共价值由于难以量化，可以采用定性主观评估法。

从定义来看，非使命型公共价值同前文提到的工具型公共价值有相似之处，但范围更广，它包含了工具型公共价值，还包括了诸如保护隐私等权益型公共价值，因此本书分别称之为工具型公共价值与权益型公共价值。在测量上，罗森布鲁姆认为公共价值应该通过绩效来衡量，因此使命型公共价值与非使命型公共价值也可以称为使命型绩效与非使命型绩效，而以往的绩效测度容易忽视非使命型公共价值。③ 具体来看，非使命型绩效指标包括满意度、幸福指数、政府公信力、透明度指数、回应性、及时

① D. H. Rosenbloom, "Beyond Efficiency: Value Frameworks for Public Administration," *Chinese Public Administration Review*, Vol. 8, No. 1 (2017): 11 – 37.
② 〔美〕大卫·哈里·罗森布鲁姆、敬义嘉：《论非基于使命的公共价值在当代绩效导向的公共行政中的地位》，《复旦公共行政评论》2012年第2期。
③ 〔美〕戴维·H. 罗森布鲁姆、苗爱民、杨晋：《论非任务性公共价值在当代绩效导向的公共管理中的地位》，《公共管理与政策评论》2012年第1期。

性等。公共价值混合研究路径的绝大多数文献虽然没有明确表明公共价值与绩效之间的关系，但从测度维度以及指标体系看，它同公共价值创造研究路径下政府绩效评估的定义与作用是一致的：绩效与公共价值是硬币的一体两面，政府绩效评估是衡量公共价值的工具。这类研究对本书的启示有两点：一是纳入了公共价值观的绩效评估，为公共项目绩效评估提供了一个更具包容性的衡量绩效的尺度；二是使命型绩效与非使命型绩效的二分法为绩效的科学分类提供了新视角。

二　公共价值管理理论下公共项目绩效的影响因素

直接基于公共价值管理理论进行公共项目绩效测度的文献很少，更多文献着重探讨公共项目绩效的影响因素。有文献认为公共价值是旨在为政策执行者与公民之间建立更好的关系而设计的行政技术，换言之，公共价值是绩效高低的重要影响因素，基于公共价值的管理过程可以提高绩效；[①] 公共管理者可以从公共价值观视角衡量绩效。[②] 也有文献更进一步提出，生态效率是可持续性价值观的绩效标准、公平是正义价值观的绩效标准、GDP 是富足价值观的绩效标准。[③] 克劳福德（Crawford）等学者的研究则更为聚焦，从理论上区分了公共部门与私人部门在运营公共项目上的不同，他认为：传统的项目管理仍然是一种公司治理的方式，带有新公共管理理论的痕迹，这种方式忽视了公共部门的复杂性，采用市场的价值观念还是超越市场的价值观念看待公共项目绩效、采用公司治理手段还是网络治理手段来改进绩效、是否引入公众参与和协商、是否承诺提供公共服务精神等因素都会影响公共项目绩效。[④] 希费劳（Shiferaw）研究了埃塞俄比

---

① J. Alford, O. E. Hughes, "Public Value Pragmatism as the Next Phase of Public Management," *American Review of Public Administration*, Vol. 38, No. 2 (2008): 130 – 148.

② 邓剑伟：《价值观与美德：公共行政市场化改革失效的良药——评〈公共行政中的价值观与美德：比较研究视角〉》，《中国公共政策评论》2016 年第 1 期。

③ J. W. Budd, "Implicit Public Values and the Creation of Publicly Valuable Outcomes: The Importance of Work and the Contested Role of Labor Unions," *Public Administration Review*, Vol. 74, No. 4 (2014): 506 – 516.

④ L. H. Crawford, J. Helm, "Government and Governance: The Value of Project Management in the Public Sector," *Project Management Journal*, Vol. 40, No. 1 (2009): 73 – 87.

亚的公共项目后发现，那些政府所定义为"有绩效"的项目其实并不总是富有绩效，有价值的评估应该至少包括相关性、可持续性、效率、效果四个方面，其中公共项目绩效最为关键的影响因素是公众参与的需求表达以及在此基础上的项目承载，即项目必须符合业主、用户和其他受影响群体的有效需求和优先事项。①

三 公共价值管理理论下公共项目绩效的治理路径

对于公共价值管理理论下项目绩效的治理，需要从根本上矫正新公共管理理论下的"3E"绩效目标。卡瓦瑞克（Cavarec）提出了三点建议：首先是公共价值交付，要定义、交付和衡量项目的公共价值，确保公共项目在"正轨"的基础上使公众期望得到满足；其次要管理风险，要对可能的风险事件进行识别、分析和响应，并采取持续的行动；最后要管理关系，要对构成项目关系网络的所有利益相关者进行识别并依照"影响和支持领域"的七要素框架进行管理，以确保协作而不是竞争。② 此外，他还提出，利益相关者识别、确定优先次序以及保持全程深度参与是三个保证项目成功的治理要点。持相似观点的还有阿尔托宁（Aaltonen），他认为对于公共项目的治理而言，项目前端最为重要，而在项目前端，当地公民、社区团体、环保人士等外部利益相关者的参与和态度对项目的公共价值确定具有决定性③，这种决定性来源于权力、紧迫性和合法性，依赖于透明、开放与灵活。也有学者提出了其他确保公共项目成功的治理框架。比如，克拉克格（Klakegg）基于公共项目要考虑用户、利益集团和一般社会的福利而成为共同体模式的理念，提出治理框架应该包括发展进程、架构、嵌

---

① A. Shiferaw, *Project Governance as a Critical Success Factor for the Development of Public Investment Projects*, The 3rd International Conference on Construction and Project Management-Iccpm, 2012; P. G. Grasso, S. S. Wasty, R. V. Weaving, *World Bank Operations Evaluation Department: The First 30 Years*, The World Bank Group, 2003; J. B. Buky, *Project Performance Evaluation by the World Bank*, Post-audits of Environmental Programs and Projects, ASCE, 2010.

② Y. Cavarec, *Revisiting the Definition of Project Success*, Project Management Institute（PMI），2012.

③ K. Aaltonen, "Project Stakeholder Analysis as An Environmental Interpretation Process," *International Journal of Project Management*, Vol. 29, No. 2（2011）: 165 – 183.

入式原则、详细的治理要素等四个部分，其中最为核心的要素是透明度、学习、外部控制，并且要实现自下而上的需求迎合与自上而下的政治决定相统一。[①] 希费劳则基于项目生命周期理论，提出有效的公共项目治理体系的目标是不允许展现项目失败特征的要素进入下一阶段。[②] 由此可知，公共价值管理理论下公共项目绩效治理的关键，是构建承载公众参与公共项目的组织结构形式，这从理论上完成了新公共管理理论与第四代评估理论未完成的任务，开启了将价值理性与工具理性整合的尝试。

四 小结

相比三重约束理论与新公共管理理论为公共项目绩效测度提供了众多的方法选择，公共价值管理理论没有提出具有可操作性的测度方法，它更多是在理念层面对公共项目回归公共性的根本问题进行阐释。相比第四代评估理论倡导公共项目完全的价值理性且不能有明确的目标，公共价值管理理论强调以价值理性为主、以工具理性为辅，将创造公共价值作为公共项目的终极目标，将网络化治理作为创造公共价值的主要手段。它为公共项目绩效测度及治理带来启发：①公共价值应该为公共项目的绩效测度与治理确定方向，绩效的治理过程同时也是公共价值的确定与实现过程。②公共项目绩效生成与治理需要合作生产模式与网络化治理手段。③在重视核心项目受益群体的同时，还要关注多元利益相关者，要发挥社区的作用，关注弱势群体的利益，确保各类群体之间达成共识，对新公共管理理论仅测量顾客满意度与"3E"实现了超越。④公共项目绩效测度与治理要依靠过程管理，从全周期来看待公共项目成功。这在一定程度上避免了新公共管理理论单纯从测量结果来确定项目绩效的不完备性。⑤它为后续研究者及实践者提供了能够反映项目公共价值的诸如"相关性""可持续性"

① T. Williams, O. J. Klakegg, O. M. Magnussen et al. , "An Investigation of Governance Frameworks for Public Projects in Norway and the UK," *International Journal of Project Management*, Vol. 28, No. 1 (2010): 40 – 50.

② A. Shiferaw, *Project Governance as a Critical Success Factor for the Development of Public Investment Projects*, The 3rd International Conference on Construction and Project Management-Iccpm, 2012.

"满意度"等多个关键测度指标。

公共价值管理研究路径的问题是显而易见的：首先，公共价值的概念仍然是模糊的，各个学派对公共价值的定义、分类尚未达成共识；其次，公共价值观、公共价值创造与绩效的关系没有得到系统梳理，测量公共价值还是测量绩效的问题没有得到讨论；再次，没有提出具体的测度方法，更没有基于公共价值的公共项目绩效评估案例作为参考；最后，虽然提出绩效的网络化治理手段，但没有讨论具体实施步骤是什么、如何执行、在各阶段有哪些关键要素等问题。

第六节　已有研究述评

本章从公共项目绩效评估理论研究范式切入，系统梳理了已有文献在公共项目绩效定义、测度、影响因素、改进路径方面的研究成果与不足。具体来看，三重约束理论下对公共项目绩效的认知来源于对私人项目的绩效认识论，将三重约束绩效指标的未达成描述为公共项目失败。它没有能够区分"私人项目"与"公共项目"的不同，一些项目虽在三重约束理论下没有绩效损失，但偏离了"公众需要"。依据这一理论无法测度出全部绩效，而依据其测度体系与改进办法也无法实现绩效的最大化。新公共管理理论下的公共项目绩效认知在一定程度上解决了三重约束理论没有能够关注到的公共项目效益与顾客满意度问题，但对工具理性的追求，最终导致了对项目"3E"绩效结果的过分关注，而忽略了公共项目所要承载的公共价值。可以说三重约束理论与新公共管理理论下对公共项目绩效的认知与定义缺乏价值理性，与之相对应的公共项目绩效治理路径尚停留在围绕政府与企业进行"管理"的阶段，缺乏具有"治理"意义的有效手段，因此，它们不能保证公共项目绩效损失测度的完备性与治理的有效性，无法作为绩效损失测度与治理的理论基础。

第四代评估理论建立在建构主义的方法论之上，排斥一切先验的实证主义假设，认为公共项目目标、具体测度指标都是需要建构的。它的启示意义在于提出公共项目绩效测度与治理是一个响应式互动的建构过程，使测度回归了价值理性。但与此同时,它的主张完全滑向了价值理性的极端,面临可操作性问题,虽提出了测度的操作方法论,但可能面临无限迭代的窘境与成本高昂的难题,再加上建构目标的模糊性与游离特征,使第四代评估理论这一看似理想化的评估体系,欠缺了实践的可行性,治理也就无从谈起。因此,第四代评估理论也无法作为绩效损失测度与治理的理论基础。

公共价值管理理论在理念层面对公共项目回归公共性的根本问题进行了阐述。相比第四代评估理论倡导的完全价值理性,公共价值管理理论在强调以价值理性为主的同时,也强调需要辅之以网络化治理的工具手段。它认为新公共管理理论下的绩效定义是一种"绩效目标偏离",而公共价值应该作为公共项目绩效生产的终极目标,这使公共项目回归了满足社会基本需求的原始角色定位。此外,它没有否认第四代评估理论所提出的项目绩效需要各类利益相关者达成共识,且更加明确地指出,这个共识就是公共价值。最后它还提出,要从全周期来看待公共项目成功,为测度与治理绩效损失提供了启示。但是,公共价值管理理论也存在不足,比如公共价值概念是多元与模糊的,公共价值与政府绩效的关系没有得到厘清,没有提出具体的测度方法,网络化的治理手段仍然停留在理论层面,欠缺可操作化的实施步骤,等等。由此可知,公共价值管理理论还是无法作为绩效损失测度与治理的理论基础。

本书围绕"公共项目绩效评估"而非"公共项目绩效损失评估"进行文献梳理的原因,在于四种理论研究范式都没有明确提出"绩效损失"的概念。对绩效损失的认识、测度和治理要以绩效定义为前提,也应遵循公共项目绩效评估的理论研究范式。绩效损失用于描述绩效的实际产出与绩效的预期结果之间的差距,它虽然是一个新概念,但它本质上所关注的差距问题贯穿于不同绩效评估理论下绩效管理研究的始终,并且随着评估理论的变迁,对绩效损失的认知也在不断演变。换言之,不同评估理论虽然没有直接提及绩效损失的概念,但在理论内涵下围绕项目"绩效改善"乃至"绩效最大化目标"所关注的"公共项目失败""绩效不佳""绩效偏差""绩效悖论""绩效差距""绩效目标偏离"等问题其实都与绩效损失有关。而绩效改进的本质就是追求绩效实际产出无限逼近绩效预期结果，以实现"绩效最大化"与"绩效损失最小化"的目标。

本书不从"正向绩效"视角切入，却从"绩效损失"视角切入的根本原因，是要从理论上解决绩效的最大化问题。因为只有知道绩效损失了多少，才能知道绩效本应该做到多大，而要知道绩效损失了多少，需要对"绩效是什么"的问题进行根本审视。既有评估理论虽然提出了如何使绩效最大化的理论命题，也想通过研究"项目失败"、"绩效差距"以及"绩效悖论"等诸多概念完成这一使命，但它们要么对绩效的定义偏离了价值规定性，要么在过分追求价值理性的过程中失去了工具理性，最终难以解决绩效最大化问题。另外，反向研究绩效损失还有两个显而易见的好处，从公众视角看，相比"正向的绩效产出"，那些"损失的绩效"更受关注，并且由于损失规避或者消极偏误的影响，损失对公众绩效感知和政府信任的负面影响可能比正面的绩效产出影响更大，这也是存在绩效悖论的根本原因之一，即公众对"损失"的感觉与正面测度的"绩效表现"之间会存在矛盾；从政府视角看，相比实现积极结果的动力而言，政府因避免损失所带来的动力更强，这种"否定性偏见"在绩效报告中表现出来，可以促使政府将注意力更加集中在不符合期望水平的绩效分数上。

从三重约束理论到公共价值管理理论，公共项目绩效损失的神秘面纱被逐渐揭开，在一定程度上解释了公共项目绩效的测不准特性。但是，四种理论没有为公共项目绩效损失的测度与治理提供完美的答案，因此也无法作为绩效损失测度及治理所遵循的理论基础（见图2-3）。本书关注的研究问题有待解答：①公共项目绩效损失测度与治理应遵循什么理论。②绩效损失测度体系的构建路径与方法是什么。③如何构建绩效损失测度体系并开展测度。④绩效损失的影响因素、发生机理与路径是什么。⑤绩效损失如何治理。PV-GPG理论提出了绩效损失的概念，它在反思新公共管理理论并对第四代评估理论与公共价值管理理论进行整合的基础上，对绩效概念进行了重构，有效解决了公共价值概念的模糊性问题以及公共价值与政府绩效关系的凌乱性问题，那么，PV-GPG理论框架能否成为分析绩效损失测度与治理的基础，绩效损失又与相似的公共行政概念有什么不同，等等，将在第三章探讨。

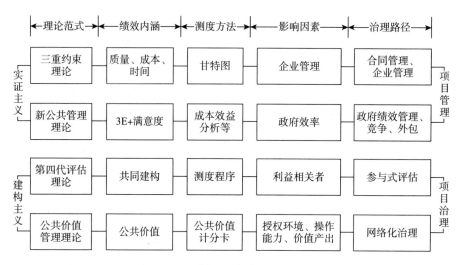

图 2 - 3 公共项目绩效评估理论比较

资料来源：笔者自制。

| 第三章 |

PV-GPG 理论下的绩效损失

  绩效损失作为 PV-GPG 理论的一个基础概念，也是贯穿本书始终的核心概念。本章的论述围绕两个基本内容展开：首先，通过阐述 PV-GPG 理论的基本架构、对公共价值概念的整合、对公共价值与政府绩效关系的厘清、对绩效内涵的重构等，系统论证 PV-GPG 理论作为全书理论基础的合理性；其次，阐述 PV-GPG 理论下绩效损失的概念、内涵、分类与治理，辨析它与现有相似概念的区别与联系，在此基础上论证绩效损失是一个全新概念。

第一节　PV-GPG 理论及其解释

一　PV-GPG 理论的基本架构

  PV-GPG 理论是在反思新公共管理理论并对第四代评估理论与公共价值管理理论进行整合的基础上形成的，它有效解决了三重约束理论与新公共管理理论下的绩效合法性不足、第四代评估理论下的绩效测度可操作性欠缺、公共价值概念的模糊性以及公共价值与政府绩效关系的凌乱性等问题，它对绩效概念进行了重构，认为政府绩效是一种社会价值建构，是公共价值的载体与落脚点。PV-GPG 理论以新的绩效观回答我们究竟需要一个什么样的政府、政府应该生产什么样的绩效以及应该如何生产绩效等根本问题。[①] PV-GPG 理论通过在纵向上对政府绩效进行社会价值建构与协同领导和在横向上对政府绩效进行组织管理，保证政府绩效的合法性与最大化。

（一）社会价值建构

社会价值建构是多元主体立足于既定的政治、经济、历史、文化等社会情境背景，通过多元主体的参与、互动、协商、合作，达成公共价值共识的过程。社会价值建构过程，是政府绩效具有合法性的基础与前提。因此，PV-GPG 理论认为政府绩效是一种社会价值建构，只有来源于社会的政府绩效才能获得合法性基础，也只有根植于社会的政府绩效才能产生其可持续提升的需要，这是政府绩效管理的根本动力。[②] 可以说社会价值建构后的公共价值对政府绩效内涵有本质规定性，而在三重约束理论与新公共管理理论下，社会价值建构被弱化甚至被忽视，造成了公共项目绩效管理的信任危机。

（二）组织管理

组织管理体现了 PV-GPG 理论的工具理性，它与新公共管理理论对科学管理的追求一致，区别在于，PV-GPG 理论下的组织管理要建立在社会价值建构的基础之上。三重约束理论与新公共管理理论下的政府绩效缺乏社会价值建构过程，会面临合法性危机；而第四代评估理论与公共价值管理理论下的政府绩效缺乏科学的组织管理，会使政府绩效面临不可操作的难题。

（三）协同领导系统

在政府绩效的生产过程中，多元主体参与社会价值建构和组织管理过程可能会面临众多需要协调沟通的复杂议题，对绩效有本质规定性的公共价值也具有模糊性、多元性与冲突性特征，因此，需要在公共项目全周期进行协同领导。协同领导系统用以处理社会价值建构和组织管理过程中的

---

① 王学军：《基于 PV-GPG 理论的政府绩效价值链构建及其管理研究》，《公共行政评论》2017 年第 2 期。

② 包国宪、王学军：《以公共价值为基础的政府绩效治理——源起、架构与研究问题》，《公共管理学报》2012 年第 2 期。

一切冲突，并在多元主体沟通、互动与响应的过程中传导公共价值、凝聚共识。

（四）架构的使用说明

本书对 PV-GPG 理论三个维度的使用体现在两个层面：在测度层面，只有基于社会价值建构、组织管理与协同领导系统的公共项目绩效才能从理论上保证产出的最大化，因此，在测度时首先需要经历这一过程，以确定绩效损失的公共价值标准。这需要提出三个维度的具体的测度实施方法，将此作为构建公共项目绩效损失测度体系的方法论指导。因此，无论是公共项目管理主体还是第三方评估主体，只有基于这一构建方法，才能构建基于公共价值的绩效损失测度指标体系。但管理主体与第三方评估主体使用这一程序的阶段与目标有所不同，管理主体从一开始就应该使用，目标在于确定公共项目的公共价值方向并在此基础上避免绩效损失。第三方评估主体可以从任一阶段开始使用，这取决于委托时间，目标在于确定公共项目绩效损失的具体测度指标体系。

在治理层面，公共项目如果没有实现绩效最大化，那么必然存在绩效损失，而其原因在于没有完全基于这三个维度生产绩效，换言之，三个维度下的治理要素没有全部得到满足，造成了绩效损失，那么这三个维度具体有哪些要素内容，内容之间的排列组合是如何构成绩效损失发生路径的，又是如何治理绩效损失以实现绩效的最大化的呢？需要强调，作为构建方法的三个维度与作为治理工具的三个维度是有所区别的，在目标上，前者旨在构建绩效损失指标体系，后者旨在实现绩效的最大化；在内容上，前者包含的是具体操作步骤，后者包含的是具体治理要素；在使用上，前者主要面向评估者，后者主要面向公共项目管理者。

二 PV-GPG 理论的优势

（一）对公共价值概念的整合

公共价值管理理论没有从根本上明确公共价值的定义，这极大地限制了公共价值管理理论的发展和绩效损失的进一步应用。PV-GPG 理论首先在整合既有文献的基础上，对公共价值的概念进行重新定义。公共价值观研究路径将公共价值定义为"公民集体偏好的价值",而公共价值创造研究路径则定义为"公民对政府期望的价值集合,也是政府要实现的公民期望的价值结果",然而无论是对公共价值观的定义还是对公共价值结果的定义均过于宽泛,如果公共价值的定义缺乏限定,那么它将成为乌托邦概念。具体而言,以上定义忽视了一个基本矛盾,即公共资源的有限性与公众需求的无限性之间的供需失衡矛盾。① 换言之,正如不是所有的社会问题都能成为公共问题一样,并非公民所有的集体偏好都能成为公共价值,并非公民对政府所有的期望都一定能够实现。

继续从供需关系的视角看,如果对公共价值的定义单纯强调自下而上的需求表达无助于公共价值的实现,那么还需要自上而下的响应式互动的协调沟通过程。政府系统要在自身资源允许的条件下,与公民进行互动与沟通,增进理解,并根据重要性排序积极回应自下而上的公民需求,在广泛的社会价值建构过程中达成共识,供给的价值与公民需求的价值在互动中实现迭代并趋于平衡,最终达成共识或多元主体可接受的结果。② 在以上分析的基础上,PV-GPG 理论对公共价值的概念进行重新定义:公共价值是公民集体偏好经过社会协调、政治协调等社会价值建构过程后的表达。所以,公共价值是情境依赖与社会价值建构的产物,这个定义避免了公共价值概念的泛化与无边,这也意味着没有放之四海而皆准的公共价值集合,不同的地区、时代、项目、政策可能会呈现不同的公共价值。

(二) 对公共价值与政府绩效关系的厘清

PV-GPG 理论通过分析公共价值研究路径、公共价值与政府绩效的关系并结合公共价值新的概念定义,得出以下推论:首先,无论从定义看还是从生产过程看,共识性的公共价值观与公共价值结果都无法分开,它们本质上均是为了彰显公共性,追求公共利益的表达与生成。其次,基于共识性的公共价值观研究路径以重视观念层面价值共识的达成为前提,但需

---

① 包国宪、周云飞:《政府绩效评价的价值载体模型构建研究》,《公共管理学报》2013 年第 2 期。

② 周云飞:《中国地方政府绩效评价的价值体系研究——以县级政府为例》,博士学位论文,兰州大学,2012。

要以公共价值的创造为成败判断依据。[①] 公共价值创造注重结果层面有形的价值物，但也强调支持与合法性等共识形成是价值得以创造的前提。因此，公共价值结果较公共价值观更为具体。最后，公共价值本身是个复杂的多维度构念，在描述结果时，公共价值与政府绩效概念之间具有全同关系，公共价值结果需要以政府绩效为工具来测量，在用于衡量政府成功与失败的标准上，是否具有高绩效比是否创造公共价值更容易把握，因此，政府绩效较公共价值结果更为具体。

基于 PV-GPG 理论并结合以上推论可知：公共价值观、公共价值结果及政府绩效不是矛盾对立的关系，而是公共价值在不同发展阶段的由抽象到具体的不同表现形式。换言之，任意一个公共价值都要经历公共价值共识的达成、公共价值结果的实现、政府绩效评估的验证才能落地。以"公民满意"为例，首先，"公民满意"表现在公共价值观层面，是各利益相关者在政府协调下达成的共识：政府工作目标是增进"公民满意"程度。其次，经过公共资源的投入以及合作生产后，"公民高满意度"则是一种公共价值结果。最后，"公民高满意度"要通过政府绩效指标"满意度量表"来具体承载与反映。由此，同样可以对政府绩效的概念进行重新建构，政府绩效是一种社会价值建构，从共识主导的公共价值观到公共价值结果，再到政府绩效，是一个由抽象到具体的价值呈现过程。可以说，公共价值是政府绩效生产的出发点，而政府绩效则是公共价值的落脚点。因此，脱离了公共价值的政府绩效会偏离公民需求与期盼，而脱离了政府绩效的公共价值则难以实现价值的具体承载。

（三）对绩效概念的重构

传统的政府绩效与公共价值缺乏有效的连接，因此遇到了理论瓶颈和实践困惑，需要在最初始的状态下对什么是绩效、什么是绩效评估进行根本反思。一些学者认为，当前政府绩效不佳且传统绩效评估难以解决绩效不佳的根本原因在于，欠缺对"绩效"的根本反思，即没有从本体论上思考，到底什么是"政府绩效"，而未来公共行政的关键研究问题之一，就

---

① 王学军、张弘：《公共价值的研究路径与前沿问题》，《公共管理学报》2013 年第 2 期。

是解决这个基本问题，而不是在"绩效是什么"都没搞清的前提下就开始对它的评估。[①] 有学者进一步提出：在"绩效是什么"都没搞清楚的情况下进行绩效评估，就像是在病症都没有确诊的情况下寄希望于服用"万能药"来解决问题，但最终结果往往是为了吃药而吃药，无法从根本上解决问题，因此，当前很多的政府绩效评估都是无用且无效的。[②] 而 PV-GPG 理论对以上问题进行了系统性的反思与回应，并在整合公共价值概念和厘清公共价值与政府绩效关系的基础上提出：公共价值应该成为政府绩效生产的出发点，它对政府绩效合法性具有本质的规定性，公共价值差之毫厘，政府绩效就会谬以千里。该理论包含两个基本命题：一是政府绩效是一种社会价值建构，产出即绩效；二是只有来源于社会的政府绩效才能获得合法性基础，也只有根植于社会的政府绩效才能产生其可持续提升的需要，这是政府绩效管理的根本动力。由此可知，只有在公共价值的轨道上生产的绩效，才能称为绩效，而偏离了公共价值的轨道，则会出现绩效损失。

（四） 对绩效的分类

从价值链视角看，公共价值分布于公共项目全周期，有公共价值分布的地方就有绩效[③]，有公共价值偏离的地方就有绩效损失，因此，公共价值的类型决定了绩效的类型。那么，将公共价值类型化，是分析绩效结构的一种重要方式，是厘清绩效类型的基本前提。而依据分类学原理，公共价值类型化有三个假设原则：首先是互斥性原则，即不同公共价值扮演了

---

① Y. Gendron, D. J. Cooper, B. Townley, "The Construction of Auditing Expertise in Measuring Government Performance," *Accounting Organizations & Society*, Vol. 32, No. 1 (2007): 101 – 129; Y. Mekonen, "Measuring Government Performance in Realising Child Rights and Child Wellbeing: the Approach and Indicators," *Child Indicators Research*, Vol. 3, No. 2 (2010): 205 – 241; Donald P. Moynihan, "Public Management in North America," *Public Management Review*, Vol. 10, No. 4 (2008): 481 –492; T. Christensen, P. Lægreid, "The Whole-of-government Approach to Public Sector Reform," *Public Administration Review*, Vol. 67, No. 6 (2007): 1059 – 1066.

② R. D. Behn, "Why Measure Performance? Different Purposes Require Different Measures," *Public Administration Review*, Vol. 63, No. 5 (2003): 586 – 606.

③ 王学军：《基于 PV-GPG 理论的政府绩效价值链构建及其管理研究》，《公共行政评论》2017 年第 2 期。

不同的角色，具有不同的功能；其次是有限性原则，即公共价值类型是可数的；最后是完备性原则，即任意一个公共价值内容都可以纳入既有的分类。就现有文献来看，不同学派对公共价值的不同定义与认知，促生了不同的公共价值类型化研究。现有文献下的公共价值基本是从各自所定义的概念出发，依靠逻辑进行分类，大都缺乏先验理论的基础。[①] 而在西方语境下，任何价值都可以被称为公共价值，这会造成公共价值边界的泛化而不能满足公共价值分类的有限性原则，并且随着公共价值文献的增多，公共价值类型也将逐渐拓展，而价值内容的多样化、价值概念的模糊化、价值定义的抽象化容易使价值分类混乱而违反完备性与互斥性原则。

　　PV-GPG 理论在分析公共价值管理研究路径的基础上，基于政府绩效、公共项目、公共政策与公共服务的评估经验，依据公共价值分类的三原则，提出公共项目的绩效分类框架。第一种类型是使命型绩效，同罗森布鲁姆使命型绩效的定义相似，它代表了公共政策、公共部门或公共项目的核心目标。第二种类型是权益型绩效，与非使命型绩效相似，它虽然不是公共政策、公共部门或公共项目的直接使命，但是是通过法律、条例、规则、义务及共识等规定的具有权益性质的价值（比如公平、透明度、回应性、民主、参与等），需要明确，它不仅来源于那些具有法律约束力的文件，还应包括更广义的诚实、廉正、公平等具有高度共识性的准则。[②] 罗森布鲁姆的定义忽视了另外一种价值，就是波兹曼所定义的工具价值，它是实现使命型绩效与权益型绩效的重要手段（比如效率、经济），因此，本书将工具型绩效作为第三种绩效类型。需要说明，政府绩效是社会建构的产物，具有与情境依赖的特征。因此，虽然类型是确定的，但基于不同的被评估对象，会有不同的建构过程与情境背景，三种类型的政府绩效可能会相互转换，换言之，同一个绩效指标在不同背景下会属于不同的类型。

　　综合以上分析，基于 PV-GPG 理论对绩效是一种社会价值建构的定义，

①　M. R. Rutgers, "Sorting out Public Values? On the Contingency of Value Classification in Public Administration," *Administrative Theory & Praxis*, Vol. 30, No. 1 (2008): 92 – 113.

②　D. H. Rosenbloom, T. Gong, "Coproducing 'Clean' Collaborative Governance: Examples from the United States and China," *Public Performance & Management Review*, Vol. 36, No. 4 (2013): 544 – 561.

公共项目绩效在本书中被定义为：经过社会价值建构的基于公共价值的项目产出。而根据 PV-GPG 理论对绩效的分类，公共项目也有使命型、权益型、工具型等三类绩效。

第二节　绩效损失的概念演进与定义

一　不同理论下的绩效损失定义与演进

绩效损失是实际产出与预期结果的差距，不同理论下的绩效损失会有不同，其根本原因是对绩效内涵的定义不同。三重约束理论下的公共项目绩效内涵是"时间""质量""成本"，那么"时间延迟""质量问题""成本超支"就是该理论下全部的绩效损失，在该理论下提出的公共项目失败则是它对于绩效损失的形象描述。然而，一些如期推进、质量良好、成本可控的形象工程在三重约束理论下是没有绩效损失的，这说明这一理论无法测度出全部的绩效损失，可以说，三重约束理论下的公共项目失败代表项目中存在绩效损失，但仅仅因为绩效损失就判定公共项目"失败"，显然过于严苛。

新公共管理理论下的公共项目绩效内涵是"3E"以及"顾客满意度"，那么"效率低下""效益不好""经济性差""顾客满意度低下"就是绩效损失，在这一理论下的"绩效不佳""负向绩效差距"等概念就是在描述绩效损失。但该理论存在的问题是，如果一个公共项目不能够承载公共价值，即使是在新公共管理理论下没有绩效损失的公共项目，其绩效结果也难以符合公众需要，不符合公众需要这一更严重的绩效损失在新公共管理理论下却没有被定义与测度。而无论是三重约束理论还是新公共管理理论，对公共项目绩效损失的认识均基于管理视角，既无法测度出全部绩效损失，也难以通过管理手段实现绩效的最大化。

第四代评估理论下的绩效内涵是利益相关者的共同建构，那么绩效损失就是在利益相关者之间达成共识的情况下，实际情况与共识的差距，这一理论认为传统先验的实证主义评估无法测度出应然绩效而出现的"绩效偏差"就是在描述绩效损失。这一理论距离"绩效损失"的真相更进一步，但"共识"是什么、如何测等问题没有得到阐释，它虽然提出了测度步骤，但欠缺可行性。

公共价值管理理论下的绩效内涵就是承载公众集体偏好的公共价值本身，而绩效损失是偏离公共价值方向所导致的公共价值减少，在这一理论下的"绩效目标偏离"也是在描述绩效损失。然而同第四代评估理论类似，公共价值管理理论尚停留在理论研究阶段，它没有提出可操作的测度指标。因此，第四代评估理论与公共价值管理理论虽然基于治理视角看待绩效损失，接近了绩效损失的本质，但缺乏绩效损失测度的指标、手段与方法。

二　PV-GPG 理论框架下公共项目的绩效损失

PV-GPG 理论框架下公共项目的绩效损失既没有否定三重约束理论与新公共管理理论所关注的绩效损失问题，又直面三重约束理论与新公共管理理论下的绩效差距无法解释全部绩效损失的问题，从而更加关注"公共项目的公共价值承载问题"，而只有关注到公共价值的承载问题，才能够实现公共项目绩效的整体"帕累托最优"。试想，一个公共项目如果不符合公共价值，哪怕其成本甚微，哪怕其符合三重约束理论与新公共管理理论的所有指标，也应该是存在很大绩效损失的项目，因为没有公众会需要这类项目，而生产这个项目所需要的资源本可以用来生产公众真正需要的项目。PV-GPG 理论相比第四代评估理论，目标更为明确；相比公共价值管理理论，概念更为清晰。因此可以说，PV-GPG 理论及其对绩效损失的认识为测度与治理绩效损失奠定了理论基础。

PV-GPG 理论下的绩效损失本质上是一个差距变量，它的测度基础在于起点和终点的选择。[①] 在现有以 PV-GPG 理论为基础的绩效损失研究文献中，至少存在四种不同起点和终点的描述：产出与结果之间的差距、绩效结果与公共价值之间的差距[②]、预期绩效与实际绩效之间的差距、实际

---

① 王学军、王子琦：《公共项目绩效损失测度及治理：一个案例研究》，《中国行政管理》2019 年第 1 期。

② 王学军：《政府绩效损失及其测度：公共价值管理范式下的理论框架》，《行政论坛》2017 年第 4 期。

绩效产出不符合公共价值结果或者偏离公共价值共识。[①] 以上定义虽然表述的清晰度不同，但内涵是一致的。本书基于 PV-GPG 理论，将公共项目绩效损失定义为公共项目绩效的实际产出与绩效的预期结果的差距，而预期结果即基于公共价值的项目绩效目标。公共项目绩效损失测度则是依据一定的价值准则，使用测度工具，通过一定方式来收集公共项目绩效预期结果与绩效实际产出的差距信息，最终将差距认定为绩效损失，并将其作为绩效改进依据的过程。那么，为什么绩效的实际产出与预期结果之间会存在差距？

对绩效损失的理解需要以对绩效的产出和预期结果的认识为基础，以基于公共价值的绩效目标设定为前提。绩效产出回答了通过公共项目的生产直接实现了什么，而预期结果则要回答最终想要通过公共项目实现什么，而实现的绩效与预期的绩效总是会存在差距。[②] 在公共项目绩效管理中，实际产出与预期结果是必须同时考虑的两个概念，过分关注一个概念会导致顾此失彼、头重脚轻。在三重约束理论与新公共管理理论下的传统公共项目绩效，过分关注公共项目的产出，而忽略了对公共项目目标的根本性审视。具体来看，前者关注项目的建设产出，后者注重项目的效率与顾客满意度，缺乏对公众期望与项目绩效关系的全面反思。在只关注产出而忽视结果的情况下，容易导致公共项目偏离公众需要。而在第四代评估理论下的公共项目绩效，只关注利益相关者之间结果的建构，却忽视了公共项目的实际产出，而不衡量产出，则可能出现为追求好的结果而不计成本的现象。因此，公共项目绩效损失的提出旨在关注公共项目的实际产出与预期结果的差距，而预期结果的确定过程即基于公共价值的绩效目标设定过程，也构成了绩效损失研究的逻辑起点。

绩效损失为什么会产生，它的表现又是什么？有文献提出了绩效损失的产生原因与重要表现：第一，政府绩效组织管理，当政府绩效的计划、

---

① Taylor Jeannette, "Organizational Culture and the Paradox of Performance Management," *Public Performance & Management Review*, No. 12（2014）：7 - 22.

② 包国宪、马翔：《基于 PV-GPG 理论框架的公共项目绩效损失问题研究 ——以 G 省世界银行项目为例》，《公共行政评论》2018 年第 5 期。

组织、领导、协调、控制职能出了问题时，绩效产出与结果之间便会产生差距；第二，公共价值判断标准，产生绩效损失是因为绩效产出不是社会所需要的，偏离了社会基本需求。[①] 本书认为，计划、组织、领导、协调、控制职能问题更多是绩效损失产生的原因，而公共价值偏离则是绩效损失的表现，因为从定义来看，绩效损失就是实际产出与基于公共价值的绩效目标的差距，如果产出偏离了公共价值的轨道，自然会产生绩效损失。具体来看，公共项目绩效损失的类型由绩效的类型所决定，具体分为三种类型：一是公共项目的产出偏离了使命型公共价值，没有实现使命型绩效，表现为项目产出没有完全符合公众需要，本书称之为使命型绩效损失；二是公共项目的最后产出虽然符合预期使命，但在整个过程中的其他产出可能偏离了权益型公共价值，没有实现权益型绩效，表现为对公众所共同关心的事项的忽视，本书称之为权益型绩效损失；三是在公共项目生产过程中所投入的公共资源没有按照预期的时间、成本与质量产出，偏离了工具型公共价值，没有实现工具型绩效，本书称之为工具型绩效损失（见图 3－1）。

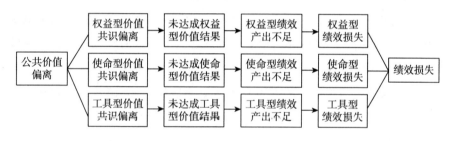

图 3－1 公共项目绩效损失的分类

资料来源：笔者自制。

三 公共项目绩效损失与相似概念的区别

绩效损失是 PV-GPG 理论框架下的全新概念，它的内涵与现有描述政府绩效与公共项目问题的一些关键概念不同，为了进一步厘清绩效偏差、公共项目失败、绩效差距、绩效不佳等概念与绩效损失之间的区别与联系

[①] 包国宪、张弘：《基于 PV-GPG 理论框架的政府绩效损失研究——以鄂尔多斯"煤制油"项目为例》，《公共管理学报》2015 年第 3 期。

以及绩效与绩效损失的关系，专此加以论证，以阐述绩效损失并不能被现有的类似基础概念替代。

（一）绩效偏差（Performance Bias）

绩效偏差与绩效损失的概念不同，绩效偏差指由于客观上的测度原理或测度技术原因或主观上的选择性呈现等原因而没有能够测度出真实的绩效，是测量值与真实值之间的差值。[1] 绩效偏差具体可以分为"意外的"和"蓄意的"两种偏差。前者强调统计意义上绩效测量的系统性偏差，属于测量的工具选择与技术问题。后者则是由评估主义的心理认知失当、对评估的理解错误等所引发，为呈现好的绩效而对绩效指标进行选择性呈现或对绩效数据进行人为操纵的现象，最终目标是为了规避责任、追求正向激励，与测量偏差属于"意外的"技术问题不同，后者属于"蓄意的"管理问题。[2]

绩效偏差的启示意义在于通过技术手段与管理手段来追求对绩效结果的准确测量。例如，可以利用肯德尔系数（Kandall coefficient of concordace）、克朗巴哈系数（Cronbach's alpha）、内容效度比等分析方法来减少因技术问题而引发的绩效评估偏差，可以通过加快政府绩效评估信息系统的建立、完善绩效信息公开制度、重视独立第三方评估、重构自律监管等制度机制来减少因管理问题而引发的绩效评估偏差。[3] 绩效偏差旨在解决对实际绩效测不准的问题，而实际绩效指新公共管理理论下的绩效，即便解决了绩效偏差问题，可以使绩效评估的测量值更加准确，也难以从根本上改进政府绩效，它还是不能够回答"为什么测度结果很精确的公共项目不能迎合公众需要"这一根本问题。

绩效损失是指公共项目实际产出与基于公共价值的绩效目标（预期结果）之间的差距，只有基于公共价值的绩效目标才能满足公众需要，从而

---

[1] 何文盛、王焱、蔡明君：《政府绩效评估结果偏差探析：基于一种三维视角》，《中国行政管理》2013 年第 1 期。

[2] V. Thiel and F. Leeuw, "The Performance Paradox in the Public Sector," *Public Performance & Management Review*, Vol. 25, No. 3（2002）：267 – 281.

[3] 何文盛、何志才：《地方政府绩效评估悖论形成机理探析——一个基于混沌理论的解释框架》，《北京行政学院学报》2016 年第 5 期。

具有可持续性。由此可知，绩效损失的测度需要以基于公共价值的绩效目标设置为前提，而绩效目标的设定是个社会价值建构过程，需要公众参与、响应式互动，它本质上是个治理过程，这也意味着，它与绩效偏差不同，难以通过管理与技术手段解决。从另一个角度来看，即使是没有绩效偏差的公共项目，也可能存在绩效损失；同样，即使是没有绩效损失的公共项目，也可能存在绩效的测量偏差。因此，绩效损失的概念不能用绩效偏差替代，测度出的绩效偏差不一定等于绩效损失（见图 3 - 2）。

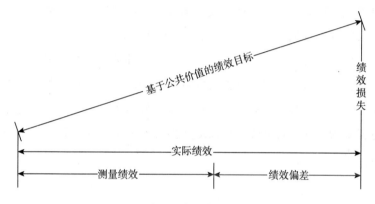

图 3 - 2　绩效损失与绩效偏差的关系

资料来源：笔者自制。

（二）公共项目失败（Program Failure）

公共项目失败是指项目没有达成预期的目标，造成不可逆转的结果。[①] 围绕公共项目失败，有两种定义方式：第一种是成功和失败的二分法，这种定义在文献当中更为常见，有文献将公共项目失败分类为实施前失败和实施后失败。实施前失败指项目尚未完成，便由于可行性问题、管理团队欠缺领导力、环境因素变更、需求变化等而不再实施公共项目；实施后失败指项目虽已完成，但与项目目标相去甚远，导致项目被抛弃。[②] 无论是实施前还是实施后，一旦失败便意味着项目是不可逆的。第二种将公共项

---

① 马翔：《公共项目失败的类型划分、发生机理及其绩效损失测度——基于 PV-GPG 理论的跨案例研究》，硕士学位论文，兰州大学，2016。

② 张兵等：《PPP 项目失败的组态研究——基于 30 个案例的清晰集定性比较分析》，《公共行政评论》2019 年第 4 期。

目失败定义为多维度的复合概念，即项目可以分为完全成功、部分成功、部分失败、完全失败等四种状态。[①] 在这种认识论视角下，无论是哪种失败，都不意味着项目完全没有意义，而是要进一步区分失败的程度。

在朴素的常识论下，即在按照一般定义，秉持狭义的公共项目失败与成功的二元论观点下，公共项目失败不能等同于绩效损失，失败比绩效损失要严重得多。因为，虽然理论上存在没有绩效损失的公共项目，但实践中的公共项目难免会出现一定程度的绩效损失，仅依据有损失就判定项目失败显然过于苛刻；再者，有些绩效损失是可以逆转的，但公共项目一旦被判定失败则意味着项目失效并且不可逆转。如果秉持广义的多元论观点，公共项目出现某一方面的失败等同于某一种类型的绩效损失，在这个意义上，公共项目失败与绩效损失的概念内涵就具有一定的相似性。因此可以做出判断，公共项目失败之中肯定有绩效损失，但绩效损失并不等于朴素意义上的公共项目失败，所以绩效损失不能用公共项目失败的概念来替代（见图 3 – 3）。

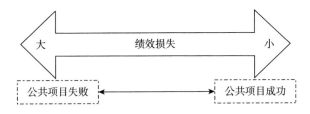

图 3 – 3　绩效损失与公共项目失败的关系

资料来源：笔者自制。

（三）绩效差距（Performance Gap）

绩效差距的概念源自工商管理学和组织行为学，意指组织在某一时段的实际绩效与既定绩效目标之间的差距。[②] 绩效差距在差距的比较对象上可以分为基于历史绩效预期的绩效差距和基于社会绩效预期的绩效差距，

---

① 〔美〕哈罗德·科兹纳：《项目失败分析与拯救：案例分析与技巧》，叶红星等译，电子工业出版社，2015。

② 马亮：《目标治国、绩效差距与政府行为：研究述评与理论展望》，《公共管理与政策评论》2017 年第 2 期。

在差距的结果上可以细分为正向和负向的绩效差距。① 可以看出，绩效差距的概念内涵在于目标的实现程度，在传统绩效评估理论下，目标的制定是一个技术与管理问题，更多由管理层内部制定。②

绩效差距的提出开启了政府绩效评估结果对组织管理行为影响研究的高峰，为有效缩小绩效差距，进一步增进绩效带来了积极的启示意义。但本质上，绩效差距仍然属于新公共管理理论下政府绩效的最大化问题，即在设定的绩效目标下讨论如何通过管理来接近目标。新公共管理理论下的政府绩效管理可以提高组织的有效性，但却对什么是政府绩效、谁来定义绩效等公共部门需要面对的根本性问题缺乏深入的反思。因为，绩效差距与管理决策之间的关系由绩效定义方式决定，绩效可以通过多种方式来衡量，包括效率、公平或质量。③ 在这种情况之下，评估绩效差距应该是个治理过程，首要的任务是进行绩效目标审视与再建构，然后进行差距分析（这也是绩效损失的概念）。

而绩效损失则从本体上对绩效目标进行反思，认为绩效目标是多元主体合作的产物，也即需要经过社会价值建构的过程，这实质是将"政治"与"参与"路径引入了政府绩效管理体系。因此，传统理论下的绩效差距与绩效损失有本质的不同，它缺乏对绩效目标的审视，可能制定了错误的目标（绩效目标不是公众所需要的），测度了错误的绩效差距，在这种情况下，即便是绩效差距为零的项目也可能存在绩效损失。当然，如果绩效目标是经过社会价值建构的，那么绩效差距与绩效损失的概念是相似的。因此，在不进行绩效目标审视的情况下，绩效差距与绩效损失的概念与内

---

① Kenneth J. Meier et al. , "Performance Gaps and Managerial Decisions: A Bayesian Decision Theory of Managerial Action," *Journal of Public Administration Research & Theory*, No. 4 (2015): 12 – 21.

② 朱凌：《绩效差距和管理决策：前沿理论与定量研究评论》，《公共管理与政策评论》2019年第 6 期；Nathan Favero, Kenneth J. Meier et al. , "Goals, Trust, Participation, and Feedback: Linking Internal Management with Performance Outcomes," *Journal of Public Administration Research & Theory*, No. 10 (2014): 2 – 11。

③ Hal G. Rainey, "Review: Public Organization Theory: the Rising Challenge," *Public Administration Review*, Vol. 43, No. 2 (1983): 176 – 182; Hal G. Rainey et al. , "Comparing Public and Private Organizations: Empirical Research and the Power of the A Priori," *Journal of Public Administration Research & Theory*, No. 4 (2000): 447 – 469.

涵明显不同，而后者更强调对绩效目标的根本反思。所以，二者的概念也不能相互替代（见图 3-4）。

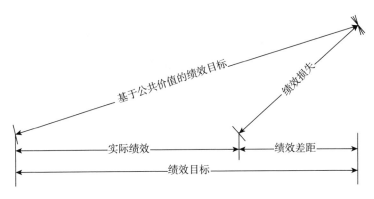

图 3-4　绩效损失与绩效差距的关系

资料来源：笔者自制。

（四）绩效不佳 （Poor Performance）

绩效不佳是指"绩效不高"或者"绩效欠佳"，描述一种实际项目绩效与预期目标相差较大的客观状态。它同绩效差距的概念具有一定的相似性，本质上属于绩效差距的一种，从差距的结果看，绩效不佳是一种负向绩效差距，即没有达成绩效目标。[①] 然而，需要明确的是，成就标准并非在所有组织中都是等效的，一个组织的高绩效可能是另一组织的绩效不佳；同样，一个组织的绩效不佳可能是另一组织的高绩效。而问题的关键在于进行目标与成就标准的审视。

绩效不佳是所有组织均不愿意看到的结果，而围绕绩效不佳问题改进组织运作方式是提升绩效的一个重点方向。但是，需要看到绩效不佳问题所可能引发的消极后果，因为无论是何种类型的绩效不佳，均可能导致与绩效评估初衷相背离的意外后果。当由组织目标本身不合理却又无法变更目标所导致的负向绩效差距过大时，组织管理者可能会为了避免问责、追

---

① 李正彪、文峰：《农户经济行为视角的财政农业投资：绩效、原因、对策》，《经济问题探索》2009 年第 10 期。

求激励而采取冒险策略，最为典型的例子是在绩效记录上作弊。[1] 比如，个别地方政府会因为经济绩效欠佳而对 GDP 进行注水，个别会因环保绩效欠佳而不当干预 PM2.5 监测仪器。[2]

总结来看，只有在绩效目标是经过社会价值建构的前提下，绩效不佳才具有实践意义，才可以判定绩效不佳等同于较大程度的绩效损失。而在绩效目标没有经过社会价值建构的状态下，则难以判别传统意义下绩效欠佳的项目是否存在绩效损失，因为也有可能是目标制定过高，比如以"大跃进"时期的粮食产量目标为判断标准，几乎所有地方的种植绩效都是欠佳的。因此，绩效不佳与绩效损失只有在绩效目标合适的前提之下才能对应起来，所以二者的概念还是不能相互替代（见图 3 –5）。

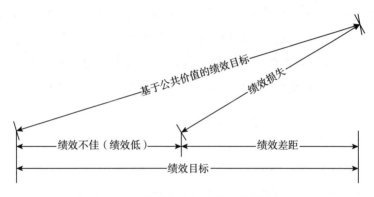

图 3 –5   绩效损失与绩效不佳的关系

资料来源：笔者自制。

（五）绩效损失与绩效的关系

在 PV-GPG 理论框架下，绩效是一种社会价值建构，而绩效损失是实际产出与经过社会价值建构的绩效目标的差距。由此可知，绩效与绩效损失是对立的统一体，绩效损失的测度需要以清晰的绩效定义为前提（见图

---

① Kenneth J. Meier, J. Bohte, "Ode to Luther Gulick: Span of Control and Organizational Perform-ance," *Administration & Society*, Vol. 32, No. 2 (2000): 115 –137.

② 卢盛峰、陈思霞、杨子涵：《"官出数字"：官员晋升激励下的 GDP 失真》，《中国工业经济》2017 年第 7 期；周凯、邹慧颖、高敬：《空气质量监测数据内藏 "雾霾"？》，半月谈网站，2018 年 2 月 12 日，http://www.banyuetan.org/chcontent/sz/szgc/2018212/245686.shtml。

3 – 6）。具体而言，绩效损失与绩效的侧重点各有不同。在主要功能方面，正向测度绩效旨在发挥绩效的激励作用与导向作用，而逆向测度绩效损失旨在进行绩效改进并实现绩效的最大化。在核心目标方面，测度绩效的核心目标在于总结成绩，并依据绩效排名进行激励；而测度绩效损失的核心目标则在于发现问题，并依据问题改进绩效。在测度步骤方面，绩效损失的测度需要以测度实际绩效产出为前提，因此测度绩效损失更为复杂。那么，本书为什么从绩效损失的视角切入呢？因为无论从心理学、社会学抑或政府注意力的理论视角分析，失败的教训往往比成功的经验更能引起管理者的重视，且能够为管理者带来更多的危机意识。而对公共项目绩效管理也是一样，绩效损失就是公共项目某方面的失败，一个基本见解是，组织避免损失比取得积极结果更有动力。因此，从绩效损失的痛苦中所学得的知识可能是绩效改进的最有效的工具。如果绩效损失能够作为一种"否定性偏见"，在绩效报告中同绩效一起呈现，就可以促使公共部门将注意力集中在不符合期望水平的绩效上，从而实现绩效提升的目的。

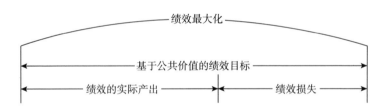

图 3 – 6　绩效损失与绩效的关系示意

资料来源：笔者自制。

第三节　基于 PV-GPG 理论的公共项目绩效损失治理要素

　　按照前文定义，公共项目绩效损失治理是协调利益相关者关系，旨在寻求解决公共项目绩效损失问题的办法。PV-GPG 理论在提出绩效损失概念的同时，还提出绩效损失治理的要素。社会价值建构、组织管理、协同领导系统等三个维度共同构成了绩效损失的治理要素。绩效损失治理要素将公共价值约束下的绩效创造与绩效损失减少作为治理目标。首先,公共项目的社会价值建构过程是为了解决项目建设"为了谁"的需求对象问题与"依靠谁"的合作生产问题,包括确定多元治理主体、回应各方关切、识别引导集体偏好、选定优先事项、持续关注偏好,旨在通过自上而下的政治路径和自下而上的参与路径确保项目"无偏与在轨";其次,通过科学的组织管理保证项目实现预期目标,保证绩效的最大化;最后,依靠协同领导系统解决项目全周期中各种类型的冲突问题,并在社会、战略、政治体系的交互过程中凝聚共识、传导价值。[①]

从社会学理论研究层次看,PV-GPG 理论框架更多偏向于宏观治理理论,原因在于治理框架三个维度要素之下的具体内容尚需进一步明确,业已提出的"公众参与""政治引领""价值冲突""科学管理"等要素尚显宽泛,而聚焦于三个维度与绩效损失之间关系的实证研究更是付之阙如,这限制了 PV-GPG 理论对绩效损失治理的进一步指导。因此,对 PV-GPG 理论治理要素的细化研究以及对治理要素与绩效损失之间关系的实证研究,在理论上可以促进 PV-GPG 理论从宏观理论向中观理论转变,在实践上可以为治理绩效损失提供框架、证据与对策。这也构成了本书需要解决的另一具体研究问题:公共项目绩效损失的影响因素与发生路径。

本章小结

首先,PV-GPG 理论在反思新公共管理理论下政府绩效管理的实践问题与整合公共价值概念的基础上,厘清了公共价值观、公共价值与政府绩效之间的关系,认为抽象的公共价值共识是政府绩效生产的出发点,政府绩效是公共价值的落脚点,只有以公共价值为基础的政府绩效才具有合法性,因此要对绩效的概念、内涵与分类进行根本反思与系统重构。而以公共价值为基础的绩效目标确定,需要采用与第四代评估理论相同的建构主义方法论,使利益相关者达成以公共价值为基础的政府绩效的共识。其

---

① 包国宪、张弘、毛雪雯:《公共治理网络中的绩效领导结构特征与机制——基于"品清湖围网拆迁"的案例研究》,《兰州大学学报》(社会科学版)2017 年第 3 期。

次，绩效损失是 PV-GPG 理论中的一个核心概念，也是公共管理领域的全新概念，它通过实际产出与基于公共价值的绩效目标差距来度量，现有的相似学术概念并不能替代绩效损失。最后，PV-GPG 理论提出了包含三个维度的绩效损失治理框架。由此，本书选取建立在科学哲学基础上并批判性地吸收了新公共管理理论、公共价值管理理论、第四代评估理论的优点的 PV-GPG 理论作为理论基础。

本章基于规范研究讨论了公共项目的绩效损失测度与治理所应该遵循什么理论的问题，但绩效损失的测度体系构建方法、实证测度、影响因素、发生机理、治理路径等问题尚需要进一步分析。第四代评估理论与公共价值管理理论没有提出完全具有可操作性的构建方法与指标体系来测度绩效损失，而在三重约束理论与新公共管理理论下提出的指标并不能完全测度绩效损失。因此，首先，需要阐述基于 PV-GPG 理论的绩效损失测度体系构建方法；其次，还需要依照构建方法，选取公共项目案例进行实证测度；再次，PV-GPG 理论提出，社会价值建构、组织管理和协同领导系统是影响绩效损失的三个宏观维度，但三个维度包括哪些具体影响因素、什么样的因素组合导致了绩效损失的发生、具体的发生路径是什么需要进一步解构；最后，在解决以上问题的基础上，需要提出绩效损失的治理建议。对以上具体问题的解决，构成了本书第四章至第七章的主要内容。

| 第四章 |

公共项目绩效损失测度体系的构建方法

　　第三章从理论上论证了绩效损失的概念内涵，本章则是在 PV-GPG 理论与第四代评估理论的基础上，试图提出绩效损失测度体系的构建方法，旨在为构建公共项目绩效损失测度体系提供方法论指导与具体步骤，为开展实证测度奠定基础。本章提出的公共项目绩效损失测度体系的构建方法是基于 PV-GPG 理论框架的三个维度展开的，共包括十个步骤。其中，社会价值建构是方法的核心，确定了公共项目绩效损失测度的准则，保障了测度的无偏性与合法性。组织管理是方法的具体实施过程，旨在明确构建测度体系的操作步骤，保障了测度的可行性。协同领导系统是测度体系构建过程中的协调机制，通过处理冲突来保证测度体系构建的顺利。下文首先论证构建方法的方法论选择，然后按照三个维度分别阐述评估程序所包含的步骤。需要注意，三个维度的构建方法是一个有机整体，用于理解绩效损失测度方法的理论逻辑，各个维度内的步骤有时间先后，但三个维度在实际操作中可能是同时展开的。体系构建方法见图 4 – 1。

第一节　方法论立场

　　三重约束理论与新公共管理理论下的测度体系建立在实证主义的方法论之上，它们的构建方法更多依靠技术路径，信奉"委托方和赞助商永远是明智的"，是一种来自"甲方的建构"，旨在测度公共项目绩效是否实现

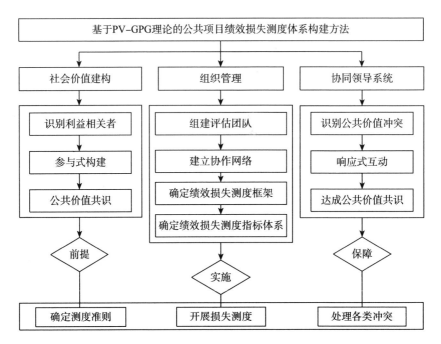

图 4 -1　基于 PV-GPG 理论的公共项目绩效损失测度体系构建方法

资料来源：笔者自制。

了委托方所制定的绩效目标。然而，一些文献认为基于实证主义方法论的构建方法是"不平等的"，它在采纳多元化价值方面是失败的，并且它的理性主义假设受到建构主义和后现代主义观点的严峻挑战，因此要基于建构主义方法论构建测度体系。[①] 在这些文献中，第四代评估理论最具代表性，认为测度体系的构建是个利益相关者多元参与的过程，需要基于建构主义方法论以确保评估的合法性，在此基础上，提出了包含十二个步骤的测度体系构建方法。但是，第四代评估理论提出的构建方法存在不可操作的难题，首先，它没有预先确定目标，目标在与利益相关者的谈判中逐渐显现，[②]

---

① Y. S. Lincoln, "Fourth Generation Evaluation, the Paradigm Revolution and Health Promotion," *Canadian Journal of Public Health Revue Canadienne De Santé Publique*, Vol. 83, No. 1 (1992): 6 - 10; S. K. Sanderson, "Book Review: Eugenics: A Reassessment. Richard Lynn. Westport, CT: Praeger, 2001, 367 pp. (Hardbound), $ 85.00," *Population & Environment*, Vol. 24, No. 2 (2002): 219 - 222.

② R. E. Stake, "Statement of Resignation from the Vice Presidency of Division D of AERA," *Educational Researcher*, Vol. 4, No. 8 (1975): 2.

这勾勒了一个乌托邦式的理想；其次，建构主义所追求的完全自然主义评估寻求通过多轮次的谈判来建构指标体系，但问题是可以知道评估谈判何时开始，但无法知道什么时候结束，评估可能因此陷入无休止的迭代。

PV-GPG 理论框架下提出的公共项目绩效损失测度体系的构建方法，需要吸收第四代评估理论的建构主义方法论，因为测度体系一定是利益相关者共同建构的，而不是先验的存在。因此，体系的构建过程本身是需要经过社会价值建构的，每一个评估过程都是一个"量身定制"的过程，这也是 PV-GPG 理论和第四代评估理论下的构建方法与新公共管理理论下的构建方法的本质不同。与此同时，基于 PV-GPG 理论框架的构建方法应该避免第四代评估理论的不足。首先，它提出绩效损失测度体系必然以公共价值的识别与绩效指标的公共价值承载为基础，因此明确"什么是基于公共价值的绩效"是测度体系的设定目标，它比第四代评估理论更为具体。其次，它提出要借鉴实证主义的部分观点与技术，以确保评估的可操作性。

PV-GPG 理论框架下的体系构建方法，需要满足两个条件：一是要满足建构主义的范式要求，以尽可能接近自然主义的评估来保证构建方法的合法性，在响应式互动的迭代谈判中达成共识，只有这样才能回答公共价值、政府绩效与绩效损失是什么的问题；二是要以实证主义的工具为辅助，来记载公共价值并计算绩效损失，避免像第四代评估理论那样过分追求价值理性而可能陷入无休止的谈判，保证方法的可操作性。PV-GPG 理论框架提出的社会价值建构与协同领导系统以及第四代评估理论的响应式互动过程为公共价值建构提供了具体操作方针，保证了构建方法的"有效性"与"合法性"。PV-GPG 理论框架中的组织管理保证构建方法得以可行、可信，避免构建过程陷入无休止的谈判，保证了方法的"可操作性"。因此，基于以上分析可知，PV-GPG 理论框架下的绩效损失测度体系构建方法需要以建构主义方法论为"体"，以实证主义方法论为"用"，寻找一个兼顾价值理性与工具理性的"中庸"立场。

第二节　社会价值建构

社会价值建构是构建测度体系的基础，对公共项目绩效损失测度具有本质规定性，它系统回答了"测度什么""测度准则"等关键问题。社会价值建构也是基于 PV-GPG 理论构建绩效损失测度体系区别于其他方法的最显著标志。要测度绩效损失，首要任务是判断一个公共项目应该承载的价值是什么、它的绩效内涵是什么、价值偏离会带来什么问题，这一切均依赖于社会价值建构过程。传统方法会弱化甚至直接缺少这一过程，容易出现的情况是，评估者采用项目委托方提供的或者复制既有的公共项目评估框架，在目标被预先设定的前提下开展测度。然而，这种评估方式固然操作简单，却因为欠缺社会价值建构过程而容易被某一主体操纵，进而使测度体系的合法性不足，通常表现为对绩效的高估与对绩效损失的低估，评估结果难以使利益相关者信服。因此，没有社会价值建构的构建方法弱化了体系本身的合法性。具体而言，社会价值建构过程包含识别利益相关者、参与式构建、公共价值共识等三个步骤。其中，识别利益相关者是社会价值建构的前提，参与式构建是社会价值建构的机制，公共价值共识是社会价值建构的结果。

一 识别利益相关者

识别利益相关者是社会价值建构的首要环节，它是组织参与式构建的前提，直接影响评估工作的开展与评估结果的成败。利益相关者被定义为评估中承担风险的个人或者团体，即与评估有利害关系的个人或团体。[1]古贝将其分为受益者、受害人与代理人三种。对于公共项目而言，这种分类需要进一步根据情境加以细分。本书基于利益相关者理论，[2]结合我国公共项目评估实际，提出了公共项目利益相关者的三元系统：公众系统、项目管理系统与承包系统。分别代表了公众、政府与企业三类主体（在中国情境下，绝大多数公共项目属于政府委托项目）。对利益相关者进行项目角色分析，有助于明确他们在评估中的角色、识别核心利益相关者、取

① E. G. Guba, Y. S. Lincoln, "Effective Evaluation: Improving the Usefulness of Evaluation Results through Responsive and Naturalistic Approaches," *Journal of Higher Education*, Vol. 54, No. 4 (1981): 9 – 33.

② 尹贻林、万礼锋：《汶川地震灾后恢复重建保障性公共项目绩效规划研究》，《科学学与科学技术管理》2010 年第 3 期。

得信任并顺利开展工作。

公共项目大多是由政府提供，为了满足公众需要的项目。[①] 因此，以目标受益群体为核心的公众系统应该具有决定公共项目用途的建构权，属于核心利益相关者。项目管理系统包含项目出资方和项目管理与审批方两类利益相关者，一般项目出资方也是项目的管理方，[②] 现阶段他们对公共项目属性与用途有法理上的决策权，属于核心利益相关者。承包系统包含公共项目总包方、监理方、监测方、环评方等主体，其中，项目总包方虽然对公共项目的属性与用途没有决策权，但是工程项目的具体实施者，对项目进度等内容有重要影响，亦属于核心利益相关者。

核心利益相关者是社会价值建构的组成主体，是评估者接触次数最多、层次最深的群体，在识别核心利益相关者之后，获取他们的信任对开展后续步骤至关重要。获取核心利益相关者信任的方式有很多种，对于不同的核心利益相关者也应该采取不同的方式。[③] 但最重要的经验是，明白他们对评估工作的紧张、关切与焦虑。评估者要通过展示自身的能力与经验并清晰阐述评估的目标、方式与效果，来舒缓和消除他们的紧张与焦虑，并在交流谈判的过程中互相了解、深化合作关系、获得各方信任。最后在取得信任后要进一步获得授权，评估者要将开展评估所需要进行的评估活动与程序纳入协议。

二 参与式构建

参与式构建是社会价值建构的核心机制，也是第四代评估理论与CEval 评估的基本模式。[④] 这种机制的主要特征是强调通过核心利益相关者

---

① 郑方辉、王珺：《基于满意度导向的政府公共项目绩效评价》，《广东社会科学》2010 年第 2 期。

② 由前文可知，本书案例项目的出资方与管理方与一般项目有所不同，该项目由世界银行与地方政府共同出资，管理主要依托地方政府。

③ Kaplan S. , "Participation in the Design Process: A Cognitive Approach," *Perspectives on Environment and Behavior*, No. 1 (1977): 221 - 222.

④ Pavel Dubský, Magda Ördögová, Michal Malý, et al. , "CEval: All-in-one Software for Data Processing and Statistical Evaluations in Affinity Capillary Electrophoresis," *Journal of Chromatography A*, Vol. 45, No. 14 (2016): 158 - 165.

的参与和互动来建构公共价值。新公共管理理论下的绩效评估设计缺乏"价值理性"的成分，虽然它也会纳入利益相关者主体进行诸如满意度评价等评估活动，但这种评估活动中的利益相关者是在既定框架下被动"参与"了评估，与社会价值建构中所强调的参与式构建有本质不同。参与式构建强调公共价值在核心利益相关者主体之间各种观点的互动中产生，主要优点是使公共项目回归公共性，将关注点聚焦于核心利益相关者的需求与权益上。

核心利益相关者在公共项目不同类型公共价值建构与绩效生成中扮演的角色不同，但并不是每一类公共价值建构都需要全部核心利益相关者参与，表 4-1 呈现了不同公共价值建构中所涉及的不同核心利益相关者。使命型公共价值建构决定了公共项目的根本属性、用途与价值，因此，具有公共项目决策权的项目管理方与具有使用权的项目受益者是参与此类公共价值建构的主体，他们二者的互动与共识决定了公共项目的使命型公共价值承载。权益型公共价值是指公众在整个公共项目建设周期中所享有的权益型价值。这类公共价值受到更高层面法律的保护，也来源于公众的集体共识，因此，公共价值建构过程涉及各类主体而需要全部核心利益相关者参与。以效率为核心的工具型公共价值是使命型公共价值实现的途径与手段，比如保证工程进度、质量与施工安全，这类公共价值的建构主要受到项目承包商的影响，同时也受到项目管理方与项目受益者的制约，因此，以项目承包商为核心的三方参与决定了工具型公共价值建构过程。

表 4-1　公共价值建构类型与核心利益相关者参与矩阵

公共价值建构类型	项目管理方	项目承包商	项目受益者
使命型公共价值建构	√	×	√
权益型公共价值建构	√	√	√
工具型公共价值建构	√	√	√

注：√ 代表需要该类主体参与，× 代表不需要该类主体参与。
资料来源：笔者自制。

需要强调，其他非核心利益相关者掌握公共项目重要的数据资料，虽不直接参与评估，但也属于参与式构建主体的一部分，在进行公共价值建构时，相比核心利益相关者，他们处于次要位置，此处不展开讨论。

三　公共价值共识

公共价值是社会价值建构的结果，对公共项目的绩效内涵有本质规定性，是绩效损失的判断准则。无论何种规模与类型的公共项目，均需要承载使命型、工具型与权益型公共价值。然而，由于公共项目所面临的资源禀赋、社会环境、发展水平并不相同，不同的公共项目在具体背景下针对同类型公共价值可能会有不同的公共价值内容，甚至同一公共项目在不同的背景下也会具有不同的公共价值内容。公共项目所应承载的公共价值内容，在不同主体的参与式构建中产生，从识别利益相关者到参与式构建再到具体公共价值内容建构的过程就是社会价值建构过程。

公共项目绩效的公共价值承载，应该自公共项目的概念形成阶段开始，这样，社会价值建构过程在项目运行过程中就已完成，对于公共项目而言，因为自项目伊始就承载了公共价值，所以绩效损失更小，后续的绩效损失测度也更为简单，可以直接进行组织管理流程的步骤。然而这种"应该"是一种理想状态，在实际的公共项目运作中较为罕见，由于"唯 GDP 主义"与"效率至上"的巨大惯性，一些公共项目缺乏价值承载与目标设定过程，甚至缺少社会价值建构，这也是"政绩工程"、"面子工程"与"形象工程"出现的根本原因。因此，在基于 PV-GPG 理论的构建方法下，不能假定由项目管理方设定的目标已经承载正确的公共价值，而是应该秉持中立的态度，认为没有经过社会价值建构的公共项目绩效处于"目标游离"（Goal Free）的状态，即使设定了项目目标也不一定具有合法性，这与第四代评估理论倡导的自然主义评估以及斯克利芬（Scriven）强调的目标游离评估是一致的。因此，在测度的时候要先经过社会价值建构过程来重构"绩效目标"，再测度"实际结果"，最后计算绩效损失。需要强调，公共价值在可预知的公共项目周期内是相对稳定的，换言之，核心利益相关者对于公共项目所应承载的公共价值在项目全周期内是相对稳定的。

具体来看，对使命型公共价值与权益型公共价值内容的建构应该包含四个步骤。第一，基于文献构建初步的公共项目公共价值内容库。① 第二，在公共价值内容库的基础上，核心利益相关者进行参与式构建，各方充分表达对公共项目的价值偏好，按照表4-1，项目管理方与项目受益者是核心利益相关者。项目管理方的使命型公共价值偏好可以从表4-2所列的诸如可行性研究计划等文本中获取，通过深度访谈等多种方式进行三角验证；权益型公共价值偏好可以从表4-3所列的诸如执政党党章、执政理念、政府信息公开条例、形成共识的意见表达中获取；工具型公共价值偏好可通过表4-4所列的方式获取。对于项目受益者，要确定受益者范围，通过深度访谈或问卷调查的方式获取并检验受益者的使命型与权益型公共价值偏好。第三，通过编码与文本分析等具体方法确定利益相关者的价值偏好库。寻求价值库的交集并将之作为第一轮使命型公共价值与权益型工具价值。第四，对于不一致的价值内容，要进行核心利益相关者第二轮访谈，核心利益相关者要针对不一致的价值内容进行循证说明，特别是项目管理方，要响应公众的其他价值偏好，论证哪些价值内容可行、哪些价值内容不可行、原因是什么。在第二轮访谈的过程中，就其他公共价值内容达成共识，并纳入交集库，完成公共价值内容的建构。上文已述，核心利益相关者之间就工具型公共价值内容易达成共识，在此不再赘述。

表4-2 使命型公共价值偏好的资料来源

参与主体	资料名称	资料来源	价值提取方法
项目管理方	可行性研究计划	发展和改革委员会	编码与文本分析
	深度访谈	深度访谈、焦点小组讨论	编码与文本分析
	问卷调查	抽样调查	描述性统计分析
	项目协定	项目办公室	编码与文本分析
项目受益者	深度访谈记录	抽样入户访谈	编码与文本分析
	调查问卷结果	抽样调查	文本与数据分析
	信访、政府信箱的意见表达	地方政府	编码与文本分析
	沟通平台的会议记录	沟通平台	编码与文本分析

---

① 建构主义并不意味着一切从"零"开始，而是需要建立在一定的研究基础之上，对文献资料的分析则是建立这一基础的有效路径。

续表

参与主体	资料名称	资料来源	价值提取方法
评估者	理论与实践文献	各类文献平台	文本分析

资料来源：笔者自制。

表 4 − 3　权益型公共价值偏好的资料来源

参与主体	资料名称	资料来源	价值提取方法
项目管理方	执政理念	互联网	编码与文本分析
	执政党党章	互联网	编码与文本分析
	宪法、法律	互联网	编码与文本分析
	政府信息公开条例	互联网	编码与文本分析
	留言办理工作实施办法	互联网	编码与文本分析
	社会影响调查	项目办公室	编码与文本分析
项目受益者	深度访谈记录	抽样入户访谈	编码与文本分析
	调查问卷结果	抽样调查	文本与数据分析
	信访、政府信箱的意见表达	地方政府	编码与文本分析
	沟通平台的会议记录	沟通平台	编码与文本分析
	形成共识的意见表达	微博、微信等公共平台	内容分析
项目承包商	施工合同	一般权利和义务规定	编码与文本分析
评估者	理论与实践文献	各类文献平台	文本分析

资料来源：笔者自制。

表 4 − 4　工具型公共价值偏好的资料来源

参与主体	资料名称	资料来源	价值提取方法
项目管理方	深度访谈	深度访谈	编码与文本分析
项目受益者	调查问卷结果	抽样调查	编码与文本分析
	信访、政府信箱的意见表达	地方政府	编码与文本分析
项目承包商	施工合同	工程建设单位	编码与文本分析
	施工日志	工程建设单位	编码与文本分析
	项目监理日志	工程监理方	编码与文本分析
	工期进度表	工程建设单位	编码与文本分析
评估者	理论与实践文献	各类文献平台	文本分析

资料来源：笔者自制。

第三节　组织管理

组织管理是开展测度体系构建的必要组织流程，只有建立在社会价值建构基础上的组织管理流程才具有合法性，这也是 PV-GPG 理论绩效损失测度体系构建方法的组织管理流程与新公共管理理论等传统组织管理流程的根本不同。在具体步骤层面，体系构建方法中的组织管理流程对评估者提出了更高要求。首先，对参与式构建机制的强调，极大增加了评估的不确定性与复杂度，因此，评估者要具有更强的领导力来应对评估过程中出现的各种组织、协调与沟通问题，而不是仅仅关注技术。[①] 其次，建构主义方法论基础之上的测度，要更多运用深度访谈、焦点小组讨论、参与式观察、质性资料分析等方法来进行价值判断，因此，评估者除了需要掌握实证主义传统中的定量分析方法外，还要熟练掌握建构主义范式下的各种定性分析方法。最后，评估中会产生体量更大、类型更多的定性和定量数据，需要评估者掌握可靠的数据处理技术，将绩效数据转化为结构化证据。具体而言，组织管理包括以下四个步骤。

一　组建评估团队

无论是从程序还是从内容看，基于 PV-GPG 理论的构建方法比传统方法更为复杂，评估团队的专业构成要更为多元。受限于第四代评估理论提出的时代背景，该理论认为建构主义方法论中评估团队用于收集资料和分析资料的工具主要是人类工具。[②] 但是，当今公共项目评估中所需要的数据体量与复杂度远大于过去，仅依靠人类工具是远远不够的。因此，评估团队要具备各类数据收集、分析与处理能力，通过实证主义方法提高效率。另外，无论

---

① J. M. Bryson, B. C. Crosby, L. Bloomberg, "Public Value and Public Administration," *Public Value & Public Administration*, No. 11 (2015): 360 – 369; Morse R. S., "Integrative Public Leadership: Catalyzing Collaboration to Create Public Value," *Leadership Quarterly*, Vol. 21, No. 2 (2010): 231 – 245; Page S., "Integrative Leadership for Collaborative Governance: Civic Engagement in Seattle," *Leadership Quarterly*, Vol. 21, No. 2 (2010): 246 – 263.

② 〔美〕埃贡·G. 古贝、〔美〕伊冯娜·S. 林肯：《第四代评估》。

技术如何发展，公共价值内容的模糊性、动态性与多维性决定了它总是需要社会价值建构，只有经过社会价值建构过程，才能知道绩效如何承载公共价值，数据总要服务于建构主义评估本身，因此，评估团队要掌握定性分析方法，通过深度访谈等方式采集数据，并基于扎根方法进行价值判断与分析。

二　建立协作网络

在评估测度过程中，要充分地利用既有文献资料，将之作为基础数据来收集测度证据。数据文本离散分布在各个部门，不同利益相关者掌握着不同的数据，因此有必要建立协作网络。建立协作网络需要搭建相应的合作平台与机制，打通数据流动的壁垒，将一切数据共享。本书基于我国现行的公共项目建设程序，归纳了常见协作网络的机构名称、角色、文本资料名称以及可能的用途（见表4-5）。需要强调，遵循建构主义的方法论，不是要完全摒弃现行协作网络中针对公共项目活动进行监测评价所产生的一切指标与数据，而是强调指标需要经过社会价值建构过程的验证才可以成为绩效测度指标。从另一视角出发，公共项目现行的监测评估指标被纳入绩效损失测度体系的越多，说明它越接近于基于 PV-GPG 理论的构建方法。当然，对于那些从逻辑上容易达成共识的指标则可以直接使用，比如工具型绩效损失指标几乎可以完全被纳入，显而易见的是，时间、安全与质量指标在核心利益相关者之间可以达成共识，并且既有的监测体系已经完全涵盖了这一类别的指标，隶属于住建部门的质量与安全监督站负责公共项目质量与安全方面的监测，施工方与外部监测机构有项目进度方面的监测，可以从以上单位获取数据。

表 4-5　协作网络的文本资料内容

机构名称	角色	文本资料名称	可能的用途			
			使命	工具	权益	治理
自然资源和规划部门	审批方	建设项目选址意见书 建设用地规划许可证 初步设计审批 设计方案招标 建设项目施工许可证 建设工程规划设计方案	√	×	×	√

续表

机构名称	角色	文本资料名称	可能的用途			
			使命	工具	权益	治理
发展与改革部门	审批方	项目建议书审批 可行性研究报告审批情况 监理、施工招标	√	×	×	√
消防部门	审批方	消防预审书	×	√	×	√
环境保护部门	审批方	环评报告审批	√	×	√	×
国土部门	审批方	办理用地审批手续	×	√	×	√
公共资源交易中心	审批方	建设工程交易中心招投标	×	×	×	√
财政部门	审批方	审核中介机构编制的预算	×	√	×	√
质量与安全监督站	审批方	建设工程质量、安全监督	×	√	×	√
建设（房管）部门	审批方	房屋白蚁防治合同备案	×	√	×	√
人防办	审批方	人防设备合同备案 人防质量监督	×	√	×	√
拆迁主管部门	审批方	房屋拆迁许可证	×	√	√	×
承建单位	供应商	施工组织设计	×	√	×	√
环评单位	供应商	环境影响评估文件	√	×	√	×
可行性编制单位	供应商	可行性研究计划	√	×	×	×
社会评估单位	供应商	社会影响评估文件	×	×	√	×
移民安置评估单位	供应商	移民安置评估文件	×	×	√	×
监理单位	供应商	监理单位评估	×	√	√	×
进度监测单位	供应商	进度评估报告	×	√	×	×

注：√ 代表可用，× 代表不可用。

资料来源：笔者自制。

三 确定绩效损失测度框架

确定绩效损失测度框架是衔接公共价值内容与绩效指标的关键步骤。公共价值内容存在于公共项目全周期，有公共价值分布的地方就有绩效，有公共价值偏离的地方就有绩效损失，而公共项目绩效生成要依靠阶段管理，从全周期来看待公共项目成功，因此引入公共项目逻辑模型①，构建绩效损失测度的基础框架。基于 PV-GPG 理论对公共价值的分类，并结合公共项目逻辑模型，可以构建基于 PV-GPG 理论的公共项目绩效损失测度框架（见图 4-2）。需要强调，虽然按照项目逻辑模型与公共价值的分布，要从全周期测度绩效损失，但并非所有公共价值均分布于公共项目的全周期。依据绩效测度模型可知，使命型公共价值是公共项目设置所要实现的最终目的，因此，使命型公共价值的偏离所造成的绩效损失只有在项目结果阶段才能测度（比如旨在舒缓交通的道路项目，只有在建成通车的结果阶段，才能测度出节省的出行时间及其与预期的差距）。工具型公共价值与权益型公共价值存在于公共项目的全周期，原因在于工具型公共价值在任何阶段均可能出现问题（比如，任何阶段均可能出现工程延期），而在项目的任何一个阶段均可能涉及公众权益，因此，要从全周期测度这两类绩效损失。

四　确定绩效损失测度指标体系

公共项目绩效损失测度框架是构建绩效损失测度指标体系的基础，然而就像亚里士多德写出《政治学》已经 2300 多年，但"正义价值"仍然无法作为可以直接测度的指标一样，公共价值同样属于不可直接测度的"潜变量"。在社会价值建构环节可以厘清公共价值，使绩效损失测度成为可能。由前文可知，公共价值观、公共价值结果及政府绩效不是矛盾对立的关系，而是公共价值在不同发展阶段的由抽象到具体的不同表现形式。换言之，经过社会价值建构后形成的公共价值观是抽象的观念，要通过具体的绩效指标来承载，公共价值是绩效的准绳，绩效指标是衡量公共价值

---

① 公共项目逻辑模型由美国国际开发署提出，目的是提高美国资金海外援助项目的效率和效益。后来，德国、世界银行、亚洲开发银行、亚洲基础设施投资银行等国家或国际金融机构也逐步引入该模型并用于评价公共项目。它由概念选择与优先项、投入、实施、产出、结果等五要素构成，要素之间以递进的关系完全覆盖公共项目从概念阶段到最终发挥作用的全周期。希瓦坦（Sivathanu）认为，一个公共项目只有在达到选定时所设想的目标和期望后才能取得成功，在这个过程中，每个阶段的绩效是项目成功的必要条件，但不是一个充分条件。因此，一个有效的绩效衡量体系应该能够衡量项目在每个阶段的整体绩效，从而使项目获得成功。Lawrence R. Jacobs，"The Contested Politics of Public Value," *Public Administration Review*，No. 1（2014）：480-494。

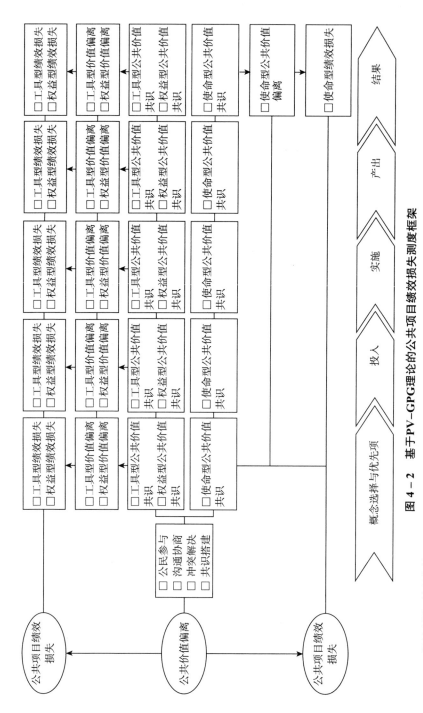

图 4－2 基于 PV-GPG 理论的公共项目绩效损失测度框架

资料来源：笔者自制。

82

创造程度的替代变量。每一类公共价值的偏离最终都会产生绩效损失。因此，要遵循"公共价值观—公共价值结果—政府绩效—绩效损失—绩效损失测度指标"的路径构建指标体系。

具体指标的承载步骤如下：第一，建构后的公共价值内容（以"满意度"为例）表达的是利益相关者对公共项目全周期中"关于什么是有价值的"（"满意度"是有价值的）问题达成的共识；公共价值要通过公共项目运行过程中资源的投入、产出与结果来创造"重要的价值"（实现高满意度）；绩效则是公共价值的创造程度，绩效损失就是实际创造的公共价值与预期创造的公共价值的差距。第二，依据以上路径，基于具体公共项目，提出不同公共价值类型下的绩效损失指标，并建立损失指标体系。第三，对于公共项目既有监测体系中已经存在的指标（比如"质量"与"时间"），明确数据获取来源、目标值与判定标准；对于新建的指标，确定指标类型（"定性"还是"定量"）、指标数据获取方式（例如"访谈""问卷""经济普查"）、指标的目标值与判定标准。第四，对于构建的整套指标体系，再次召集核心利益相关者，对指标、目标值、判定标准进行认同度测定，寻求高认同度并达成共识。第五，依据指标体系进行实际测度。

基于 PV-GPG 理论的构建方法除了用于测度体系构建外，亦可为公共项目在概念阶段承载公共价值提供方法论指导。只有经历了社会价值建构的公共项目才能在规划阶段就承载正确的公共价值，也只有承载了正确的公共价值，才能在一开始就明确绩效的判断准则并在此基础上构建绩效损失的指标体系。即使由管理不善与协同领导系统问题而导致的绩效损失发生，业已构建的测度指标体系也只需要像新公共管理理论下的评估那样，在既定测度框架下进行指标数据收集即可，不需重复上述步骤。

第四节　协同领导系统

无论是社会价值建构还是组织管理过程，并不总是一帆风顺的，特别是在社会价值建构过程中，不可避免地会出现各种价值冲突，影响测度的具体进程，而协同领导系统伴随社会价值建构的全过程，核心任务正是为了平衡和协调各种价值冲突。① 它通过响应式互动解决公共价值冲突，达成自下而上的公众系统与自上而下的政府系统关于公共价值与绩效损失的共识性认知。需要知道，社会价值建构与组织管理各个环节参与主体的多元性、价值偏好的多样性决定了存在形形色色的冲突。然而，三重约束理论和新公共管理理论等传统的政府绩效测度不需要触及这些冲突，它们只需要采用项目管理方事先规定的框架来进行测度。问题是这本身并没有解决潜在的价值冲突，造成的结果是，测度结果可以完成管理方的任务却无法在核心利益相关者之间达成共识，这也是现实当中测度结果很好的公共项目却与公众的感知不相符合的原因。协同领导系统作为构建方法的润滑剂，包括识别公共价值冲突、响应式互动、达成公共价值共识等三个步骤。

一　识别公共价值冲突

准确地进行问题诊断是寻找问题药方的前提，因此，及时发现和识别公共价值冲突是协同领导系统的首要任务。冲突的识别并非易事，一方面，遵依于不同的分类标准，冲突可以划分为不同的冲突类型；另一方面，单一冲突主体内部也会存在各种冲突。因此，有必要为识别公共价值冲突设定两个前提假设以聚焦并简化问题。首先，冲突必须限定在公共价值的视域下，即在评估过程中存在的一切冲突均源于核心利益相关者对于公共价值的理解不一致而导致的价值冲突，这种价值冲突并非关系冲突，却可能导致关系冲突。其次，单一核心利益相关者内部具有一致性的价值表达，不去考虑细分主体内部的冲突。在以上假设的基础之上，基于公共价值分类标准可知，核心利益相关者之间可能会存在公共价值类型冲突与同一公共价值类型的公共价值内容冲突。

公共价值类型冲突意味着公共项目的使命型公共价值、权益型公共价值与工具型公共价值之间的冲突。以政府为代表的管理方和以企业为代表的承包商更为注重使命型公共价值与工具型公共价值，即公共项目高效地达成目标。而公众除了关注以上两类公共价值外，也关注权益型公共价值，即在实

---

① 王学军：《基于 PV-GPG 理论的政府绩效价值链构建及其管理研究》，《公共行政评论》2017 年第 2 期。

现公共项目目标的同时，公众的合法权益得到保障。公共项目所应承载的多维度公共价值是需要平衡的整体概念，因此，在承载使命型公共价值与工具型公共价值的前提下，忽视权益型公共价值会造成问题，比如一些工程建设项目为了实现快速拆迁的目的，而忽视了公众的关切与权益，造成群体性事件。单纯为了权益型公共价值而让渡使命型公共价值与工具型公共价值同样会造成问题，比如，众多经过科学论证的邻避类项目因为公众的反对而停建甚至不建，造成了使命型公共价值与工具型公共价值的承载失败。

同种类型公共价值下的具体公共价值内容，也会存在价值冲突。以"目标达成"为核心的使命型公共价值主要涉及政府与公众两类主体。这两类主体对于公共项目所应该承载的具体使命会有不同的看法，由于信息不对称与认知差异，公众总会认为公共项目承载的使命太有限，而政府则基于资源禀赋与发展现状，认为目前的公共项目使命是在既定条件下的最优选择。对于以"效率"为核心的工具型公共价值，政府与公众容易认为企业效率太低、项目花费太高而建设速度太慢，但企业则认为，外部制约因素造成了这种结果，不能为了速度而忽略安全与质量。对于以"公平"为核心的权益型公共价值，公众认为非常重要的满意度与透明度，却容易受到其他主体的忽视。

二　响应式互动

识别公共价值冲突是解决冲突的前提，响应式互动是解决冲突的方式。具体来看，响应式互动是三类核心利益相关者之间针对公共价值冲突的互动，为了保证有效且有序的互动，不同的主体需要扮演好各自的角色。政府作为公共项目的决策者应该成为响应式互动中的组织者。按照穆尔的职责定位，政府不仅要遵守上级的命令，还要积极地培育公共精神，引导公众参与，并积极回应公众诉求。[①] 公众作为公共项目的主要受益者，是响应式互动的核心，应该积极参与互动，向另外两类主体表达价值偏

[①] Eugene B. McGregor, Jr., "Recognizing Public Value, by Mark H. Moore, Cambridge, MA: Harvard University Press," *Journal of Policy Analysis & Management*, Vol. 33, No. 3 (2014): 854 – 860.

好。企业是公共项目的具体建设与实施者，亦应该参与互动，回应政府与公众的关切。评估团队则是中立的观察者和响应式互动过程的记录者。

对于公共价值类型与具体的内容冲突，政府要搭建平台并组织具有广泛代表性的各类主体进行协商，以类似于解释性研讨会的方式进行响应式互动。首先，各方站在各自立场上对公共项目所应承载的公共价值偏好进行表达；其次，针对价值冲突进行响应式互动，基于可支配的资源和当前的政治、经济、文化等环境因素，排除不合理的价值诉求，选定公共价值的优先项，促进相互理解；最后，达成公共价值共识。然而，实践中的响应式互动过程非常复杂，价值冲突通常需要多次研讨与博弈才能解决，成功的关键是各方之间要秉持诚挚专业的态度、理性的思维、完整的证据来进行互动，对每次研讨的进展要以书面的形式进行记录，直至最终达成价值共识。另外需要注意，响应式互动还要关注核心利益相关者以外的其他利益相关者，因为他们的参与可以避免忽视他们的利益，也可以帮助他们理解和识别一些指标的意义。[1] 因此，还要为其他利益相关者、受影响群体设置意见表达渠道，并进行有效互动，将合理关切纳入公共项目以平衡冲突。

需要注意，处理价值冲突以达成公共价值共识是协同领导系统的核心任务，但不是唯一任务。从公共价值到绩效损失的测度过程还会存在冲突。具体包括：绩效损失指标能够测度公共价值的偏离程度吗，绩效损失指标的判定标准如何确定，等等。因此，协同领导系统还要在响应式互动的基础上，寻求利益相关者之间关于绩效损失指标、判定标准的共识。

三　达成公共价值共识

在响应式互动的基础上，各利益相关者主体达成公共价值共识是协同领导系统的最后一个步骤，公共价值共识是整合社会价值、立足资源禀赋、表达行政需求、符合方针政策的结果（见图 4 - 3）。欠缺任何一个要

---

[1] Donald P. Moynihan, D. P. Hawes, "Responsiveness to Reform Values: The Influence of the Environment on Performance Information Use," *Public Administration Review*, Vol. 72, No. 1 (2012): 95 - 105; Donald P. Moynihan, S. K. Pandey, "The Big Question for Performance Management: Explaining Performance Information Use," *Social Science Electronic Publishing*, Vol. 20, No. 4 (2009): 840 - 866.

素，均会显示协同领导系统没有完全有效运作，结果是建构的公共价值不能在所有利益相关者之间达成共识。比如，未整合社会价值则会失去公共项目的应有之义；忽视了资源禀赋则容易导致与发展阶段不相适应的政绩项目出现；忽视了行政需求则无法调动项目管理团队的积极性；违反了方针政策会偏离执政党的发展理念，不符合政治路径的要求。

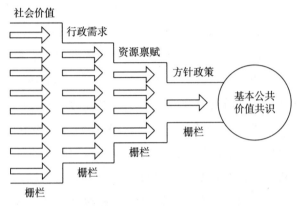

图 4 - 3　公共价值共识的社会价值建构过程

资料来源：笔者以王沪宁《生态行政分析》，复旦大学出版社，1989，第 205 页图 11.1 为基础修改制作。

第五节　绩效损失测度体系构建方法的 对比与元评估

一　绩效损失测度体系构建方法的对比

绩效损失测度体系构建方法同第四代评估理论倡导的完全建构主义构建方法论和新公共管理理论所遵循的实证主义评估程序均有区别（见表 4 - 6）。在目标假设方面：①在体系目标上，三重约束理论与新公共管理理论的构建目标非常具体，但基本都由管理方决定，前者构建的体系旨在追求工程效率，后者构建的体系追求项目效益；第四代评估理论追求项目事实，而非项目最初设定的目标；公共价值管理理论追求公共价值创造；PV-GPG 理论则追求通过对绩效损失测度来实现基于公共价值的绩效最大化，它包含了工程效率与项目效益。②在测度内容上，三重约束理论旨在测度成本、时间与质量；新公共管理理论旨在测度公共项目在"3E"及顾客满意度方面取得的成果；第四代评估理论认为不存在具体的内容（它将那些设置具体评估目标的评估称为第二代描述性评估①），认为具体内容是一种结果的建构，是各利益相关者对当前公共项目中存在问题的解释及回答；公共价值管理理论想要测度具体的公共价值；PV-GPG 理论的测度内容是三类绩效损失，具体的测度指标需要社会价值建构确定。③在前提假设上，三重约束理论与新公共管理理论认为，无论评估或者不评估，测度体系总是客观存在的，只是有没有被观测；第四代评估理论认为，测度体系不是客观存在的，是需要建构的，并不是先验的；公共价值管理理论认为测度体系是需要被公众表达和发现的；PV-GPG 理论则认为测度体系应该是基于公共价值的，它的具体内容需要被建构，而公共价值在可预见的项目周期内是稳定的，在长期是变化的。

在方法与工具方面：①在方法论上，三重约束理论与新公共管理理论基于实证主义的方法论，强调对客观结果的测量；PV-GPG 理论与第四代评估理论均秉持建构主义的方法论，认为构建方法需要采纳多元价值，强调响应式互动过程，要从全周期来看待损失。②在具体方法上，三重约束理论认为，需要用定量的方法去监测三个指标；新公共管理理论认为应基于经验进行研究设计，注重定量结果的检验；第四代评估理论强调用定性的方法进行响应式谈判，不应设置具体假设；公共价值管理理论认为使命型绩效采用定量方法，非使命型绩效更多采用定性方法；PV-GPG 理论认为在项目前期，即社会价值建构阶段，应该注重通过响应式谈判方法来形成共识，后期也强调通过定量方法对结果进行检验。③在技术工具上，三重约束理论与新公共管理理论强调避免个人主观因素，而更多采用让数据说话的实证工具；第四代评估理论强调人类学工具的应用，例如访谈法、观察法、田野调查，要通过评估者自己的浸入式体验来提炼绩效目标；公共价值管理理论更多采用实证工具来提炼价值观；PV-GPG 理论认为在不

---

① Y. S. Lincoln, E. G. Guba, J. J. Pilotta, "Naturalistic Inquiry: Beverly Hills, CA: Sage Publications," *International Journal of Intercultural Relations*, Vol. 9, No. 4 (1985): 438 – 439.

同阶段采用不同的工具，并且在社会价值建构的同时，应充分采用人类学工具去简化建构过程、验证结果。

　　在评估步骤方面：①在迭代次数上，三重约束理论与新公共管理理论认为不需要进行谈判，只需要在既定的设计下执行评估程序；第四代评估理论认为，响应式谈判应该进行无干涉的自然迭代，直到构建结果无争议为止；公共价值管理理论的迭代次数未知；PV-GPG 理论则认为，进行有限次的谈判对于识别公共价值、消除争议是必须的，但要在保证识别公共价值的前提下提高工作效率，减少循环迭代次数。②在体系范围上，三重约束理论可以基于结果阶段测度，亦可基于全周期进行测度；① 新公共管理理论则是基于结果阶段的测度；第四代评估理论、公共价值管理理论、PV-GPG 理论均基于全周期进行绩效损失测度。③在证据来源上，三重约束理论与新公共管理理论所需要的数据大部分由甲方提供；第四代评估理论、公共价值管理理论的数据来源于包含委托者在内的利益相关者；PV-GPG 理论需要的数据来源更广泛，既来源于核心利益相关者主体，还来源于更广泛的外围利益相关者。④在评估者角色上，三重约束理论与新公共管理理论将评估者定位为中立执行者，第四代评估理论定位为中立倾听者，公共价值管理理论的评估者角色定位不清晰，PV-GPG 理论则定位为组织协调者。⑤在政府角色上，在三重约束理论中它是具体的执行者，体系设计完全由政府指导；在新公共管理理论中它是委托者；在第四代评估理论中它作为评估主体之一，是具体的参与者；在公共价值管理理论中它是战略家；在 PV-GPG 理论中它是领导者，它给评估者充分的授权，并且在评估全周期中发挥组织协调作用。⑥在复杂程度上，三重约束理论最为简单，新公共管理理论次之，第四代评估理论与公共价值管理理论最为复杂，PV-GPG 理论处于中间位置。

　　在体系效力方面：①对于内部效力，三重约束理论指标易于测量，具有高内部效力；新公共管理理论强调以假设检验、抽样检验等方式加强内部效力；第四代评估理论强调可信性标准，认为要通过长时间的投入、持

---

① 三重约束理论下，为了便于项目管理，要从全周期进行时间、成本与质量的监测，但就三重约束理论下的绩效评估而言，在结果阶段的测度结果与基于全周期的测度结果是一致的。

久的观察、同仁讨论、递增的主观性，甚至是重新建构的过程，进行内部
效力检验；公共价值管理理论的内部效力未知；PV-GPG 理论强调评估全
周期的各类证据标准。② 对于外部效力，三重约束理论最高，外推性较
强；新公共管理理论的外推性取决于抽样的代表性，认为指标体系具有高
外推性；① 第四代评估理论强调公共项目个案，认为外推性低，而有没有
外推性应该取决于评估接受者，而不是调查者；② 公共价值管理理论的外
部效力低；PV-GPG 理论认为外推性取决于情境，评估过程可以复制，损
失指标体系可以借鉴却不能被完全复制。

表 4-6 不同构建方法的对比

对比内容		TTC	NPM	FE	PV	PV-GPG
目标假设	体系目标	工程效率	项目效益	项目事实	公共价值创造	基于公共价值的绩效最大化
	测度内容	成本、时间质量	"3E"、顾客满意度	建构结果	公共价值	三类绩效损失
	前提假设	客观存在	客观存在	需要建构	需要发现	需要建构
方法与工具	方法论	实证主义	实证主义	建构主义	不完全明确	建构主义
	具体方法	单纯定量	定量为主	定性为主	定性与定量	定性与定量
	技术工具	实证工具	实证工具	人类学工具	实证工具	人类学、实证工具
评估步骤	迭代次数	不需迭代	不需迭代	可能无限次	未知	有限次
	体系范围	全周期与结果阶段均可	结果阶段	全周期	全周期	全周期
	证据来源	甲方	甲方	利益相关者	利益相关者	核心利益相关者主体、外围利益相关者
	评估者角色	中立执行者	中立执行者	中立倾听者	未知	组织协调者

① X. Wang, Z. Wang, "Beyond Efficiency or Justice: The Structure and Measurement of Public Servants' Public Values Preferences," *Administration Society*, Vol. 6, No. 1 (2019): 1-26.
② 刘林平、范长煜、王娅:《被访者驱动抽样在农民工调查中的应用:实践与评估》,《社会学研究》2015 年第 2 期。

续表

对比内容		TTC	NPM	FE	PV	PV-GPG
评估步骤	政府角色	执行者	委托者	参与者	战略家	领导者
	复杂程度	低复杂性	低复杂性	高复杂性	高复杂性	中复杂性
体系效力	外部	高效力	高效力	低效力	低效力	中效力
	内部	证据标准	证据标准	重复检验	未知	循证

注：TTC、NPM、FE、PV、PV-GPG 分别代表三重约束、新公共管理、第四代评估、公共价值管理、以公共价值为基础的政府绩效治理等五种理论下的构建方法。

资料来源：笔者自制。

二　绩效损失测度体系构建方法的元评估

按照第四代评估理论，本章提出的构建方法可以看作一种方法论，方法论只有经过了元评估才能全面审视其优点、缺点与适用范围，进而为实践应用奠定基础。[1] 为了对基于 PV-GPG 理论的构建方法进行全面诊断和评判，该部分引入美国教育评估标准联合委员会（JCSEE）设计的用于公共项目评估的元评估量表（Programs Evaluation Standards）作为标准框架，[2] 进行元评估分析。该量表在实践应用过程中被不断完善与修正，以保证元评估的科学性与准确性，是公认的较为权威的项目评估量表。截至目前，元评估量表已经发布了三个版本，本书采用 2010 年的最新版本。[3] 相比以往版本，最新版本更广泛吸纳了利益相关者参与，进行了大量的试验，举办了大量的听证会，经过了严格的国际审查，具有跨国别的适用性，本书选用表 4－7 的公共项目元评估量表进行理论分析。

---

[1] 本书采用曹堂哲等学者的观点，认为元评估侧重对评估的过程进行诊断和评判，是对理论、方法、活动、技术和数据的评估，参见曹堂哲、罗海元、孙静《政府绩效测量与评估方法：系统、过程与工具》，经济科学出版社，2017。而本书侧重于对 PV-GPG 理论下的绩效损失测度体系构建方法的定性评估，旨在从实用、可行、正当、精度等角度来进行定性理论分析，以进一步阐述该方法的优缺点与适用范围。

[2] 邱均平、欧玉芳：《美国〈教育项目评价标准〉的制定及启示》，《重庆大学学报》（社会科学版）2015 年第 6 期。

[3] 赵晓军：《"万人评议政府"的元评估分析——以杭州社会评价为例》，博士学位论文，兰州大学，2018。

表 4 – 7   2010 年 JCSEE 公共项目元评估量表

一级标准	二级标准	目标
实用标准	评估主体的可靠性 利益相关者诉求的满足程度 评估目标的协商性 评估价值观的明确性 评估信息的相关性 评估过程的参与性 评估互动的频繁性与及时性 评估结果使用的适当性	旨在评估利益相关者的满足程度
可行标准	评估管理的可行性 评估程序的可行性 评估的政治可行性 评估的公众可接受性 评估的资源占用性	旨在提高评估的有效性和效率
正当标准	评估的回应性和包容性 评估协议的正式性 评估对个人权利的尊重性 评估的清晰性和公平性 评估的透明度和公开性 评估对利益冲突的解决	支持正确、公正、合法的评估
精度标准	评估结论的合理性 评估信息的有效性 评估信息的可靠性 评估过程记录的清晰性 信息管理的完备性 评估设计的科学性 评估推论过程记录的完整性 评估沟通的协同性和广泛性	旨在提高评估、调查结果的可靠性和真实性，尤其是明确那些支持质量解释和判断的证据

资料来源：JCSEE。

（一）实用性分析

实用性分析旨在评估构建方法对利益相关者的满足程度，运用 JCSEE 公共项目实用标准，表 4 – 8 呈现了五种构建方法的实用性评估结果：PV-GPG > PV = FE > NPM > TTC。这说明基于 PV-GPG 理论的构建方法实用性标准较高。具体而言，在评估主体的可靠性方面，它根据不同的指标类型选取最为合适的评估主体，以保证评估主体与评估数据的可靠性；在利益相关者诉求的满足程度方面，它注重利益相关者价值共识的搭建，重视弱势群体的诉求回应；在评估目标的协商性方面，它采用响应式互动的方式来实现；在评估价值观的明确性方面，它明确以公共价值作为评估的出发点；在评估信息的相关性方面，它强调数据的使用和循证标准；在评估过程的参与性方面，它认为所有利益相关者均是评估的参与者；在评估互动的频繁性与及时性方面，它至少要经过意见表达、共识确认、实际评估三轮互动；在评估结果使用的适当性方面，它会根据测度结果，寻求绩效改进。

表 4 - 8　构建方法的实用性元评估标准

一级标准	二级标准	TTC	NPM	FE	PV	PV-GPG
实用标准	评估主体的可靠性	☆	☆	☆☆☆	☆☆	☆☆☆
	利益相关者诉求的满足程度	☆	☆	☆☆☆	☆☆☆	☆☆☆
	评估目标的协商性	☆	☆☆	☆☆☆	☆☆☆	☆☆☆
	评估价值观的明确性	☆	☆☆☆	☆	☆☆☆	☆☆☆
	评估信息的相关性	☆☆	☆☆☆	☆☆☆	☆☆☆	☆☆☆
	评估过程的参与性	☆	☆	☆☆☆	☆☆☆	☆☆☆
	评估互动的频繁性与及时性	☆	☆	☆☆☆	☆☆	☆☆☆
	评估结果使用的适当性	☆☆☆	☆☆☆	☆	☆	☆☆☆
合计		11☆	14☆	20☆	20☆	24☆

注：标准等级说明：高为☆☆☆、中为☆☆、低为☆。本书的星级（"☆"）标注由笔者依据理论逻辑判断得出，而非基于严格的定量标准。

资料来源：笔者自制。

（二）可行性分析

可行性分析旨在提高评估的有效性和效率，运用 JCSEE 公共项目可行标准，表 4 - 9 呈现了五种构建方法的可行性评估结果：NPM > TTC > PV-GPG > PV > FE。这说明基于 PV-GPG 理论的构建方法的可行性标准虽然不及业已运行几十年的三重约束理论和新公共管理理论，但相比第四代评估理论与公共价值管理理论还是具有优势的。具体而言，在评估管理的可行性方面，它将评估者角色定位为组织协调者，评估会经历有限次的迭代，在管理方面具有可行性；在评估程序的可行性方面，它给出了三个维度十个步骤的方法；在评估的政治可行性方面，它需要吸纳自上而下的方针政策与自下而上的公众意见以完成指标的建构；在评估的公众可接受性方面，它对参与式构建的应用、对响应式互动的重视、对基于公共价值的绩效才具有合法性的根本性认知，保证了公众对项目评估结果的可接受性；在评估的资源占用性方面，因为相比传统评估理论要更为复杂，它的周期更长，所以占用的资源相对较多，面临一定的可行性问题。

表 4 - 9　构建方法的可行性元评估标准

一级标准	二级标准	TTC	NPM	FE	PV	PV-GPG
可行标准	评估管理的可行性	☆ ☆ ☆	☆ ☆ ☆	☆	☆	☆ ☆
	评估程序的可行性	☆ ☆ ☆	☆ ☆ ☆	☆	☆	☆ ☆
	评估的政治可行性	☆	☆ ☆	☆	☆	☆ ☆
	评估的公众可接受性	☆	☆	☆ ☆	☆ ☆	☆ ☆ ☆
	评估的资源占用性	☆ ☆ ☆	☆ ☆ ☆	☆	☆	☆
合计		11 ☆	12 ☆	6 ☆	7 ☆	10 ☆

注：标准等级说明：高为☆ ☆ ☆、中为☆ ☆、低为☆。
资料来源：笔者自制。

（三）正当性分析

正当性分析旨在支持正确、公正、合法的评估。运用 JCSEE 公共项目正当标准，表 4 - 10 呈现了五种构建方法的正当性评估结果：PV-GPG = FE > PV > NPM > TTC。这说明基于 PV-GPG 理论与第四代评估理论的正当性标准相比其他理论是具有优势的。具体而言，在评估的回应性和包容性方面，它强调多元包容的意见表达，并纳入相关指标；在评估协议的正式性方面，它需要足够的授权，并注重正式委托协议的签署；在评估对个人权利的尊重性方面，它纳入了权益型指标，并关注弱势群体的利益；在评估的清晰性和公平性方面，它提出以建构基于公共价值的绩效为评估目标；在评估的透明度和公开性方面，它强调对项目运营各阶段和评估全周期的公开；在评估对利益冲突的解决方面，它提出协同领导系统旨在解决冲突、传导价值，可以较好地处理冲突问题。

表4-10　构建方法的正当性元评估标准

一级标准	二级标准	TTC	NPM	FE	PV	PV-GPG
正当标准	评估的回应性和包容性	☆	☆	☆☆☆	☆☆☆	☆☆☆
	评估协议的正式性	☆☆☆	☆☆☆	☆☆☆	☆	☆☆☆
	评估对个人权利的尊重性	☆	☆	☆☆☆	☆☆☆	☆☆☆
	评估的清晰性和公平性	☆	☆	☆☆☆	☆☆	☆☆☆
	评估的透明度和公开性	☆	☆☆	☆☆☆	☆☆☆	☆☆☆
	评估对利益冲突的解决	☆	☆	☆☆☆	☆☆☆	☆☆☆
合计		8☆	9☆	18☆	15☆	18☆

注：标准等级说明：高为☆☆☆、中为☆☆、低为☆。
资料来源：笔者自制。

（四）精度分析

精度分析旨在提高评估、调查结果的可靠性和真实性。运用JCSEE公共项目精度标准，表4-11呈现了五种构建方法的精度评估结果：PV-GPG > FE > NPM = TTC。这说明基于PV-GPG理论的精度标准相比其他理论是具有优势的。需要说明，公共价值管理理论下的评估结果缺乏应用细节，因此无法通过规范推理判断精度。具体而言，在评估结论的合理性方面，它包含的指标更全面，能够有效解决传统评估理论难以解决的测不准问题；在评估信息的有效性方面，它强调证据标准，既有利于找准"病症"，又有利于开对"药方"，因此评估效力较高；在评估信息的可靠性方面，它强调通过可复制的原则保证可靠性；在评估过程记录的清晰性方面，它强调循证标准；在信息管理的完备性方面，它强调对定性、定量数据的收集与保存；在评估设计的科学性方面，它在关注价值理性的前提下，注重科学研究设计；在评估推论过程记录的完整性方面，它强调对评估的各个阶段均采取循证标准；在评估沟通的协同性和广泛性方面，它注重吸引各利益相关者参与评估沟通。

三　适用范围

基于PV-GPG理论的绩效损失测度体系构建方法理论上可以应用于两个场景：一是在公共项目的任意阶段用于绩效损失的测度体系构建，并追

表 4 – 11　构建方法的精度元评估标准

一级标准	二级标准	TTC	NPM	FE	PV	PV-GPG
精度标准	评估结论的合理性	☆	☆	☆ ☆ ☆	*	☆ ☆ ☆
	评估信息的有效性	☆ ☆ ☆	☆ ☆ ☆	☆ ☆ ☆	*	☆ ☆ ☆
	评估信息的可靠性	☆	☆ ☆	☆ ☆ ☆	*	☆ ☆ ☆
	评估过程记录的清晰性	☆ ☆	☆ ☆ ☆	☆ ☆ ☆	*	☆ ☆ ☆
	信息管理的完备性	☆ ☆	☆ ☆	☆ ☆ ☆	*	☆ ☆ ☆
	评估设计的科学性	☆	☆	☆ ☆	*	☆ ☆ ☆
	评估推论过程记录的完整性	☆	☆	☆ ☆ ☆	*	☆ ☆ ☆
	评估沟通的协同性和广泛性	☆ ☆	☆	☆ ☆ ☆	*	☆ ☆ ☆
合计		14 ☆	14 ☆	23 ☆	*	24 ☆

注：标准等级说明：高为☆ ☆ ☆、中为☆ ☆、低为☆。

资料来源：笔者自制。

溯绩效损失发生的原因；① 二是在公共项目的概念形成阶段，构建基于公共价值的绩效损失测度体系，进而助益公共项目承载公共价值，并用于公共项目全周期的绩效损失监测。然而基于 PV-GPG 理论的构建方法在实践中的应用并不简单，元评估分析也表明，它在可行性方面会弱于基于三重约束理论和基于新公共管理理论的评估，公共项目评估实践者在使用时可能会觉得比传统的操作更复杂、更难。然而必须强调，尽管不太容易，但是更有价值，因为它从根本上解决了公共项目绩效的测不准问题，在理论上使绩效最大化成为可能。当然，需要说明的是，构建方法在实际操作中还要克服一系列复杂的内外部因素才能进一步增强适用性与可行性，比如外在的制度环境、领导偏好、行业差别、组织文化，内在的成本问题、团队能力与观念问题。本书第五章的测度体系构建是基于本章方法进行的，其中最为关键的经验是评估方要通过展示完成评估的能力，获得委托方足够的授权。因此，对于满足能力要求与获得充分授权的公共项目评估方而言，本套评估程序是完全适用的。

---

　① 本书属于第一种，以第三方评估的角色，基于方法构建绩效损失测度体系。

本章小结

　　本章在 PV-GPG 理论框架下，提出了公共项目绩效损失测度体系的构建方法，依据方法可以构建绩效损失测度体系。方法具体包括社会价值建构、组织管理、协同领导系统等三个维度。社会价值建构包括识别利益相关者、参与式构建、公共价值共识等三个步骤；组织管理包括组建评估团队、建立协作网络、确定绩效损失测度框架、确定绩效损失测度指标体系等四个步骤；协同领导系统包括识别公共价值冲突、响应式互动、达成公共价值共识等三个步骤。在此基础上，对比了本书构建方法与其他理论在目标假设、方法与工具、评估步骤、体系效力等方面的不同。最后，采用 JCSEE 作为元评估的分析标准，阐述了构建方法在实用标准、可行标准、正当标准与精度标准方面的优势与不足。

第五章

公共项目绩效损失的实证测度

公共项目绩效损失测度是绩效损失治理的前提与基础。上一章提出了绩效损失测度体系的构建方法，本章将基于方法构建测度体系，实证测度绩效损失。

第一节　公共项目绩效损失测度对象的选取

本书测度对象来源于纳入中国利用世界银行建设农村经济综合开发示范镇项目库的 13 个项目，具体原因有 5 个。①它符合公共项目的定义。世界银行项目是由世界银行和地方政府联合投资，面向地方公众需求，以经济发展、促进就业和环境保护为根本目标，最终由地方政府运营维护的项目。②这些项目已经完工，通过验收并确认交付。因此，项目的一切效益与不足已经全部显现，可以通过绩效损失的实证测度来进行"盖棺定论"式的整体评价。③它具有典型性。前文已述，该项目包括投资建设和改造城乡道路、扩大和完善给排水和污水处理系统、改善垃圾管理方式、开展河道治理和河堤修复、改造扩建灌溉基础设施等，都属于中国最为常见的基础设施类公共项目。④它存在绩效损失。从进展看，原定于2017 年底全部竣工的项目出现了大面积的延期；从世界银行后评估结果看，整体项目的预期效益难以实现，世界银行总部将该项目整体评定为"不满意"项目；从子项目看，部分项目内容进行了多番调整，部分项目的效益不好、公众满意度欠佳，一些项目甚至引发了小规模的群体性冲突。⑤具有可操作性。与传统绩效损失测度体系的构建方法相比，基于PV-GPG 理论的方法需要投入更多精力、介入更长周期、获取更广泛信息、得到更大的授权。研究者所在团队从 2014 年开始就受世界银行委托，承担了该项目绩效评价、进度监测以及社会影响评价等系列研究课题，得到了世界银行的信任与授权，与各项目管理机构以及其他第三方评价组织保持良好的合作关系，深度参与了公共项目全周期的大部分环节，掌握从项目概念形成到投入使用的大量资料，因此具有可操作性。

第二节　基于世界银行公共项目的绩效损失测度体系构建

一　公共项目绩效损失测度的社会价值建构

（一）识别利益相关者

按照构建方法提出的利益相关者分类方式，本书首先将案例项目利益相关者分为公众系统、项目管理系统与承包系统，由于整体项目的利益相关者众多，但各子项目的利益相关者组成结构相似，此处仅以 JT 县世界银行项目为例进行介绍。项目管理系统主要涉及世界银行驻华代表处、省世界银行办公室、县项目协调领导小组、县项目办。其中核心利益相关者为负责具体决策的县项目协调领导小组和县项目办。县项目协调领导小组组长由县长担任，由常务副县长和副县长担任副组长，县政府办、县发改局、县监察局、县审计局、县财政局、县人社局、县农牧局、县水务局、县国土局、县环保局、县民政局、县交通局、县工信局、县民族宗教局、县妇联、HS 镇主要负责人等任领导小组成员。县项目办下设于县项目协调领导小组，办公室设在县发改局，由县发改局局长兼任办公室主任。项目办下设综合管理部、工程管理部、财务管理部、技术服务部。公众系统主要涉及 HS 镇全镇 15 个村（其中包括两个回族村），共 25541 人，其中农业人口 19313 人（回族 1055 人），流动人口 6228 人，小城镇常住人口

7168 人。承包系统主要涉及承接道路项目和管网项目的企业。

（二）参与式构建

依据构建方法，参与式构建是社会价值建构的机制，它的主要功能是促使利益相关者达成公共价值共识。这一步骤规定，公共价值共识的达成需要在利益相关者参与的前提下完成，参与式构建的具体实施融合于公共价值共识形成的过程之中，对这一步骤的落实也应按照公共价值的共识形成过程进行阐述。

1. 基于文献确定公共项目的公共价值库

首先，立足于第三方评估者的角色参与确定检索目录。其中，英文文献来源于公共项目管理领域的主流期刊，包括 *International Journal of Project Management*、*Project Management*；中文文献来源于中国知网（CNKI），为保证研究效度，选取优秀硕博论文和 CSSCI 来源期刊论文。其次，确定检索范围。本书检索的时间范围为 1998 年至 2018 年，为了避免文献遗漏，本书没有将检索关键词局限于"公共项目价值""公共项目绩效"，而是根据相关性原则进行拓宽。其中，中文检索关键词为"公共项目价值""项目评估""公共项目""项目绩效""工程绩效""项目成功""项目失败"，英文检索关键词为"Project Value""Project Failure""Project Success""Project Management""Project Performance""Project Evaluation""Program Evaluation""Program Performance"。再次，对于实践文献，本书主要梳理了国际组织与国内各省省级公共项目评估指标体系。最后，本书共计梳理了 103 篇英文文献、208 篇中文文献，提炼了相关性、效益、可持续、顾客满意、公众满意、媒体宣传、承包商盈利、投诉数量、回应、透明度、质量、组织成长、经济、效率、安全等公共价值内容；共计梳理了国内外 35 套项目绩效评价指标体系（见表 5 - 1、表 5 - 2），指标体系的高级维度可以反映项目的公共价值导向。基于文献可以看出，公共项目实践中的公共价值内容可以被理论文献中的公共价值内容所涵盖。

表 5 - 1　部分国际公共项目绩效评估的公共价值导向

序号	国际项目绩效评估指标体系来源	公共价值导向
1	亚洲开发银行项目评估	相关性、公平、参与、可持续、机构发展、效益
2	世界银行项目评估框架	相关性、效率、效果、可持续性
3	财政部外贷项目绩效评价	相关性、效率、效果、可持续性
4	联合国工业发展组织	宏观经济、微观财务、效益、可持续

资料来源：笔者自制。

表 5 - 2　国内公共项目绩效评估的公共价值导向

序号	国内项目绩效评估指标体系来源	公共价值导向
1	财政部《项目支出绩效评价管理办法》	决策、资金管理和使用、相关管理制度办法的健全性及执行、产出、效益
2	安徽省发展和改革委员会公共项目绩效评估	投入、过程、产出、效益
3	江西省发展和改革委员会项目绩效评估	投入、过程、产出、效益、可持续
4	北京市发展和改革委员会政府投资建设项目评价	合规性、科学性、产出、效益、规范性、可持续性、成本、质量
5	福建省发展和改革委员会项目绩效	投入、过程、产出、效益
6	上海市政府投资项目绩效评估	产出、效益、可持续、满意度
7	甘肃省省级财政支出项目绩效评价报告	投入、过程、产出、效果
8	《陕西省省级财政专项资金预算绩效管理办法》	产出、效果、满意度、成本
9	湖南省省级财政专项资金重点绩效评价	过程、产出、效益
10	浙江省省级财政专项资金绩效评价	公共性、成本、效益
11	《云南省项目支出绩效评价管理办法》	数量、质量、时效、成本，以及经济效益、社会效益、生态效益、可持续影响、服务对象满意度
12	《山东省省级预算支出项目第三方绩效评价工作规程（试行）》	相关性、合理性、资金到位率、制度健全性、质量、产出、效益、可持续性、满意度
13	《西藏自治区财政支出预算绩效评价管理暂行办法》	绩效目标的设定、资金投入和使用、绩效目标制定的制度、绩效目标的实现程度和效果
14	《新疆维吾尔自治区财政支出绩效评价管理暂行办法》	绩效目标的设定、资金投入和使用、绩效目标制定的制度、绩效目标的实现程度和效果

序号	国内项目绩效评估指标体系来源	公共价值导向
15	宁夏回族自治区重点项目绩效评价	产出、效益、满意度
16	《河南省省级预算绩效评价管理办法》	绩效目标的设定，资金投入和使用，为实现绩效目标制定的制度、采取的措施等，绩效目标的实现程度及效果
17	《河北省省级财政支出绩效评价办法（试行)》	数量、质量、实效、成本、服务对象满意度、效益、政策目标相关性
18	湖北省省级财政项目资金绩效评价	投入、过程、产出、效果
19	《重庆市市级政策和项目预算绩效管理办法（试行)》	运行成本、管理效率、履职效能、社会效应、可持续发展能力、服务对象满意度、部门整体及核心业务实施效果
20	天津市市级财政支出项目重点绩效评价	项目立项、资金落实、业务管理、财务管理、项目产出、项目效益
21	《青海省财政支出绩效评价共性指标体系框架》	立项依据充分性、绩效目标合理性、预算编制合理性、预算资金到位率、预算执行率、财务管理制度健全性、财务监控有效性、资金使用规范性、政府采购规范性、合同管理完备性、供应商资质综合程度、监理规范性、项目验收规范性、系统运维规范性
22	《内蒙古自治区财政支出绩效评价管理办法》	绩效目标设定、资金投入和使用、制度与措施、目标的实现程度、效益
23	《贵州省财政支出绩效评价管理办法（暂行)》	产出、效果、财政资金使用、资产配置、财务管理
24	《广西壮族自治区财政支出绩效评价暂行办法》	绩效目标设定、资金投入和使用、制度和措施
25	《江苏省省级财政项目支出绩效评价暂行办法》	目标完成、资金使用、效益、产出、制度和措施
26	《山西省省级项目支出绩效评价管理办法》	绩效目标设定、资金投入和使用、制度与措施、目标的实现程度、效益
27	《辽宁省省级财政支出预算绩效目标管理暂行办法》	产出、效益、满意度
28	《黑龙江省省级财政支出预算绩效管理办法（试行)》	产出、效益
29	《吉林省项目支出预算绩效目标管理办法》	数量、质量、时效、成本、效益、满意度
30	《四川省省级财政预算管理办法》	产出、效益

序号	国内项目绩效评估指标体系来源	公共价值导向
31	《海南省人民政府关于全面实施预算绩效管理的实施意见》	数量、质量、时效、成本、效益和满意度

资料来源：笔者自制。

2. 初步确定案例项目的价值内容

本书按照使命型价值偏好获取资料进行项目使命的质性分析，共提取了"项目满足需求""效益""经济发展""可持续性"等价值内容。权益型价值偏好从党的执政理念、党章、方针政策、项目管理制度、公众表达的共识偏好中获取，经过质性分析后，共提取了"满意度""幸福""可持续性""回应""透明""服务""清廉"等价值内容。工具型价值偏好在施工日志、项目监理报告、工期进度安排等资料中获取，经过质性分析后，共提取"安全""质量""时间""成本"等公共价值内容。将文献提炼的公共项目公共价值内容整合入案例项目的公共价值内容库。

3. 利益相关者参与公共价值内容筛选

以整合的公共项目公共价值内容库为基础，本书针对每类价值每个内容均给出详细的解释，以使各利益相关者能够对公共价值内容做出偏好表达。并且，在调查时，向利益相关者提供清晰的说明，他们有参与权和建构权，可以对公共价值内容进行筛选。换言之，对利益相关者没有形成共识的公共价值内容可以进行二次建构，将不符合公众偏好的公共价值内容剔除。此外，还为利益相关者提供多次复核的机会，避免一些信息被遗漏。2018 年至 2019 年，本书利用公共项目调研的机会，按照表 4 - 1 提出的核心利益相关者参与矩阵，完成了以上过程。① 经过多轮次的反复协调沟通，最终确定的使命型公共价值中涵盖了"相关性""效益""可持续

---

① 按照构建方法，需要由政府牵头搭建各利益相关者的参与平台与参与机制，来进行参与式构建与公共价值内容的选取，但由于政府受职能、预算和激励机制的限制，难以落实这一机制，并且评估者也没有获得足够的授权来搭建实体的参与平台并建立官方机制。在这种背景下，为了实现这一功能，评估者实际上扮演了构建方法所规定的部分政府角色，负责居中协调，进行公众系统、项目管理系统与承包系统的沟通工作，利用多次调研机会循环往复地进行公共价值内容的确认。

性"等三个公共价值内容；权益型公共价值中涵盖了"满意度""回应""透明度"等三个公共价值内容；工具型公共价值中涵盖了"经济""安全""效率""质量"等四个公共价值内容。[①] 本书构建的公共价值内容除了用于研究外，其下的具体价值承载指标也在"满意度调查""社会影响调查""项目绩效评估""项目验收评估"中得到项目管理方的采纳与应用，印证了社会价值建构结果的可靠性。

4. 公共价值内容的整合分析

由表 5-1、表 5-2、表 5-3 可知，本书价值内容均可投射于现有文献，这验证了价值建构结果的可靠性；需要强调，本书中诸如回应、透明度等权益型公共价值虽然在文献中有迹可循，但没有得到普遍的应用。本书提出的相关性等使命型公共价值较多出现于国际组织评估体系，但尚未得到国内公共管理实践的足够关注，这表明本书公共价值内容具有一定程度的超前性。在理论研究范式的对话方面，三重约束理论的公共价值内容涵盖新公共管理理论的公共价值内容，而基于 PV-GPG 理论的公共价值内容在纳入了新公共管理理论大多数公共价值内容的同时，对涉及企业的公共价值内容进行了扬弃，并更加关注能够体现项目公共性与可持续性的公共价值内容，这从另外一个角度也验证了前文对绩效损失的理论推论：PV-GPG 理论对绩效损失的定义既没有否定由公共项目的产出不足而导致的三重约束理论与新公共管理理论的问题，又直面三重约束理论与新公共管理理论下的产出差距无法解释全部绩效损失的问题，从而更加关注公共项目的价值偏离问题。

表 5-3　公共价值内容汇总与对比

公共价值内容库	研究文献引用		实践评估引用		不同理论下价值内容对比		
	英文	中文	国际	国内	TTC	NPM	PV-GPG
相关性	10	4	3	8			√
效益	67	18	4	31	√		√
可持续性	24	10	4	10			√
顾客满意	56	18	4	9		√	√

[①]　由于篇幅关系，正文仅呈现公共价值内容的筛选结果，具体偏好的调查表在附录中呈现。

续表

公共价值内容库	研究文献引用		实践评估引用		不同理论下价值内容对比		
	英文	中文	国际	国内	TTC	NPM	PV-GPG
公众满意	10	6	0	0			√
媒体宣传	2	0	0	0			
承包商盈利	4	2	0	0			
投诉数量	8	0	0	0		√	
回应	0	1	0	0			√
透明度	0	1	0	0			√
建设质量	103	40	0	6	√	√	√
组织成长	22	6	1	5			
经济	103	50	1	30	√	√	
效率	99	47	3	31	√	√	
安全	71	9	0	0			√

资料来源：笔者自制。

（三）公共价值共识

经过参与式构建，本书获取了各类型公共价值下的具体公共价值内容，下面具体阐述各公共价值内容的来源及含义。

1. 使命型公共价值共识

使命型公共价值是公共项目本身所要承载的使命与最终目标，如果一个公共项目没有承载或者承载错了使命，再谈论其他两类价值既没必要又毫无意义，因此可以说，使命型公共价值在所有价值分类中处于核心地位。本书按照构建方法，根据参与式构建的结果，纳入相关性、效益、可持续性等使命型公共价值。公共项目的使命型公共价值首先要反映协调后的公民集体偏好，这是公共项目具有合法性的重要前提，没有体现公民需求的项目根本没有存在的价值，正如萨姆塞特（Samset）的观点：如果一个公共项目是不相关的，那么它应该在一开始就被终止和拒绝。[①] 相关性

---

① K. Samset, G. H. Volden, "Front-end Definition of Projects: Ten Paradoxes and Some Reflections Regarding Project Management and Project Governance," *International Journal of Project Management*, Vol. 34, No. 2 (2016): 297–313.

价值也被广泛地应用于国际资金援助类公共项目的绩效评估实践，近年来，在国内公共项目的绩效评估实践中也被逐步引入。[①] 根据世界银行项目评估指南，一切公共项目必须与项目接受方以及捐赠者的权益和政策、目标群体的需求相符合。在公共项目符合了相关性标准之后，效益价值成为最重要的使命型公共价值，它用以衡量公共项目具体项目使命与目标的实现程度。这里的效益同新公共管理理论"3E"中的效益概念一致，区别在于 PV-GPG 理论框架下的效益要建立在公共项目具有高相关性的基础之上，否则公共项目效益指标再好也注定因无法体现公民偏好而成为偏离需求的公共项目。可持续性价值决定了公共项目在完工之后很长一段时间内，项目效益价值能否继续发挥。公共项目可持续性价值的维度较多，既包括项目运行的可持续性，又包括政策的可持续性，还包括环境的可持续性。相关性、效益与可持续性构成了使命型绩效损失的测度指标体系，其中相关性是保证项目具有合法性的前提，效益是具体目标实现程度的量度，可持续性是项目可以长久发挥作用的保障。

2. 权益型公共价值共识

权益一词最初来源于国际金融体系，它指商业活动要符合法律法规、标准和其他要求。将权益引入公共项目管理领域，意指公共项目除了要关注使命型目标实现、工具型手段运用，还必须关注其合法性要求。权益型公共价值强调被正式的立法、行政和司法活动以及执政党的执政理念所认可并受利益群体共同关注的价值，旨在促进广义的具有"好政府"属性的政治体制的确立。[②] 虽然属于从法律、道义等合法性层面应当关注的价值，但这类价值通常较少直接出现在与公共项目有关的规制文件中，因此它们对公共项目业主单位来说并不具有绝对的约束作用，尤其在我国现有项目申报、审批、立项制度的背景下，这一价值的功能、作用以及评价意义易被消解。[③] 尽管如此，权益型公共价值仍然具有非常重要的作用，它重视公共

---

① 李有平等：《世行项目监测评价实践对国家科技重大专项监测评价的启示》，《科研管理》2009 年第 1 期。

② 〔美〕大卫·哈里·罗森布鲁姆、敬乂嘉：《论非基于使命的公共价值在当代绩效导向的公共行政中的地位》，《复旦公共行政评论》2012 年第 2 期。

③ R. A. Dahl, G. Sartori, *The Formal Structure of Government*, Macmillan Education UK, 1970.

项目的多元价值目标，有助于社会和谐，可以直接作用于政府形象与公信力从而体现公共项目的溢出效应，能够营造有利于公共项目使命实现的社会环境。但是，由于不具有强制性，如果没有较为明确的法律规定的规制性文件，它很难得到重视并内化为目标实施，因此从理论上讲，这类价值容易被忽视，而其对应的绩效损失亦容易被漏测。本书按照构建方法，根据参与式构建的结果，最终纳入回应、透明度、满意度等权益型公共价值。

政府要对公民的偏好不断地做出回应，因此得到政府回应是公众的权益，而回应又可以影响其他类型的绩效。回应是公共行政的一种机制性安排，是现代政府民主价值理性的必然要求，通过回应，有利于促进民主品质的提升。[1] 2013 年，国务院办公厅发布了《关于进一步加强政府信息公开回应社会关切提升政府公信力的意见》，首次将"回应"列入最高行政机关的行政法规。公共项目的利益相关者涉及面广、构成复杂，在全周期中难免出现各种类型的社会关切，地方政府及时有效地回应关切就成为必须。高透明度是对现代政府的基本要求，是社会法治水平与民主水平的重要标志，同时，它也会影响项目使命目标的实现。在公共项目中，腐败在一定程度上滋生于暗箱操作，公共项目资金的使用状况、税收流向等基本信息隐而不告，会给社会带来职务犯罪、徇私舞弊的风险。[2] 2003 年起开始实施的政府采购法，明确将公开透明作为政府采购制度的基本原则之一。2007 年，国务院颁布的《中华人民共和国政府信息公开条例》明确了政府集中采购的项目名录、标准及实施情况，并向社会公开。2017 年，上述条例又进行了修订，"以公开为常态、不公开为例外"原则被明确写入条例，公开内容、范围以及责任主体进一步明确。因此，透明作为公共项目的合法性价值，既是满足公众知情权的需要，又是规避腐败风险的必要。

最后，站在国家—社会二元论的视角，政府是一个从事公共物品生产的社会服务机构，而公共项目作为其提供的重要公共物品，需要社会公众来评价对公共项目是否满意，甚至可以说满意是公共项目的最终落脚点。

---

① 中国方正出版社编《工程建设项目施工招标投标办法》，中国方正出版社，2003。

② Lotfia A. Zadeh et al. , *Fuzzy Sets*, *Fuzzy Logic*, *and Fuzzy Systems*, World Scientific, 1996.

邓小平同志始终把"人民拥护不拥护、赞成不赞成、高兴不高兴、答应不答应作为制定方针政策和作出决断的出发点和归宿"。[①] 习近平同志更多次强调，要把"人民满意不满意、高兴不高兴、答应不答应、赞成不赞成作为衡量党和国家一切工作的根本标准，以造福人民为最大政绩"。[②] 公共项目的满意度虽然没有被明确写入有关的项目规制文件当中，但它符合党的执政理念，体现了"以人民为中心"的发展思想，属于公众关注的价值而理应成为权益型公共价值。从主体看，满意度可以分为受益群体、受影响群体、业主单位、施工方等各类利益相关者满意度。但是，从公共项目的特性出发，受益群体与受影响群体是最为关键的两类主体，因此，本书选取受益群体以及受影响群体作为满意度调查对象。

3. 工具型公共价值共识

工具型公共价值作为实现使命型公共价值的工具与手段，同样具有重要作用。使命型公共价值确保"选择了正确的公共项目"，明确了公共项目建设的理由，而工具型公共价值则确保"正确地建设公共项目"，明确了公共项目建设的方式与标准。效率和经济是传统公共行政理论的两个立论基础，对于公共项目而言，效率和经济同样是重要的工具型公共价值。此外，公共项目在实现公共利益的过程中具有特殊性，质量与安全也理应成为工具型公共价值的内容，质量不好与不安全的公共项目，即使实现效率和经济也毫无意义。本书按照构建方法，根据参与式构建的结果，最终纳入效率、经济、质量、安全等工具型公共价值。

首先，效率价值用以衡量投入与产出的关系，旨在用更少的资源消耗实现更多的产出。其次，还要保证经济价值，即尽可能少地使用资金去实现项目目标。公共项目需要大量的资金来完成工程设计、设备采购、人员开支，任何一个环节管理不善都很容易导致项目超支，它多来源于因管理漏洞而存在的资金重复支配与浪费。再次，质量价值贯穿于公共项目建设

---

① 《习近平：在纪念邓小平同志诞辰 110 周年座谈会上的讲话》，新华网，2014 年 8 月 20 日，http://www.xinhuanet.com/politics/2014 – 08/20/c_1112160001_3.htm。

② 《人民美好是习近平新时代中国特色社会主义思想的价值真谛》，人民网，2018 年 1 月 3 日，http://opinion.people.com.cn/n1/2018/0103/c1003 – 29742995.html。

的全周期，直接关系公众的切身利益，是使命型公共价值的关键影响因素。高质量的公共项目是实现可持续性、效益等使命型公共价值的基础。最后，安全价值是公共项目的底线，在任何公共项目当中，安全都是被高度重视与一再强调的价值，它事关利益相关者的生命财产安全、社会稳定与政府形象。因此，不能因为效率与经济价值而忽视安全价值。

二　公共项目绩效损失测度的组织管理

组织管理是旨在通过组建评估团队、建立协作网络来执行绩效损失评价的过程，它的核心任务是负责社会价值建构结果的具体落实，通过具体的绩效指标承载基本公共价值共识。

（一）评估团队构成

本书的评估团队主要依托兰州大学中国政府绩效管理研究中心世界银行项目课题组，课题组成员的学缘结构、学历结构、学科结构合理，项目评估经验丰富，并且都是 PV-GPG 理论研究团队的重要研究人员，能较好把握建构主义评估方法，同时，还能够熟练应用实证主义的方法与工具，因此符合构建方法对于评估团队的要求。此外还纳入了世界银行项目负责"移民安置评估"等的外部评估团队。

（二）案例公共项目的协作网络

按照构建方法的要求，本书根据案例项目的实际情况，建立了以利益相关者为主体的协作网络（见图 5 - 1），主要包括由世界银行驻华代表处、省项目管理办公室、县项目协调领导小组、县项目办构成的项目管理系统利益相关者，由项目受益群体与受影响群体构成的公众系统利益相关者，由施工、监理与运营企业构成的承包系统利益相关者。协作网络用以负责绩效损失指标的确认与评价数据的采集。

（三）绩效损失测度框架

以构建方法提出的测度框架为基础，本书根据案例项目的实际情况，构建了该案例下的绩效损失测度框架（见图 5 - 2）。框架纵向上包含使命型绩效损失、权益型绩效损失和工具型绩效损失三个维度，横向上包含概念

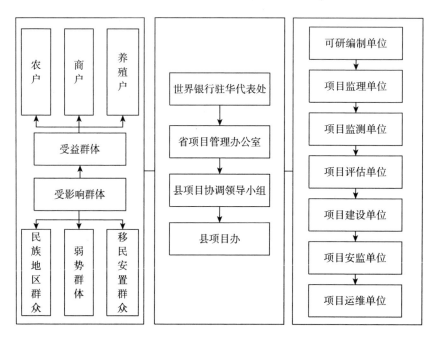

图 5 – 1　案例公共项目的协作网络

资料来源：笔者自制。

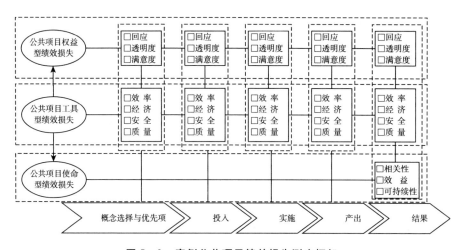

图 5 – 2　案例公共项目绩效损失测度框架

资料来源：笔者自制。

选择与优先项、投入、实施、产出和结果五个阶段。其中使命型绩效损失只有在项目完全结束后才能在结果阶段测度，因为项目效益只有完工并投入运行后才能显现，而其他两类绩效损失在任何一个阶段都有可能发生，因此要基于全周期进行监测。

（四）绩效损失测度指标体系

本书以测度框架为基础，依照"公共价值观—公共价值结果—政府绩效—绩效损失—绩效损失测度指标"的具体路径，构建了测度指标体系。

1. 使命型绩效损失指标

基于相关性、效益和可持续性等使命型公共价值，可以具化相应的绩效损失测度指标（见图5-3）。根据世界银行项目评估指南，一切公共项目必须与项目接受方以及捐赠者的权益和政策、目标群体的需求相符合。具体而言，相关性价值可以解构为三个衡量指标：一是项目应与出资方的援助战略相符合；二是项目应与所在地的发展战略相符合；三是项目应与所在地的公众需求相符合。如果说前两个指标是自上而下的战略层面的相关性，那么第三个指标则是自下而上的需求层面的相关性。这三个指标缺一不可。显然，这三项指标的不相关或者弱相关就会使项目偏离使命型公共价值，发生使命型绩效损失。本书借鉴了相关性标准，用相关性程度指标作为使命型绩效损失测度维度之一。另外，效益价值由效益型绩效指标承载，效益型目标的完成差距就是绩效损失，效益指标由受益人数、环境改善等五项指标构成。公共项目的效益是使命型绩效损失的测度维度之二。可持续性价值的维度较多，包括项目运行的可持续性、政策的可持续性和环境的可持续性。其中项目运行的可持续性价值主要涉及运行机构基本情况、运营维护计划制订情况、运营维护计划执行情况等三项绩效指标，反之，缺少有效的运行机构、运营维护计划，或者虽然有计划却没有得到执行则属于绩效损失。政策的可持续性绩效指标用以评估项目所在地区相关公共政策对此类项目的支持情况，如果所在地区的公共政策不再支持此类项目则属于绩效损失。依据一般环境可持续性评价原则，环境可持续性的绩效指标包括空气污染、水污染、噪声污染、固体污染四项，出现以上四种污染就属于绩效损失。公共项目的可持续性是使命型绩效损失的测度维度之三。

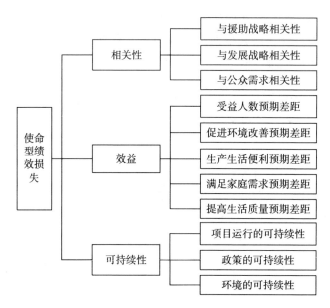

图 5 - 3　使命型绩效损失测度指标体系

资料来源：笔者自制。

2. 权益型绩效损失指标

基于回应、透明度、满意度等权益型公共价值，可以具化相应的绩效损失测度指标（见图 5 - 4）。首先，缺乏回应，强行推进项目建设，会造成使命型绩效损失，导致满意度低下。因此回应率低、回应不及时在影响其他绩效的同时，自身也构成权益型绩效损失，在此可以选取回应率以及回应时间作为回应价值的绩效损失测度指标。其次，由于现有法律条例没有对一般公共项目应该公开的事项做出明确规定，所以借鉴《政府和社会资本合作（PPP）综合信息平台信息公开管理暂行办法》中有关规定作为项目透明度的判断依据。而该公开的没有公开则是绩效损失，信息公开程度可以作为绩效损失的测度指标。最后，满意度是承载权益型公共价值的绩效指标，而满意度低则反映了绩效损失，满意度量表中的题项则可以用于测度绩效损失。

3. 工具型绩效损失指标

基于效率、经济、质量、安全等工具型公共价值，可以具化相应的绩

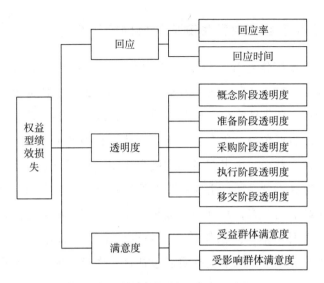

图 5 - 4　权益型绩效损失测度指标体系

资料来源：笔者自制。

效损失测度指标（见图 5 - 5）。首先，公共项目进度与产出是承载效率价值的两个绩效指标，进度延迟以及产出不足就是绩效损失。其次，公共项目成本是承载经济价值的绩效指标，在实现预期目标的前提下，能够降低成本开支就是绩效，成本超支则是绩效损失。再次，公共项目的质量标准是承载质量价值的绩效指标。公共项目在任何建设环节不符合质量标准，就会出现绩效损失。最后，项目安全是承载安全价值的绩效指标。在项日实施过程中出现安全问题就是绩效损失。

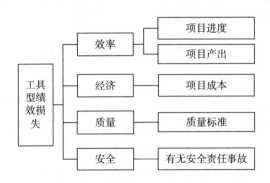

图 5 - 5　工具型绩效损失测度指标体系

资料来源：笔者自制。

三 公共项目绩效损失测度的协同领导系统

协同领导系统伴随社会价值建构的全周期，它通过识别公共价值冲突、响应式互动、达成公共价值共识等步骤解决公共价值冲突，在全系统传导公共价值。就主体来说，按照构建方法，政府在协同领导系统中理应扮演组织者的重要角色，负责公共价值构建过程中的平台搭建、沟通、协调与互动工作。然而，本书在实际测度中发现，在现行条件下，政府扮演这一角色还存在不少难题，主要有三个原因：首先，现有的制度管理系统已经限定了政府的职能，角色要求显然超出了现有的职能范围；其次，扮演这一角色需要成本，而预算软、硬约束框架难以将这些成本编入；最后，既有的政府激励体系也没有明确包括这一内容，因此，无法调动公共部门积极性来扮演该角色。所以，虽然理论上政府应该扮演协同领导系统的组织者，但在现阶段由第三方发起的评估中，政府扮演组织者角色还存在诸多难题，然而这一过程又是重要的，所以评估的组织工作实际上由第三方完成。由此可知，研究者自身充当沟通平台并承接组织工作是现行条件下协同领导系统，特别是响应式互动的一种替代选择（见图 5 - 6）。

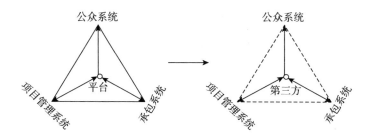

图 5 - 6 案例响应式互动中的角色替代

资料来源：笔者自制。

在价值冲突方面，同理论预设一样，利益相关者之间容易就效率、经济、质量、安全等工具型公共价值达成共识。对于另外两类公共价值，使命型公共价值的"相关性"与权益型公共价值的"满意度"引起的争议较大。对于相关性价值，公众系统不持异议，而项目协调领导小组则认为它没有被写入项目协定，不应该被纳入指标体系。评估者向同属项目管理系统的世界银行驻华代表处负责该项目的经理征询意见，经理认为，"相关性属于世界银行项目最基本的前提，之所以未被纳入项目协定，是默认了经过可行性研究的项目具有高度的相关性，然而事实并非如此，因此同意纳入体系"。经过多次沟通，相关性价值得到了项目协调领导小组的确认。满意度价值没有得到 G 省世界银行办事处主要领导的支持，他们认为，"一方面，满意度没有被纳入项目协定；另一方面，公众具有非理性特征，因此难以做出客观评价"。评估者再次向世界银行驻华代表处征询意见，世界银行驻华代表处认为，"现有的项目评价指标不足以体现项目绩效，而满意度和社会影响评价可以作为项目绩效的有益补充"。满意度价值最终得到 G 省世界银行办事处主要领导的认可。将"相关性"纳入使命型公共价值，原因在于它虽不属于案例项目协定的内容，但属于世界银行项目应该实现的成果与使命，在世界银行项目的绩效评估报告中有明确要求。"满意度"虽然没有被强制要求，但属于公众的基本权益，它为公众的集体共识所表达，因此纳入权益型公共价值。此外，文献中的"媒体宣传""承包商盈利""组织成长"等价值无法得到利益相关者的一致认可，因此予以剔除。最终形成的十项公共价值内容，在利益相关者之间达成广泛的共识，他们对整体公共价值内容体系有较高的认同度。测度体系构建的协同领导系统较好地完成了自身解决价值冲突、传导价值共识的功能与使命。

第三节　测度方法与结果

一　绩效损失测度的具体方法

在构建测度指标体系后，需要选取适当的方法将通过案例采集的原始数据转化为绩效数据。在本书所构建的公共项目绩效损失测度指标体系中，有部分指标属于主观评价指标，主观因素所引起的模糊性决定了无法将一般线性模型引入评价，但即使主观指标具有模糊性，也应该给出相对精确的测度从而可以比较损失程度。因此，本书的指标特性及其测度需求决定了模糊评价法的适用性，因此选取模糊评价法作为测度的具体方法。[①]
从具体优势来看，模糊评价法能够系统地处理模糊性，善于处理具有分类
性质的程度概念，并且以相对精确的方式结合了集合导向的思路与连续变
量。因此，本节将用模糊评价法来计算绩效损失。

（一）模糊评价函数

对绩效损失的模糊评价，首先要设定绩效损失的隶属函数。将公共项
目绩效损失情况设定为模糊集 U，映射 $A(x)$：$U \rightarrow [0,1]$ 确定了一个 U
上的模糊子集 A，映射 $A(x)$ 称为 A 的隶属函数，它表示 x 对 A 的隶属程
度。使 $A(x) = 0.5$ 的点 x 称为 A 的过渡点，此点最具模糊性。运用模糊
方法最为关键的是隶属函数的选取，但隶属函数基本上是根据研究背景与
指标类型而主观选取的。绩效指标一般分为四种类型，分别是 0－1 型指标
（例如一票否决型指标）、单调连续指标（越高越好抑或越低越好指标）、
单调定性指标（例如相关性）、适度指标（例如 CPI 指数）。本书不涉及第
四种类型指标，因此只考虑前三种类型指标的隶属函数。测度公共项目绩
效损失的指标体系记为 $x = [x_{11}, x_{12}, \cdots, x_{ij}]$。

0－1 型指标作为模糊集中的一个极端情况是非模糊的，比如曾经纳入
政府绩效考核的"计划生育"指标就是此类指标。此时隶属函数如下。

$$A(x_{ij}) = \begin{cases} 0 & x_{ij} = 0 \\ 1 & x_{ij} = 1 \end{cases} \tag{1}$$

这表示，当指标值一旦出现，就有绩效损失，没有出现则没有绩效损失。

当指标值为单调连续时，本书采用科里奥利（Cerioli）和扎尼（Zani）
设置的隶属函数。

$$A(x_{ij}) = \begin{cases} 0 & 0 \leqslant x_{ij} \leqslant x_{ij}^{\min} \\ \dfrac{x_{ij} - x_{ij}^{\min}}{x_{ij}^{\max} - x_{ij}^{\min}} & x_{ij}^{\min} < x_{ij} < x_{ij}^{\max} \\ 1 & x_{ij}^{\max} \leqslant x_{ij} \end{cases} \tag{2}$$

---

① 刘光富、陈晓莉：《基于德尔菲法与层次分析法的项目风险评估》，《项目管理技术》2008
年第 1 期。

这表示当指标值大于设定的最大值时，绩效损失必定很大，当小于最小值时，绩效损失必定很小。

当指标为定性指标时，科里奥利和扎尼同样给出了隶属函数。

$$A(x_{ij}) = \begin{cases} 0 & x_{ij} \leqslant x_{ij}^{\min} \\ \dfrac{x_{ij} - x_{ij}^{\min}}{x_{ij}^{\max} - x_{ij}^{\min}} & x_{ij}^{\min} < x_{ij} < x_{ij}^{\max} \\ 1 & x_{ij}^{\max} \leqslant x_{ij} \end{cases} \tag{3}$$

（二）指标的加总与权重的确定

在计算绩效损失指标隶属度的基础上，还需要为隶属度得分赋权，从而逐级汇总，综合反映公共项目整体的绩效损失。其中需要处理各级指标的权重分配问题。一般用于指标权重确定的方法包括德尔菲法、层次分析法、熵值法、模糊聚类分析法。本书选用层次分析法作为权重确定方法的原因有三，一是它具有系统性的优势，它将被评价对象视为一个系统整体，按照结构、比较、分析的方式进行指标重要性的判断，权重判断结果整体联动；二是它具有便捷性的优势，它通过判断矩阵可以直接量化指标的权重，在突出关键指标导向作用的同时，可以避免指标权重对比的逻辑错误；三是具有可靠性的优势，层次分析法的信度、效度均高于同为主观评价法的德尔菲法。本书遵从群组层次分析法，得到各级指标的权重得分（见表5-4）。

二　数据来源及评分标准

（一）相关性维度绩效损失指标的数据来源与隶属度计算依据

相关性绩效损失指标有三，依据世界银行项目评价准则，设定项目高度相关、项目相关、项目不太相关、项目不相关等四个等级，以此为基础构建量表，其中，与援助战略相关性指标由世界银行项目办官员评价，与发展战略相关性指标由评价小组综合评价，与公众需求相关性指标采用抽样的方式由受益群体评价。评价项目不相关，则隶属度为1，代表最大限度的绩效损失；项目高度相关，则隶属度为0，代表没有绩效损失。其余

表 5 - 4　公共项目绩效损失测度指标体系

公共项目绩效损失测度结果	一级	权重		二级	权重		三级指标	权重		特性	数据来源	评价主体
	A	0.40	使命型绩效损失	相关性	a_1	0.15	与援助战略相关性	a_{11}	0.04	定性	量表	世界银行项目办官员
							与发展战略相关性	a_{12}	0.06	定性	量表	评价小组
							与公众需求相关性	a_{13}	0.05	定性	量表	受益群体
				效益	a_2	0.15	受益人数预期差距	a_{21}	0.07	定量	监测报告	评价小组
							促进环境改善预期差距	a_{22}	0.02	定量	监测报告	受益群体
							生产生活便利预期差距	a_{23}	0.02	定量	影响报告	受益群体
							满足家庭需求预期差距	a_{24}	0.02	定量	影响报告	受益群体
							提高生活质量预期差距	a_{25}	0.02	定量	影响报告	受益群体
				可持续性	a_3	0.10	项目运行的可持续性	a_{31}	0.04	定性	量表	评价小组
							政策的可持续性	a_{32}	0.03	定性	量表	评价小组
							环境的可持续性	a_{33}	0.03	定性	环评报告	环评单位
	B	0.30	工具型绩效损失	效率	b_1	0.10	项目进度	b_{11}	0.04	定量	进度报告	评价小组
							项目产出	b_{12}	0.06	定量	总监测报告	评价小组
				经济	b_2	0.05	项目成本	b_{21}	0.05	定量	进度报告	评价小组
				质量	b_3	0.08	质量标准	b_{31}	0.08	定性	质检报告	初验团队
				安全	b_4	0.07	有无安全责任事故	b_{41}	0.07	0 - 1	安检报告	初验团队

118

续表

权重	一级	权重	二级	权重	三级指标	特性	数据来源	评价主体
公共项目绩效损失测度结果 C 0.30	权益型绩效损失	c_1 0.10	回应	c_{11} 0.06	回应率	定量	社评报告	社评小组
				c_{13} 0.04	回应时间	定量	社评报告	社评小组
		c_2 0.05	透明度	c_{21} 0.01	概念阶段透明度	定量	量表	评价小组
				c_{22} 0.01	准备阶段透明度	定量	量表	评价小组
				c_{23} 0.01	采购阶段透明度	定量	量表	评价小组
				c_{24} 0.01	执行阶段透明度	定量	量表	评价小组
				c_{25} 0.01	移交阶段透明度	定量	量表	评价小组
		c_3 0.15	满意度	c_{31} 0.10	受益群体满意度	定量	量表	受益群体
				c_{34} 0.05	受影响群体满意度	定量	量表	受影响群体

资料来源：笔者自制。

隶属度得分按照公式（3）计算。

（二）效益维度绩效损失指标的数据来源与隶属度计算依据

效益绩效损失指标分为两种类型，一是纳入监测体系可直接获取数据的部分定量指标，二是诸如满足家庭需求预期差距、生产生活便利预期差距等难以通过精确数据获取的指标，可以通过设计、发放社会经济影响量表，以抽样入户调查的方式获取数据。对于第一类指标，本书设定预期差距大于 0.5 则隶属度为 1，代表最大限度的绩效损失；差距小于或等于 0，隶属度为 0，代表没有绩效损失；其余隶属度得分按照公式（2）计算。对于第二类指标，依据多数人原则，采用调查问卷中消极影响百分比与积极影响百分比之差作为基准数据判断标准，差距大于或等于 0.5，隶属度为 1，代表最大限度的绩效损失；差距小于或等于 - 0.5，隶属度为 0。这样把定性数据转化为定量数据，同样依据公式（2）计算。

（三）可持续性维度绩效损失指标的数据来源与隶属度计算依据

可持续性绩效损失指标有三，前两个指标由评价小组依据量表给出，后一个指标由环评单位依据环评报告给出。本书依据世界银行评估文件，设定了项目完全可持续、项目可能持续、项目不太可能持续、项目不可持续等四个等级，并以此为基础设计量表与评分准则。评价项目不可持续，则隶属度为 1，代表最大限度的绩效损失；项目完全可持续，隶属度为 0，代表没有绩效损失。其余隶属度得分按照公式（3）计算。

（四）效率维度绩效损失指标的数据来源与隶属度计算依据

效率绩效损失指标分为两种类型，一是项目进度指标，由评价小组依据进度报告给出。被评价项目投资额度低、建设难度小，因此，按照最长延期关账时间作为隶属度标准，即项目进度延期 1 年及以上，隶属度为 1，代表最大限度绩效损失；按期或提前完成则隶属度为 0，代表没有绩效损失；其余隶属度得分按照公式（2）计算。二是项目产出指标，由评价小组依据总监测报告给出，总产出小于或等于预期产出的 80%，隶属度为 1，代表最大限度绩效损失；总产出大于或等于预期产出的 100%，隶属度为 0，代表没有绩效损失；其余隶属度得分按照公式（2）计算。

（五）经济维度绩效损失指标的数据来源与隶属度计算依据

经济维度绩效损失指标为项目成本，依据世界银行项目成本管理标准，设定成本超支 100% 及以上，隶属度为 1，代表最大限度绩效损失；成本没有超支或节省成本，隶属度为 0，代表没有绩效损失；其余隶属度得分按照公式（2）计算。

（六）质量维度绩效损失指标的数据来源与隶属度计算依据

质量维度绩效损失指标隶属度得分依据项目的质量检验评定结果得出。按照质量检验标准，质量可以分为优良、合格以及不合格三个等级。不合格等级的项目质量绩效损失指标隶属度为 1，代表最大限度绩效损失；优良等级项目隶属度为 0，代表没有绩效损失；其余隶属度得分按照公式（3）计算。

（七）安全维度绩效损失指标的数据来源与隶属度计算依据

安全维度绩效损失指标为测度指标体系中唯一的 0 – 1 指标，依据住建部施工现场管理的安全事件零容忍制度，不能出现安全事故体现了项目建设的安全底线。因此，有安全事故发生的项目安全指标隶属度为 1，代表最大限度绩效损失；没有则为 0，代表没有绩效损失；依据公式（1）计算。

（八）回应维度绩效损失指标的数据来源与隶属度计算依据

回应维度绩效损失指标有二，对于回应率，本书设定低于或等于 60% 时隶属度为 1，代表最大限度绩效损失；等于 100% 时隶属度为 0，代表完全回应，没有绩效损失；其余隶属度得分按照公式（2）计算。对于回应时间，参照政府门户网站规定的留言回复时间，最长不得超过 7 个工作日，因此设定大于或等于 7 个工作日，隶属度为 1，代表最大限度绩效损失；当天回复设定为 0，没有绩效损失；其余隶属度得分按照公式（3）计算。

（九）透明度维度绩效损失指标的数据来源与隶属度计算依据

按照公共项目执行的阶段划分，透明度维度绩效损失指标有五个，然而，现有法律法规没有对一般公共项目应该公开的事项做出明确规定。财政部于 2017 年 1 月印发了《政府和社会资本合作（PPP）综合信息平台信息公开管理暂行办法》，里面对 PPP 项目在各个阶段应该公开的事项做了明确规定，而 PPP 项目同本书世界银行项目一样，均是具有公共性的项目，因此，本书选用《政府和社会资本合作（PPP）综合信息平台信息公开管理暂行办法》中的有关规定作为项目透明度的判断依据。具体而言，根据《政府和社会资本合作（PPP）综合信息平台信息公开管理暂行办法》设计调查量表，业主单位根据项目实际情况填写量表。设定透明度小于或等于 50%，隶属度为 1，代表最大限度绩效损失；透明度达到 100%，隶属度为 0，代表没有绩效损失；其余隶属度得分按照公式（2）计算。

（十）满意度维度绩效损失指标的数据来源与隶属度计算依据

满意度维度绩效损失指标隶属度计算方法同效益类主观指标一致。依据多数人原则与满意度交叉准则，采用调查问卷中不满意百分比与满意百分比之差作为基准数据判断标准。差距大于或等于 0.5，隶属度为 1，代表最大限度绩效损失；差距小于或等于 -0.5，隶属度为 0，代表没有绩效损失。这样把定性数据转化为定量数据，同样依据公式（2）计算。

需要强调，对于数量众多、类型多元的测度指标而言，对其的评价并非获取数据后的简单加权，而要以系统性的信度、效度检验为前提。因此，同其他科学评估方法一致，为了保证绩效损失测度的信度与效度，需要做大量系统性的验证与保障工作。本书在保障对案例项目测度的有效性方面做了以下工作：①满意度维度指标数据与部分效益维度指标数据通过满意度与社会经济影响量表调查获取，量表由世界银行高级分析师与研究者所在的团队共同设计，共发放问卷 1400 余份，收集问卷 1260 余份。问卷严格按照统计规范进行处理，全部通过 Cronbach 系数、KMO 值、Bartlett 球形度等系列检验。②对于相关性、可持续性维度指标，本书借鉴了世界银行公共项目评价的测度指标与评价标准，针对不同的指标选取相对应的评价主体，以保证数据来源的可靠性，并且，研究者还会组织专家对测度结果进行校验。③经济、效率及部分效益维度指标是案例项目绩效固有的指标，迄今为止，由研究者在内的课题团队负责具体全周期监测工作，监测数据为反复校验后的一手数据。④安全、质量维度指标数据来源于项目初步验收团队出具的安检、质验报告。⑤对于透明度、回应维度指标，研究者依据量表和社评报告，由评价小组和社评小组根据各项目实际情况进行打分，这两个维度的指标因均属于客观指标而不存在模糊地带。

三 绩效损失测度结果及其分类

从表5-5的计算结果可以看出，案例中的项目均出现了绩效损失，其中绩效损失最小的项目为DZ镇灌溉项目，得分为0.089，代表绩效损失了8.9%；绩效损失最大的项目为HW镇道路项目，得分为0.432，代表绩效损失了43.2%；全部项目绩效损失均值约为2.29%。对于第一类绩效损失，测度结果最小与最大的项目与整体绩效损失最小与最大的项目一致，分别为DZ镇灌溉项目与HW镇道路项目；对于第二类绩效损失，测度结果最小的为DW镇灌溉项目与DW镇道路项目，最大的为Dz镇管网项目；对于第三类绩效损失，测度结果最小的为HW镇市场项目，最大的为Dz镇管网项目。在13个案例项目中，第一类绩效损失在三类绩效损失中占比最大的项目有5个，第二类占比最大的项目有6个，第三类占比最大的项目有2个，这显示，在案例项目中，尤其需要关注前两类绩效损失。这显示，在案例项目中，尤其需要关注前两类绩效损失。另外，为进一步分析公共项目绩效损失的类型与特征，本书将依据三类绩效损失得分，采用系统聚类分析方法把13个项目分为相对同质的四类族群，分类结果见图5-7。

（一）第一类族群

Dz镇管网项目、HW镇道路项目以及HW镇管网项目属于第一类族群，这类族群的共同特征是第一、二、三类绩效损失基本均较大，其中使命型绩效损失占各自总体绩效损失的比例接近或超过50%。第一类绩效损失能够反映使命型公共价值的偏离程度，出现第一类绩效损失的公共项目就意味着该项目相关性低、可持续性差、无法产生好的效益，可以说没有承载其应该承载的使命，也就无法实现其当初的目标与愿景，因此一旦出现较大程度的此类绩效损失，就可以直接判定公共项目的失败。前文已述，公共项目承载的使命型公共价值在三类公共价值中处于统领地位，对于任何公共项目，使命型公共价值是其他两种公共价值的前提与基础，而其相对应的使命型绩效损失也是最大的绩效损失。换言之，一旦使命型绩效损失很大，即使工具型绩效损失与权益型绩效损失很小，也无法弥补公

表 5－5　基于 PV-GPG 理论的公共项目绩效损失测度结果

	项目名称	I 类	相关性	可持续性	效益	II 类	效率	经济	质量	安全	III 类	回应	透明度	满意度	整体损失
1	DZ 镇灌溉项目	0.000	0.000	0.000	0.000	0.080	0.000	0.000	0.080	0.000	0.009	0.000	0.005	0.004	0.089
2	DW 镇道路项目	0.045	0.000	0.013	0.032	0.040	0.000	0.000	0.040	0.000	0.066	0.041	0.025	0.000	0.151
3	DW 镇灌溉项目	0.022	0.000	0.013	0.009	0.040	0.000	0.000	0.040	0.000	0.066	0.041	0.025	0.000	0.128
4	Dz 镇道路项目	0.070	0.033	0.033	0.004	0.098	0.000	0.018	0.080	0.000	0.052	0.029	0.000	0.023	0.220
5	Dz 镇管网项目	0.208	0.033	0.076	0.099	0.118	0.020	0.018	0.080	0.000	0.097	0.029	0.000	0.068	0.423
6	HS 镇道路项目	0.084	0.000	0.023	0.061	0.089	0.000	0.009	0.080	0.000	0.020	0.000	0.000	0.020	0.193
7	HS 镇管网项目	0.064	0.000	0.023	0.041	0.089	0.000	0.009	0.080	0.000	0.062	0.000	0.000	0.062	0.215
8	HW 镇管网项目	0.236	0.099	0.066	0.071	0.110	0.030	0.000	0.080	0.000	0.030	0.000	0.000	0.030	0.376
9	HW 镇道路项目	0.260	0.099	0.066	0.095	0.080	0.000	0.000	0.080	0.000	0.092	0.000	0.000	0.092	0.432
10	HW 镇市场项目	0.042	0.000	0.013	0.029	0.080	0.000	0.000	0.080	0.000	0.005	0.000	0.000	0.005	0.127
11	MC 镇道路项目	0.095	0.000	0.000	0.095	0.083	0.003	0.000	0.080	0.000	0.011	0.011	0.000	0.000	0.189
12	SZ 镇道路项目	0.079	0.033	0.033	0.013	0.086	0.000	0.006	0.080	0.000	0.039	0.034	0.005	0.000	0.204
13	SZ 镇管网项目	0.102	0.000	0.023	0.079	0.086	0.000	0.006	0.080	0.000	0.039	0.034	0.005	0.021	0.227

资料来源：笔者自制。

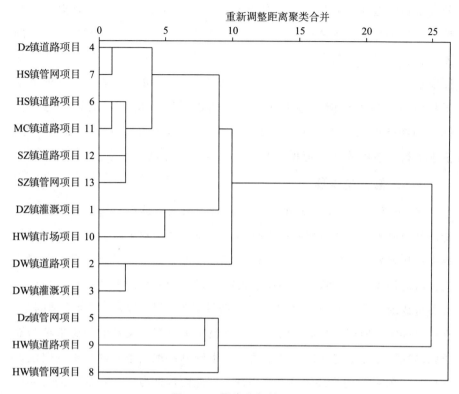

图 5 - 7　聚类分析结果

共项目承载了错误的使命的损失，因为，这个项目可能本身就不应该建设，其他绩效损失也没有必要谈起。在现实当中，出现这类绩效损失的公共项目早已被关注，公众所诟病的"重复建设""政绩工程""面子工程""形象工程"类项目均属于使命型绩效损失较大的公共项目。

（二）第二类族群

Dz 镇道路项目、HS 镇管网项目、HS 镇道路项目、MC 镇道路项目、SZ 镇道路项目、SZ 镇管网项目属于第二类族群。这类族群的共同特征是使命型、权益型绩效损失较小，而工具型绩效损失较大。第二类绩效损失反映工具型公共价值的产出差距，通过效率、经济、质量以及安全等维度的绩效指标测度。没有出现使命型绩效损失保证了公共项目沿着正确的轨道运行，而没有出现工具型绩效损失则保证了项目产出的最大化。在三重约束理论与新公共管理理论下，工具型绩效损失几乎可以等同于公共项目的整体绩效损失，在公共项目实践当中，工具型绩效损失也是被一再强调与重点关注的损失。在我国项目治国的当下，领导批示最能体现公共项目的价值导向，而几乎每一条关于项目的批示总是包含"保证安全、加快进度、推进投资、确保质量"的词句。但是，过分聚焦于工具型绩效损失可能会偏离使命型绩效的目标而出现"工具"与"目标"的倒挂现象，比如很多"面子工程"也能够保障安全、如期推进、依本进行、兼顾质量，但据此判断项目成功显然过于草率。

（三） 第三类族群

DW 镇道路项目与 DW 镇灌溉项目属于第三类族群，这类族群的共同特征是使命型、工具型绩效损失较小，权益型绩效损失较大。权益型绩效损失意味着公共项目在全周期过程中对透明度、回应、满意度等权益型公共价值的偏离。这类绩效虽不属于公共项目本身要承载的使命型绩效，但却不可或缺并且对使命型绩效与工具型绩效有重要影响。更为关键的是，在一些国家和地区，这类绩效损失因不属于项目有关文件的规定事项与缺乏强制性而往往被选择性忽视。案例并不鲜见：现实中有因缺乏透明度而被称为"黑箱"的公共项目，有因缺乏回应而被称为"一言堂"的公共项目，有因忽视满意度而被称为"邻避"的公共项目。这些项目即使实现了原有的目标，也不能被定义为全面成功的公共项目。对权益型绩效损失的关注有助于为实现公共项目使命提供良好的外在环境、氛围和条件，营造有利于公信力提升的社会环境。不难想象，一个初衷良好、使命重大的公共项目，如果缺乏了透明度、欠缺了回应、忽视了满意度，好事也可能变成坏事。

（四） 第四类族群

DZ 镇灌溉项目、HW 镇市场项目属于三类绩效损失均较小的公共项目，可以判定为绩效最高的项目，也是离全面成功最近的项目。

四　三种理论下公共项目绩效损失

如前文所述，从理论上讲，基于三重约束理论与新公共管理理论的绩效损失测度总有一部分损失会被漏测，基于 PV-GPG 理论的绩效损失测度更为完备与全面。实证结果亦验证了这一推论，表5-6是三种理论下案例公共项目的绩效损失排名及测度结果。对比三种测度结果可知：①三种理论下的绩效损失排名具有较大差异性，基于PV-GPG理论的绩效损失测度结果要大于其他两种理论下的绩效损失测度结果，因此，在三重约束理论与新公共管理理论下排名靠前的项目，[①] 在PV-GPG理论下的排名未必靠前。②新方法的测度结果在很大程度上回应了公共项目绩效评估的测不准特性，在三重约束理论与新公共管理理论下绩效损失测度结果很好的公共项目未能迎合公众需求的原因，在于绩效损失测度并非完全基于公共价值，其未能关注到全部公共价值，会造成绩效损失的漏测。

表5-6　三种理论下案例公共项目绩效损失排名及测度结果对比

序号	项目名称	PV-GPG		NPM		TTC	
		排名	测度结果	排名	测度结果	排名	测度结果
1	DZ镇灌溉项目	1	0.089	1	0.000	3	0.080
2	HW镇市场项目	2	0.127	5	0.029	3	0.080
3	DW镇灌溉项目	3	0.128	2	0.009	1	0.040
4	DW镇道路项目	4	0.151	6	0.032	1	0.040
5	MC镇道路项目	5	0.189	11	0.098	3	0.080
6	HS镇道路项目	6	0.193	8	0.070	10	0.089
7	HS镇管网项目	7	0.215	7	0.050	10	0.089
8	SZ镇道路项目	8	0.204	3	0.018	8	0.086
9	Dz镇道路项目	9	0.220	4	0.022	12	0.098
10	SZ镇管网项目	10	0.227	9	0.085	8	0.086
11	HW镇管网项目	11	0.376	12	0.111	3	0.080
12	Dz镇管网项目	12	0.423	13	0.137	12	0.098
13	HW镇道路项目	13	0.432	10	0.095	3	0.080

注：公共价值管理理论与第四代评估理论下的绩效测度欠缺可操作性，没有具体指标，因此无法参与对比。

资料来源：笔者自制。

----

① 三重约束理论下的绩效损失采用"时间""成本""质量"等三项指标测度；新公共管理理论下的绩效损失采用"成本"（代表经济性）、"进度"（代表效率）、"效益目标的实现程度差距"等指标测度。

由图 5 - 8 可知，三重约束理论与新公共管理理论没有测出绩效损失的"高绩效项目"，在 PV-GPG 理论下却测出了不小的绩效损失。因此，只有在同一测度理论下，绩效与绩效损失才可以对话；也只有在同一理论下，公共项目的绩效与绩效损失才是对立的统一体（绩效高，绩效损失低；绩效低，绩效损失高）。当然，在不同理论下进行绩效损失对比的理论意义在于可以解释绩效的测不准特性，比如，在以"3E"为核心的新公共管理理论下，没有测出绩效损失的公共项目在 PV-GPG 理论下可能存在绩效损失，这也在理论上回答了为什么一些绩效测度结果很高的公共项目却同公众的绩效感知不相符合的问题，原因在于测度所遵循的理论研究范式不同。具体来看，在传统理论下没有测出绩效损失的项目，在 PV-GPG 理论框架下可能测出绩效损失；传统理论认为不属于绩效损失指标的，在 PV-GPG 理论框架下可能属于绩效损失指标，而这种被漏测的指标恰恰有可能是社会公众关注的指标，是具体承载公共价值的指标，因此将基于公共价值的绩效损失指标全部纳入绩效损失测度体系是在 PV-GPG 理论下测度绩效损失的题中应有之义。而对比不同理论研究范式下绩效损失的实践意义在于，只有基于 PV-GPG 理论的绩效损失测度才是公共项目绩效最大化的前提。比如传统理论下的测度可以促进工具型绩效与部分使命型绩效的提升，但无法全面实现公共项目使命型绩效与权益型绩效的最大化。

从测度阶段看，三重约束理论虽然关注到了公共项目运行的全周期，但其绩效损失测度偏重于从工程学角度审视项目能否发挥作用，而淡化了对项目本身是否承载公众需求的测度，比如一些"面子工程"，虽然在三重约束理论下没有绩效损失，但毫无价值；新公共管理理论则过分关注对公共项目结果的测度，却忽视了在公共项目建设过程中已然发生了绩效损失的事实，另外，以顾客为导向的结果测度也不一定能体现更广泛的公众需要；PV-GPG 理论关注全周期的损失测度，并认为公共价值而非顾客的价值对全周期的绩效具有本质规定性。从测度指标看，三重约束理论下的绩效损失测度仅有的"时间""成本""质量"等三项指标无法测出公共项目全面的绩效损失，导致了过多的绩效损失漏测问题；新公共管理理论下以"经济"、"效率"与"效益"为核心的绩效损失测度指标，忽略了

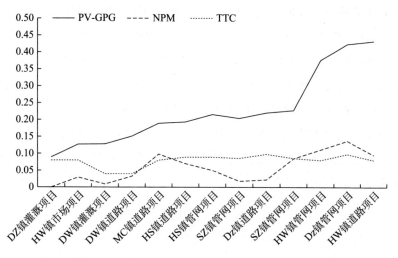

图 5 - 8　不同理论研究范式下绩效损失测度结果

资料来源：笔者自制。

更为重要的"相关性"与"可持续性"等结果指标和"回应""透明度"
"满意度"等过程指标，忽略前者的公共项目有合法性危机，而漏测后者
的公共项目会损害公信力。因此基于 PV-GPG 理论，可以更加准确地测度
公共项目的绩效与绩效损失，公共项目得以承载公共价值而回归公共性，
避免新公共管理理论与三重约束理论的不足。

本章小结

　　本章基于构建方法，选取案例公共项目，构建了包含三部分十个维度
25 项指标的测度指标体系，并以此为基础开展了实证测度。测度结果表
明，使命型绩效损失、权益型绩效损失与工具型绩效损失均在实践中存
在，其中使命型绩效损失处于核心位置，一旦出现较大程度的使命型绩效
损失，则可以判定公共项目因承载了错误的使命而失败；权益型绩效损失
不为公共项目的规制性文件所限定，因而不具有强制性，从理论上容易被
选择性忽视，在实践中容易造成漏测问题，但权益型绩效不可或缺并对其
他两种绩效有重要影响；工具型绩效损失最容易发生，它在三重约束理论
下的公共项目评估中被等同于全部绩效损失，但忽视另外两种绩效损失而

单纯测度工具型绩效损失毫无意义。基于 PV-GPG 理论测度的绩效损失要大于三重约束理论与新公共管理理论下的绩效损失，原因是基于三重约束理论的测度从工程学角度审视项目能否发挥作用，淡化了对项目是否承载公众需求的测度；而基于新公共管理理论的测度过分关注对项目结果的测度，忽视了在项目建设过程中已然发生绩效损失的事实。因此，基于 PV-GPG 理论的测度方法在一定程度上解决了公共项目绩效的测不准问题，绩效目标设定及绩效损失测度若没有基于公共价值，会造成对绩效的高估与对绩效损失的漏测。

第六章

公共项目绩效损失的影响因素与发生机理

第五章构建了公共项目绩效损失测度体系并实证测度了案例公共项目中的绩效损失。那么,"有哪些因素会影响绩效损失""它的发生机理与路径又是什么"是继而要关注的问题。PV-GPG 理论提出了社会价值建构、组织管理与协同领导系统的三个维度绩效损失治理框架,因此社会价值建构、组织管理与协同领导系统是影响绩效损失的核心要素,但每一核心要素所包含的具体因素尚未得到充分讨论。本章的主要内容有二:首先,在核心要素范畴下,采用结构化编码方法,提炼总结治理框架之下公共项目三类绩效损失的具体影响因素;其次,在影响因素确定的基础上,采用定性比较分析法,研究绩效损失的发生机理与路径。

第一节 研究设计

一 研究的方法立场

本章研究绩效损失影响因素所用的方法为扎根理论研究法,它作为质性研究法,主要通过系统收集、分析、提炼质性研究资料来建构理论,以形成解释研究问题的完整理论框架。理论框架的形成过程就是通过编码对研究资料的浓缩过程。选择扎根理论研究法的原因有二,一是当前文献对涉及本章主题的经验研究十分缺乏,而可供讨论、解释治理视角下公共项目绩效损失的影响因素和命题框架更乏善可陈;二是经过长期的公共项目评估与监测，研究者掌握了丰富的定性数据并同项目各级管理方维持了良好的合作关系。众所周知，通过分析多样化的定性数据来解释议题的影响因素问题正是扎根理论所擅长的。扎根理论研究法有自然浮现论、互动浮现论、参与建构论等三种流派，分别代表了格莱瑟（Glaser）的原始版本、施特劳斯（Strauss）的程序化版本以及查美斯（Charmaz）的建构主义理论版本。不同版本扎根理论的认识论与功能存在不同，因此也形成了不同的编码方式。一是自然编码，在流派上属于原始版本，旨在通过无理论干预的编码以建构全新的理论。二是结构化编码，在流派上属于程序化版本，它基于既有的理论框架，进行有预设的编码，目标在于提升理论水平，并进一步厘清理论的内涵与外延。PV-GPG 理论为本书提供了包含社会价值建构、组织管理、协同领导系统在内的导致绩效损失发生的完整解释框架，但在这一理论框架之下，三个维度的构成要素是不清晰的，因此，本章选用结构化方法进行编码，旨在构建公共项目绩效损失影响因素理论框架，细化 PV-GPG 理论。

本章研究绩效损失的发生机理所用的方法为 QCA 方法，① 选择 QCA 方法的原因如下。①QCA 方法适合研究分析定量研究的样本不够且定性案例太多的多案例研究（10 个至 60 个）。根据马克思（Marx）与杜萨（Dusa）的数据模拟结果，对包含 9 个前因条件的清晰集方法（CsQCA）

---

① 实际上，针对本部分的研究议题，可选择的研究方法有结构方程模型法与 QCA 定性比较分析法，两种方法各有其优点与缺点。笔者对两种方法均做了尝试，最终选择 QCA 方法。放弃结构方程模型法的原因如下。①案例数量限制。本部分想要实证探究公共项目绩效损失的影响因素及其交互作用，包含某种绩效损失的公共项目是基本的研究单元。结构方程模型大多采用问卷调查的方式获取数据，扬（Yung）和本特勒（Bentler）（1994）通过模拟研究提出，只有最小样本量为 2000 个，才可以获得满意的结果。因此用结构方程模型的最优选择是选取 2000 个以上公共项目案例，按照编制的公共项目绩效损失测度及治理体系，逐一做评价。但这种方法成本高昂而可操作性不强。次优选择是选取公共项目利益相关者进行问卷调查（本部分的前期试验中亦采取了这种办法），但问题是问卷对于构念的测量是基于感知的测度，与公共项目实际情况往往差别巨大。②研究目标限制。本部分不能仅限于假设检验，更要厘清公共项目绩效损失发生的多重交互作用，因为绩效损失的发生可能有其充分条件和必要条件，并且会有不同的发生路径。采用结构方程模型对于验证因果在具有单纯调节、中介效应时是有用的，但在应对更为复杂的包含三个以上变量的多重交互作用时就无能为力了。另参见 R. Laughlin, J. Broadbent, "Re-designing Fourth Generation Evaluation: An Evaluation Model for the Public-sector Reforms in the UK?" *Evaluation*, Vol. 2, No. 4 (1996): 431 – 451。

而言，案例数量要相对更多。① 本部分排除具有多类绩效损失与不存在绩效损失的研究案例后，共计纳入 31 个研究案例，② 满足这一条件。这种方法可以解释样本量不大的因果关系问题，并且，不是因为有太多影响社会现象发生的变量，而是因为不同的变量会组合起来以某些方式产生一个特定的结果。③ 简言之：什么样的前因组合会导致什么样的后果是 QCA 方法可以研究的关键问题。社会科学研究中的许多命题可以用集合之间的隶属关系来表述，如果将绩效损失看作一个完整集合，那么引发绩效损失的诸多原因，就是这个集合的不同子集。②QCA 方法致力于解释"多重并发因果"诱致的复杂、多路径社会议题，首先，案例中同一结果的发生，可能是多种原因导致的。其次，案例中的因果关系并不是线性的，而是复杂交织的。绩效损失发生的路径不是唯一的，可能存在多条等效路径，而处理复杂的多路径选择问题正是 QCA 方法所擅长的。综合以上原因，本书选用 QCA 方法，将公共项目案例样本中的各前因变量及结果变量按照"二分归属"（binary membership）原则标定。④ 需要强调，集合隶属度与统计学中取值在 0、1 之间的定距变量（比如 GDP）或定序变量（比如问卷题项得分）的含义与作用不尽相同：定距变量与定序变量通常需要用绝对精确的数据或量表测度，旨在验证前因变量对结果变量的细微影响，即发现"有什么样的关系""影响了多少"等"程度"问题。而 CsQCA 方法则根据既有的理论文献或规范推导、总结、归纳出前因条件组合，明确设定前因变

① A. Marx, A. Dusa, "Crisp-Set Qualitative Comparative Analysis（CsQCA）, Contradictions and Consistency Benchmarks for Model Specification," *Methodological Innovations Online*, Vol. 6, No. 2（2011）: 103 – 148.

② 此处的 31 个子项目除了第三章的 13 个子项目外，还有 18 个子项目被纳入。截至本书完成时，由于这 18 个子项目接近但尚未完工，不能将其纳入第三章进行相对完整与精确的绩效损失测度。但就研究者掌握的资料，对公共项目是否存在绩效损失、主要存在何种类型的绩效损失等关键问题是可以做出 0 - 1 判定的，这也符合定性比较分析方法的使用规范，因此在本章纳入更多的子项目。

③ C. Wagemann, C. Q. Schneider, "Qualitative Comparative Analysis（QCA）and Fuzzy-sets: Agenda for a Research Approach and a Data Analysis Technique," *Comparative Sociology*, Vol. 9, No. 3（2010）: 376 – 396.

④ C. C. Ragin, S. I. Strand, "Using Qualitative Comparative Analysis to Study Causal Order Comment on Caren and Panofsky," *Sociological Methods & Research*, Vol. 36, No. 4（2008）: 431 – 441.

量与结果变量的隶属度标准，不去追求细微影响，而是将可能的"因果"影响纳入分析，旨在发现"是否影响""什么样的组合会影响"等"是否"问题。

二 研究步骤

（一）质性数据收集

本章基于中国利用世界银行建设农村经济综合开发示范镇项目，采用深度访谈法进行质性数据的收集。深度访谈是扎根理论最常用的方法，它通过结构化或半结构化的访谈形式，对被访对象进行一对一或者多对一的访谈。强调通过被访对象对研究场景的观察、回忆、还原与思考来逐渐剖析研究问题，追溯问题发生的过程、原因与机理。与定量研究以概率抽样不同，定性研究更多是目的抽样，因为访谈对象直接决定质性研究资料的质量，是研究成败的关键。为了更加清晰地探究绩效损失的发生因素及影响机理，本部分的抽样遵循"世界银行—省—市—县（区）—镇"五个维度，访谈对象涵盖了世界银行驻华代表处、省发改委世界银行项目办、市政府负责世界银行项目的相关职能部门、县（区）项目协调领导小组、县（区）项目办公室等五级项目管理机构，也包含了其他项目监测机构，详见表 6－1。

表 6－1　案例访谈对象

编号	所在地区	职务	项目兼职	访谈方式
1	××省	省发改委主任科员	××省世界银行项目秘书	个人深度访谈
2	××省	省发改委科长	××省世界银行项目秘书	个人深度访谈
3	××省	省发改委科长	××省世界银行项目经理	个人深度访谈
4	MJ 区 GQ 镇	区发改局局长	项目办主任、项目协调领导小组成员	个人深度访谈
5	MJ 区 GQ 镇	项目办公室主任	项目专干	个人深度访谈
6	QZ 区 ZJ 镇	县发改局局长	项目办主任、项目协调领导小组成员	个人深度访谈
7	QZ 区 ZJ 镇	项目办公室主任	项目专干	个人深度访谈
8	M 县 MC 镇	项目办公室主任	项目专干	个人深度访谈
9	LT 县 SZ 镇	项目办公室主任	项目专干	个人深度访谈

续表

编号	所在地区	职务	项目兼职	访谈方式
10	LT 县 SZ 镇	SZ 镇会计	项目会计	个人深度访谈
11	XF 区 Dz 镇	市发改局局长	项目协调领导小组成员	个人深度访谈
12	XF 区 Dz 镇	镇党委书记	项目办主任	个人深度访谈
13	XF 区 Dz 镇	项目办公室主任	项目专干	个人深度访谈
14	GZ 区 DZ 镇	纪委书记	项目办副主任	焦点小组访谈
15	GZ 区 DZ 镇	项目办公室主任	项目专干	个人深度访谈
16	SN 县 HW 镇	县建设局局长	项目办主任、项目协调领导小组成员	焦点小组访谈
17	SN 县 HW 镇	项目办公室主任	项目专干	焦点小组访谈
18	SN 县 HW 镇	县财政局会计	项目会计	个人深度访谈
19	SN 县 HW 镇	县农牧局主任	项目专干	个人深度访谈
20	YM 市 HH 镇	镇长	项目办主任	个人深度访谈
21	YM 市 HH 镇	项目办公室主任	项目专干	个人深度访谈
22	DH 市 QL 镇	镇长	项目办主任	个人深度访谈
23	DH 市 QL 镇	项目办公室主任	项目专干	个人深度访谈
24	JT 县 HH 镇	镇党委副书记	项目办副主任	个人深度访谈
25	JT 县 HH 镇	项目办公室主任	项目专干	个人深度访谈
26	JY 县 DW 镇	项目办公室主任	项目专干	个人深度访谈
27	××大学	××大学移民中心专家	移民安置监测专家	个人深度访谈
28	世界银行	××局项目经理	世界银行项目评价专家	便利性访谈
29	××省	农科院专家	××省世界银行项目监测专家	便利性访谈
30	××省	×××省委党校专家	外部监测机构专家	便利性访谈
31	世界银行	××局专家	世界银行项目评价专家	便利性访谈

资料来源：笔者自制。

　　针对本部分议题，研究者专门于 2017 年 7 月、2017 年 11 月、2018 年 7 月，赴三省共 20 个项目地开展为期 40 天的实地调研。在调研中主要采用个人深度访谈、焦点小组访谈及便利性访谈的方式进行定性资料的收集。以表 6-2 的访谈提纲为主体，访谈 31 人共 55 人次（随着研究的推进，研究者又设计了附录 E 所示的访谈提纲，对部分被访对象进行回访，以进一步挖掘关键信息），平均访谈时间约 1 小时，共形成 50 余小时的访谈录音（经受访者同意），无法录音部分通过访谈笔记进行整理，资料整理总共耗时 240 小时，最终整理形成 35 万字的访谈逐字稿。需要强调，考虑到绩效损失作为理论建构的概念，不能为访谈对象所直接理解，所以采取结构化访谈的方式对绩效损失及其影响因素开展访谈。为聚焦研究议题，提高研究信度、效度，在具体访谈之前，访谈小组均会针对每一类别的绩效损失进行阐述与举例，直至访谈对象完全理解理论意涵后，再开始访谈。此外，本章还掌握有诸如附录 C 中的其他质性研究资料，用于进行资料补充与三角验证。

表 6 - 2　访谈提纲

问题层次		具体问题与访谈过程	设置原因
第一层次	1	当前公共项目进展顺利吗？	❖ 引导被访者进入状态 ❖ 提炼三类绩效损失的表征
	2	公共项目全周期存在哪些问题？	
	3	公共项目效果如何，达到预期了吗？	
	4	老百姓满意吗，存在冲突吗？	
第二层次	5	使命型绩效损失是指……您认为导致它发生的原因是什么？	❖ 利用上一层次的要点带入 ❖ 解释三类绩效损失 ❖ 受访者理解三类绩效损失 ❖ 分别寻找损失发生原因
	6	工具型绩效损失是指……您认为导致它发生的原因是什么？	
	7	权益型绩效损失是指……您认为导致它发生的原因是什么？	
第三层次	8	除了以上您提到的原因，以下因素您认为在本项目中存在吗？	❖ 防止原因遗漏 ❖ 增加要素饱和度

资料来源：笔者自制。

（二）通过共识性编码构建影响因素理论模型，并提出研究假设

本章的定性数据主要采用 Nvivo10 软件进行分析。首先，采用结构化的方法进行编码。具体操作步骤为：第一，对定性资料进行逐句开放式编码，根据原文并结合研究者理解进行归纳，将初始概念范畴化；第二，根据一定的典范（paradigm）来进行主轴编码以归类和整理开放式编码所获得的范畴，本章的最初典范来源于文献当中梳理的 27 个造成项目失败的因素，如果不涵盖，则在此基础上进行因素扩充；第三，提炼整合各种典范并进行选择性编码以形成主范畴，并将主范畴纳入 PV-GPG 理论分析框架

以形成公共项目绩效损失影响因素的理论框架；第四，进行理论饱和度、信度、效度检验，先选取 3/4 的样本完成上述三个编码步骤，再使用另外 1/4 的样本完成理论饱和度检验，另外，信度检验通过随机抽取 6 个节点的 20 段文本，依据"同一编码员不同时间"与"不同编码员"两种方式完成，最后，本研究通过多数据来源和成员检视的方式提升效度，详见表 6 - 3。依据编码结果，构建绩效损失影响因素理论模型，并依据模型中可能存在的因果关系，提出研究假设。

表 6 - 3　扎根理论各阶段操作流程

扎根理论各阶段	各阶段目标	操作流程
开放式编码	自由节点编码，将初始概念范畴化	研究者对质性研究资料进行分析编码
主轴编码	依据典范进行树节点编码，形成次要范畴	研究者基于自由节点，对照 27 个典范，进行编码
选择性编码	进行选择性编码，形成主范畴	对次要范畴进行提炼总结，生成主范畴，并纳入 PV-GPG 理论框架
理论饱和度、信度、效度检验	防止遗漏范畴	基于剩余 1/4 研究资料，进行检验

资料来源：笔者自制。

（三）构建清晰集真值表

根据开展公共项目监测评估实践超过两年、参与过全部案例项目的一线调研、参与过案例项目的研究报告撰写、与公共项目实施机构（或个人）没有任何的私人关联等四个原则，组建七人研究团队；研究团队通过焦点小组讨论、关键诊断性问题（见表 6 - 4）、监测报告、调研报告等多来源多渠道获取一、二手数据，根据编码与判定流程（见图 6 - 1），对通过影响因素模型提取的公众参与、调查研究、资源禀赋、激励体系、项目设计、流程管理、冲突、沟通、价值共识等九个前因解释变量与案例的绩效损失类型进行隶属度标定，保证标定结果的无偏性、高效度、可验证、能复制，并依据标定结果进行校准赋值，得到清晰集真值表，以此为定性比较分析的数据基础（见表 6 - 5）。

表 6 - 4 关键诊断性问题

维度	变量	序号	关键诊断性问题	判定	
				是	否
社会价值建构	公众参与	1	本地民众参与本项目的积极性比较高？		
		2	建设项目之前，广泛征求了公众意见？		
		3	公众对项目中有任何问题都可以向管理方反馈？		
		4	公众对项目的集体意见已经纳入项目决策当中？		
	调查研究	5	建设什么样的项目，要经过广泛的调查研究？		
		6	调查研究之后撰写了全面的调查报告？		
		7	调查报告中反映的情况基本落实到项目中？		
	资源禀赋	8	项目建设充分考虑到了当地资源禀赋问题？		
		9	项目不存在资金缺乏的问题？		
		10	项目与当前本地所处的发展阶段相匹配吗？		
		11	项目不存在土地规划等问题？		
组织管理	激励体系	12	通过本项目，项目管理人员会有更大的晋升机会？		
		13	通过本项目，项目管理人员会有更多的收入？		
		14	有项目管理问题，项目管理人员会遭到问责？		
		15	项目关键管理人员没有变更？		
		16	项目关键管理人员能力很好？		
	项目设计	17	项目设计没有缺陷？		
		18	项目有与回应、透明度有关的制度设计吗？		
	流程管理	19	监理机构发挥了有效的作用？		
		20	投标很规范，没有外部因素干扰？		
		21	项目严格按照管理手册进行管理？		
		22	项目签署的合同得到了规范执行？		
协同领导系统	冲突	23	项目管理人员的关系融洽吗？		
		24	项目管理人员关于项目工作没有任务分歧？		
		25	项目管理方与项目供应方之间没有冲突？		
		26	项目管理方与项目受益目标群体没有冲突？		
		27	项目供应方与项目受益目标群体没有冲突？		
		28	成员对于实现任务的路径没有意见？		
	沟通	29	整个项目管理系统有正式的沟通机制？		
		30	项目管理方与外部利益相关者有正式的沟通机制？		
		31	通过正式的沟通机制，各方的沟通是及时的？		

续表

维度	变量	序号	关键诊断性问题	判定	
				是	否
协同领导系统	沟通	32	通过正式的沟通机制，各方的沟通是透明的？		
		33	能够在正式场合沟通解决问题？		
	价值共识	34	上下级关于项目要实现什么价值达成一致？		
		35	内外部关于项目要实现什么价值达成一致？		
		36	公众关于项目要实现什么价值达成一致？		
绩效损失	使命型绩效损失	37	项目与国家战略不太相关？		
		38	项目与本地的需求不太相关？		
		39	在未来，我不看好项目持续发挥作用？		
		40	项目目标没有达到预期？		
	权益型绩效损失	41	项目透明度方面做得不好？		
		42	全过程无法积极回应公众诉求？		
		43	公众对项目不满意？		
	工具型绩效损失	44	本项目竣工时间超过了预定日期？		
		45	本项目的建设、运营、维护成本超过了预期？		
		46	本项目存在某种程度的质量问题吗？		
		47	项目执行期间存在安全问题吗？		

资料来源：笔者自制。

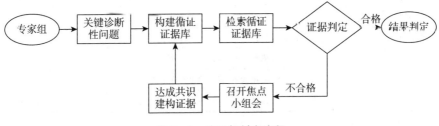

图 6 - 1　编码与判定流程

（四）进行单因素必要性分析与假设检验

使用 fsQCA 软件的 CsQCA 模块分析 31 个公共项目的真值表（见表 6 - 6），对三类绩效损失案例逐一进行单因素必要性分析与系列假设检验，以分析前因解释变量的必要性。从集合论的视角来看，可以构成充分性前

表 6 – 5　变量与赋值

变量类别		变量名称	变量数据	赋值
前因变量	社会价值建构	公众参与缺乏（C_1）	依据表 6 - 4，诊断出的问题大于等于 2 个	1
			依据表 6 - 4，诊断出的问题小于 2 个	0
		调查研究缺乏（C_8）	依据表 6 - 4，诊断出问题	1
			依据表 6 - 4，没有诊断出问题	0
		资源禀赋不足（C_3）	依据表 6 - 4，诊断出问题	1
			依据表 6 - 4，没有诊断出问题	0
	组织管理	激励体系问题（C_4）	依据表 6 - 4，诊断出的问题大于等于 2 个	1
			依据表 6 - 4，诊断出的问题小于 2 个	0
		项目设计问题（C_2）	依据表 6 - 4，诊断出问题	1
			依据表 6 - 4，没有诊断出问题	0
		流程管理问题（C_5）	依据表 6 - 4，诊断出的问题大于等于 2 个	1
			依据表 6 - 4，诊断出的问题小于 2 个	0
	协同领导系统	冲突问题（C_6）	依据表 6 - 4，诊断出的问题大于等于 2 个	1
			依据表 6 - 4，诊断出的问题小于 2 个	0
		沟通问题（C_7）	依据表 6 - 4，诊断出的问题大于等于 2 个	1
			依据表 6 - 4，诊断出的问题小于 2 个	0
		缺乏价值共识（C_9）	依据表 6 - 4，诊断出的问题大于等于 2 个	1
			依据表 6 - 4，诊断出的问题小于 2 个	0
结果变量	绩效损失	使命型绩效损失（$loss_1$）	依据表 6 - 4，诊断出的问题大于等于 2 个	1
			依据表 6 - 4，诊断出的问题小于 2 个	0
		权益型绩效损失（$loss_2$）	依据表 6 - 4，诊断出的问题大于等于 1 个	1
			依据表 6 - 4，没有诊断出问题	0
		工具型绩效损失（$loss_3$）	依据表 6 - 4，诊断出的问题大于等于 2 个	1
			依据表 6 - 4，诊断出的问题小于 2 个	0

资料来源：笔者自制。

因解释变量的集合一定是它所对应的结果变量集合的子集①，可以用公式表示为 $consistency(X_i \le Y_i) = \sum [\min(X_i, Y_i)] / \sum (X_i)$。在集合论中，构成

---

① 王凤彬、江鸿、王璁：《央企集团管控架构的演进：战略决定、制度引致还是路径依赖？——一项定性比较分析（QCA）尝试》，《管理世界》2014 年第 12 期。

表 6-6 前因变量、结果变量清晰集真值值

序号	名称	C_1	C_8	C_3	C_2	C_9	$loss_1$	C_1	C_4	C_2	C_5	C_6	C_9	$loss_2$	C_1	C_3	C_4	C_2	C_5	C_6	C_7	$loss_3$
Case1	DW 镇道路项目	0	0	0	1	0	0	0	1	1	0	0	0	1	0	0	1	1	0	0	0	1
Case2	DW 镇市场项目	0	0	0	0	0	0	0	1	1	0	1	0	1	0	0	1	0	0	1	0	1
Case3	DW 镇渠道项目	0	0	0	0	0	0	0	1	0	1	1	0	0	0	0	0	0	1	1	0	1
Case4	HS 镇道路项目	0	0	0	1	0	0	0	1	1	1	1	0	1	0	0	1	1	1	1	1	1
Case5	HS 镇管网项目	0	0	0	0	1	0	0	0	0	0	1	0	1	0	0	0	0	1	0	1	0
Case6	GQ 镇市场项目	0	0	1	0	0	0	0	1	1	1	1	0	0	0	0	0	0	1	1	0	1
Case7	GQ 镇灌溉项目	0	0	0	0	0	0	0	1	0	0	0	0	0	0	0	1	1	0	0	0	1
Case8	ZJ 镇灌溉项目	0	0	1	0	0	0	1	1	1	1	1	0	0	0	0	1	0	1	0	0	1
Case9	ZJ 镇市场项目	0	0	1	0	0	0	0	1	1	0	0	0	0	0	0	0	0	1	0	0	1
Case10	ZJ 镇道路项目	1	1	1	0	0	1	1	0	1	0	1	0	0	1	1	0	0	0	0	0	0
Case11	MX 镇市场项目	0	0	0	0	0	0	0	1	1	1	1	0	0	0	0	0	0	0	0	0	0
Case12	MX 镇道路项目	0	0	0	0	0	0	0	1	1	0	1	0	0	0	0	1	1	0	1	0	1
Case13	MX 镇管网项目	0	1	0	0	1	1	0	1	1	0	1	1	0	0	0	1	1	1	0	0	1
Case14	WF 镇道路项目	0	1	1	1	0	1	0	1	1	0	0	1	1	0	0	0	0	0	0	0	0
Case15	SZ 镇道路项目	1	1	1	0	0	0	1	1	1	0	1	0	1	1	1	1	0	0	0	0	0
Case16	SZ 镇市场项目	1	1	1	0	0	1	0	1	0	0	0	0	0	0	1	0	0	0	0	0	0
Case17	Dz 镇道路项目	1	0	0	1	0	1	0	1	0	0	1	0	1	0	1	1	0	0	1	0	1
Case18	Dz 镇市场项目	1	0	0	1	0	0	0	1	1	0	1	0	1	0	1	0	1	0	1	0	1
Case19	DZ 镇道路项目	0	0	0	1	0	1	0	1	0	0	0	1	1	0	0	1	0	1	0	0	1

续表

序号	名称	C_1	C_8	C_3	C_2	C_9	$loss_1$	C_1	C_4	C_2	C_5	C_6	C_9	$loss_2$	C_1	C_3	C_4	C_2	C_5	C_6	C_7	$loss_3$
Case20	DZ 镇渠道项目	0	0	0	1	0	0	0	1	1	0	0	0	1	0	0	1	1	0	0	0	0
Case21	DZ 镇市场项目	0	1	1	1	1	0	0	0	0	0	0	1	0	0	1	0	1	0	1	0	1
Case22	HW 镇市场项目	0	0	0	1	0	1	0	0	0	0	0	0	0	0	0	0	0	0	0	1	0
Case23	HW 镇道路项目	1	1	1	0	1	0	1	1	0	0	0	1	0	1	1	1	0	0	0	0	0
Case24	HW 镇管网项目	1	0	0	0	0	1	1	0	0	0	0	0	1	1	0	1	0	0	0	0	0
Case25	HH 镇道路项目	1	0	0	0	1	0	1	1	1	0	0	0	0	1	0	1	1	0	1	0	1
Case26	HH 镇市场项目	1	1	0	0	0	1	0	0	0	0	0	0	1	0	0	0	1	0	0	0	0
Case27	QL 镇市场项目	0	0	1	0	0	0	0	1	1	0	0	0	0	0	1	0	1	0	1	0	1
Case28	QL 镇道路项目	0	0	0	1	0	1	1	0	0	0	0	0	0	0	0	0	0	0	0	0	0
Case29	QL 镇渠道项目	0	0	1	0	1	0	0	0	1	0	0	0	0	1	1	0	0	0	0	0	0
Case30	DW 镇培训项目	1	0	0	0	1	1	1	0	0	0	0	0	0	0	0	0	1	1	1	0	0
Case31	QL 镇培训项目	1	0	0	0	1	1	1	1	0	0	0	1	0	1	0	0	0	0	0	0	1

资料来源：笔者自制。

必要性前因解释变量的集合一定是包含其所对应结果变量的集合，可以用公式表达为 $consistency(Y_i \leqslant X_i) = \sum [\min(X_i, Y_i)] / \sum (Y_i)$。具体含义是，前因变量是结果变量出现的必要条件之一。判别标准在于每个前因变量的一致性（consistency）与覆盖率（coverage）。其中一致性衡量了每个前因变量以及整个前因变量集合是结果集合的子集的程度，指前因变量在多大程度上构成结果变量的条件，即什么样的因素会构成公共项目绩效损失发生的条件。覆盖率则衡量了每个前因变量在多大程度上覆盖（或解释）了结果。[①]

（五）发生机理与路径分析

单因素必要性分析常常出现的结果是，任何单一前因变量均不能充分导致任何一种绩效损失的发生，因此需要进行多因素组合分析以明确"在什么因素的交互作用下才会发生绩效损失""发生路径是什么"等关键性问题。具体步骤为，利用 fsQCA 软件对三类绩效损失案例逐一进行多因素组合的交互作用分析与路径分析。在组合分析中，设定最小案例阈值为 1，代表不能解释案例的前因变量组合将被剔除，按照综合设定一致性门槛的经验标准，设定吻合度阈值为 0.75。[②] 然后通过筛选后的真值表，判断前因变量组合是否可以覆盖大多数绩效损失案例。在具体的分析模式选择上，依照惯例，选取复杂解（complex solution），原因在于复杂解能够排除几乎所有的反事实组合。然后，根据分析结果进行分析。这里对下文会出现的符号做简要说明："*"代表"且"，"+"代表"或"，"~"代表"无"。

第二节　绩效损失的影响因素

一　使命型绩效损失的影响因素

（一）社会价值建构

公共项目需要充分的社会价值建构过程，它既强调充分的公众参与，

---

① 毛湛文：《定性比较分析（QCA）与新闻传播学研究》，《国际新闻界》2016 年第 4 期。

② 郝瑾、王凤彬、王璁：《海外子公司角色分类及其与管控方式的匹配效应——一项双层多案例定性比较分析》，《管理世界》2017 年第 10 期。

又关注各种制约项目建设与运营的外部因素。它通过公共价值理念的承载、目标的实现与可持续来完成使命，减少使命型绩效损失，社会价值建构是导致此类绩效损失发生的必要条件。根据扎根理论的编码结果，公众参与缺乏、调查研究缺乏、项目所需的资源禀赋不足会导致第一类绩效损失的发生。

尽管公共项目管理者已经意识到公众参与在促进公共项目绩效方面的重要作用，但他们常常无法设计有效的公众参与程序。[①] 质性分析印证了这一结果，公众参与的阶段越早、越充分，公共项目承载的使命越正确，使命型绩效损失越小。但在部分案例项目中，公众缺乏实质性参与，没有充分表达自身需求，没有完全将公众的需求内化为公共项目的使命，在这种背景下，出现公共项目与公众需求的相关性偏离进而引发使命型绩效损失也就不足为奇了。

> 我觉得以××区项目的情况来说，我们的这个公众参与主要是在立项前期和实施过程中，开听证会，让他们表达意见（DZ201）。
> 公民必须参与，这是给他们建的，但他们参与的积极性不高。在形式上，我们通过村委会、村民代表来组织，一起论证项目的用途、建设的必要性、规划选址等，这都是我们、村委会和老百姓一起沟通（DZ118）。
> 如果你完全根据老百姓的想法，因为时间和资源的限制，项目不一定能落地（HW120）。
> 像好多事情，县上也尝试过，项目让老百姓说了就算，愿意表达意见的公众不多（HW123）。
> 学者们占了 1/4，主要还是领导集体决策（HW128）。

在确定公共项目的使命承载时，项目管理方没有充分调查研究这一建构过程，也会使项目承载错误概念。具体表现在两个方面，一是完全没有

---

① John M. Bryson, Carissa Schively Slotterback et al. , "Designing Public Participation Processes," *Public Administration Review*, Vol. 73, No. 1 (2013): 23 – 34.

调查社会优先项，在这种情况下，公共项目使命承载更多体现决策者的主观意志与政绩观，一旦出现政绩观错位，则容易导致重项目建设轻项目效益的问题出现；二是社会优先项复杂，具有不清晰特性，在调研不充分的情况下，无法预料项目全周期的产业发展蓝图。一些公共项目面临的社会经济环境复杂，无法看清项目前景，而理应经过充分论证才能决定项目使命。然而决策者虽然美其名曰调研，但流于形式，将其视为程序合法性的一个必要环节，而非决定项目正确使命进而具备实质合法性的必备工具。因此，调查研究缺乏会导致项目的弱相关性、效益损失与可持续性问题。

　　会做一些调研，但有了项目都会大干快上，当时产业发展还不错，而且县上打造了一个×××加工基地，打算把×××作为主导产业扶持，该项目是作为其附属项目配套的（HW101）。

　　有些事情谁也想不到，非常复杂，因为当时想得很好，领导也想不到后来普遍整个行业都发生了严重问题，当然，并不只是这个行业，各行各业生意都难做（HW102）。

　　说实话，那个东西不研究都知道产量大，其实价格哪有那么高的，对项目建设没影响，但对项目原来的预期有影响，带动产业的作用并不是很大（HW103）。

项目所需的资源禀赋不足表现在公共项目管理者在项目规划前期未掌握项目成功所需要的资源条件，或者由于"显示政绩的目的"而故意虚构项目所欠缺的资金、土地等外部条件，并且在项目可行性研究报告中夸大项目预期建设效益。在这种情况下，项目的效益指标成为注定无法实现的目标，而忽略了资源禀赋问题，项目的可持续性也就无法保证，出现使命型绩效损失在所难免（见表6-7）。

　　现在面临环境压力与发展之间的矛盾，原来这个公共项目做了旅游开发项目的配套，外部环境发生变化，现有的资源禀赋不能够配套如此大规模的开发，没有游客来，当然项目也就没有发挥预期的作用

（HW121）。

县级财政存在一定程度的缺口，当初为了发展，争取把这个项目拿下，现在由于资金不足，不得不申请削减一部分项目内容。其实，这种项目在资金充裕的情况下申请到，能够取得更好的效果。2019 年就要开始还款了，现在县上的还款压力很大（HS105）。

俗话说得好，守着多大的碗，吃多大的饭，在当初财政资金很紧张的情况下申请到了项目，现在配套资金的问题解决起来还是比较困难（HW132）。

表 6-7   使命型绩效损失社会价值建构类因素编码

理论框架	主范畴	次要范畴	开放性编码
社会价值建构	C_1公众参与缺乏	a_{26} 重要阶段的公众参与缺乏	a_{261}公众未参与立项 a_{262}公众未参与实施 a_{266}公众未参与监督
		a_{27}公众抗争性参与	a_{267}公众为个人利益抗争性参与 a_{269}公众为集体利益抗争性参与 a_{270}公众通过村支书表达抗争
	C_8调查研究缺乏	a_{28} 没有调查社会优先项	a_{264}当初建设项目时没有充分调查本地最重要的产业是什么
		a_{29}社会优先项复杂且具有不清晰特性	a_{268}被世界银行资金支持的产业是不清晰的，很难被确定 a_{265}本地产业非常复杂，而且计划者不可能了解全部并预料以后发生的事
	C_3资源禀赋不足	a_{15}关键条件缺失	a_{155}申请时不掌握项目完成所需要的资源 a_{273}项目执行时外部环境改变

资料来源：笔者自制。

（二）组织管理

组织管理是建立在科学管理基础上的组织过程,[1] 这包括绩效计划、

---

[1]   王学军、马翔：《政府绩效生成路径：新范式下的理论及其解释》，《上海行政学院学报》2015 年第 4 期。

组织模式、绩效激励、绩效控制等内容。[①] 在 PV-GPG 理论下，社会价值建构是为了确保公共项目绩效的无偏与在轨，而组织管理过程则确保项目绩效在既定轨道上有效率地产生。质性分析发现，组织管理中的项目设计问题同样会引发使命型绩效损失。与缺乏社会价值建构所引发的承载了错误使命的使命型绩效损失不同，组织管理所引发的使命型绩效损失是在项目具有与公众需求高度相关性的背景下产生的，换言之，项目本身是符合发展战略的，也是符合公众需要的，但由于项目组织管理中的项目设计与流程管理问题而没有能够实现预期效益，进而引发使命型绩效损失（见表 6 - 8）。

这个是当初设计院设计的时候，设计漏项了，现在钱花了，事情没干完，所以效果也没预期好（SZ101）。

评标漏洞，当时做工程量清单的时候漏项，并且设计不是很合理，造成了后面工程的各种扯皮，附属设施没法安装，地下管网常常堵塞，原来的技术参数无法实现（HS210）。

表 6 - 8　使命型绩效损失组织管理类因素编码

理论框架	主范畴	次要范畴	开放性编码
组织管理	C_2 项目设计问题	a_{137} 项目设计缺陷	a_{141} 通过评估但设计不合理 a_{151} 项目设计不合理，未通过前期评估 a_{170} 土地手续 a_{171} 水源地保护 a_{159} 对于可能出现的技术问题未能做出回答

资料来源：笔者自制。

（三）协同领导系统

如前文所述，公共项目的协同领导系统是为了解决项目全周期中各种类型的冲突问题并在社会、战略、政治体系的交互过程中凝聚共识、传导

[①]　包国宪、〔美〕道格拉斯·摩根：《政府绩效管理学——以公共价值为基础的政府绩效治理论与方法》，高等教育出版社，2015。

价值。质性分析发现，案例项目中所涉及的冲突问题、沟通问题没有导致使命型绩效损失，而项目价值未达成共识则可能会导致使命型绩效损失产生。与缺乏社会价值建构导致的使命型绩效损失的表现相似，协同领导系统所导致的使命型绩效损失同样表现为公共项目承载了错误的使命与项目的不可持续，但引发的原因有所差异，前者更多由公众参与缺乏与调查研究缺乏导致，后者则是由管理系统内部之间、公众与管理系统之间对于项目价值的认知差异所导致的，具体来看，没有价值共识会导致项目的相关性偏离，因为它只能承载部分利益相关者（大多数是决策者）的价值偏好，而弱化了相关性，项目的效益与可持续性也就无法保证（见表6－9）。

> 这个项目属于全县战略的一部分，项目一旦出现了战略目标的偏离就非常棘手，项目办即使有不同意见，也无法决定项目用途，发言权比较有限（HW191）。

> 其实老百姓也有不同意见，因为都知道××是不值钱的，在市场需求没有打开的情况下单纯靠扶持很难发展起来，项目来配这个产业，本身就可能是个错误，我们也没有办法左右（HW179）。

表6－9　使命型绩效损失协同领导系统类因素编码

理论框架	主范畴	次要范畴	开放性编码
协同领导系统	C_9缺乏价值共识	a_{241}上下级关于项目价值未达成一致	a_{263}属于全县战略的一部分，项目办无法决定项目 a_{273}尽管内部有争议，但老百姓当初没反对现在却不满意
		a_{25}内外部关于项目价值未达成一致	a_{179}公众当初有不同意见，现在更不满意

资料来源：笔者自制。

二　权益型绩效损失的影响因素

（一）社会价值建构

公众参与缺乏会引发使命型绩效损失，导致项目无法承载和完成使命，质性研究发现，公众参与缺乏同样还会引发权益型绩效损失。首先，公众参与缺乏会导致公共项目透明度不高。换言之，降低参与门槛，使公众得以参与公共项目运行周期的全过程相当于赋予了公众外部监督权，倒逼政府提高透明度。其次，公众参与缺乏会引起公共项目满意度不高问题，公共项目运作是个复杂的系统工程，涉及各类利益相关者，参与可以增进公众对项目决策与运行的理解，提高公众满意度。因此，公众参与缺乏会导致权益型绩效损失（见表6-10）。

　　重要的是因为老百姓可以反映问题，还可以避免问题，增加透明度，我们要给他们答复问题（DZ140）。

　　现在整个理念也是要提早做群众工作，给他们提供项目、培训等信息，防患于未然，要不然他们中间有任何质疑都会使事情变得更为复杂（DW130）。

　　公开透明非常重要，这样对群众也好，对政府也好，其实有一些征地的上访问题并不是程序出了问题，而是个别人质疑信息的不公开导致结果的不公平（MC107）。

　　公众有些时候不满意是因为不理解政府，其实他们要是我们也同样不好干，他们要是参与了，可能会好一些吧（HH129）。

表6-10　权益型绩效损失社会价值建构类因素编码

理论框架	主范畴	次要范畴	开放性编码
社会价值建构	C_1公众参与缺乏	a_{26}重要阶段的公众参与缺乏	a_{261}公众未参与立项 a_{262}公众未参与实施 a_{266}公众未参与监督
		a_{27}公众抗争性参与	a_{267}公众为个人利益抗争性参与 a_{269}公众为集体利益抗争性参与 a_{270}公众通过村支表达抗争

资料来源：笔者自制。

（二）组织管理

质性分析发现，组织管理问题会导致权益型绩效损失发生（见表6-

11）。对于公共项目管理方而言，存在一定程度的激励体系问题，表现为"回应与不回应一个样""满意与不满意一个样""透明与不透明一个样"，在这种情况下，积极回应、让公众满意、公开透明不仅不会带来额外的奖励激励，反而会增加成本，因此不回应、不公开与忽视满意度反倒是理性选择。激励制度中也没有对应的约束机制使管理方不会因为以上问题而面临问责压力。普遍存在的人力资源配备不足问题进一步加剧了这种选择趋势。

这个东西是这样，应该没有要求去做这些事情，而且做了这些事情很难得到与之相匹配的物质激励（ZJ131）。

这个好是好，从政策层面也有提倡，但因为没有纳入具体的绩效考核，在实际操作过程中对具体工作人员欠缺硬性约束（GQ108）。

跟这个项目的人很少，而且都是兼职，手上的活都干不完，哪有精力去做这些事情，更大的项目也没做过（DW102）。

表 6 - 11　权益型绩效损失组织管理类因素编码

理论框架	主范畴	次要范畴	开放性编码
组织管理	C_4激励 体系问题	a_{17}激励不足	a_{124}对项目办人员缺乏激励 a_{133}对项目协调领导小组缺乏激励 a_{134}对市发改委缺乏激励
		a_{18}压力问题	a_{126}对项目办压力大 a_{135}对市发改委缺乏压力 a_{136}对项目协调领导小组缺乏压力 a_{149}缺乏对项目办人员的强制压力 a_{160}市发改委、项目协调领导小组不愿意担责任
		a_{23}人力资源	a_{128}项目管理人员配备不足 a_{129}项目管理人员能力不足
	C_2项目 设计问题	a_{137}项目设计缺陷	a_{141}通过评估但设计不合理 a_{151}项目设计不合理，未通过前期评估 a_{170}土地手续 a_{171}水源地保护 a_{159}对于可能出现的技术问题未能做出回答

续表

理论框架	主范畴	次要范畴	开放性编码
组织管理	C_2项目 设计问题	a_{13}制度设计缺陷	a_{113}验收迟 a_{114}验收烦琐、推诿 a_{122}项目执行规范不完善、验收标准不明确 a_{189}没有制度安排做透明度、满意度调查
	C_5流程 管理问题	a_{125}缺乏有效监理 与监测	a_{174}监测不足 a_{175}缺乏监理

资料来源：笔者自制。

项目存在的各种设计缺陷均会引起项目建成后的各类问题，而任何问题的发生都会造成公众满意度降低。就制度设计来看，虽然公共项目管理方普遍认为权益型绩效非常重要，但因为没有明确的制度安排，诸如满意度不高等绩效损失容易被忽视。

老百姓最不满意的、反映问题最大的是下水道老堵，这个在设计的时候没考虑那么多，原来的下水管网就有问题，后来设计时没考虑进去，从一开始就落下病根子了（HS119）。

这个从项目协议书中是看不到的，没有做具体的说明，县上也没有要求，世界银行在理念层面有一些吧（WB100）。

就流程管理而言，现有的绩效监测体系与项目监理体系没有从一开始就关注回应、满意度和透明度，虽然在项目后期评估中，第三方监测机构将这类绩效损失纳入测度体系，但因为介入时间较晚，在测度时权益型绩效损失已经产生，没有起到预防的效果。

这个应该是你们关注的问题，我们负责项目建设，第三方评估去做满意度、幸福指数等，也会弄，也更客观（HW140）。

（三）协同领导系统

协同领导系统中的冲突问题、价值共识问题会造成满意度层面的权益型绩效损失。冲突，特别是关系冲突，与满意度负相关，与满意度绩效损失正相关。容易理解，缺乏价值共识会导致满意度低下。虽然公共项目中没有出现任何冲突，但公众与公共项目管理方对于项目的价值没有形成一致性认知，从而导致不同主体间承载公共价值的认知偏差（见表 6 – 12）。

开发商"跑路"是主要原因，如果后面有开发商接盘，还是能盘活这个项目，一部分公众不理解，认为现在项目没有人用就是"面子工程"，他们才不去管为什么会造成现在的状况（HW121）。

那是当时的决策，我们有不同意见也没有表达，现在老百姓有诉求、有疑问，我们要一一回复（HW128）。

公开应该是有要求吧，像是招投标、中标等都公开，其他也没有人要管这些事情（DZ132）。

表 6 – 12 权益型绩效损失协同领导系统类因素编码

理论框架	主范畴	次要范畴	开放性编码
协同领导系统	C_6 冲突问题	a_{21} 利益相关者冲突	a_{144} 与利益相关者存在冲突 a_{146} 项目协调领导小组内部冲突 a_{161} 征地、拆迁造成冲突
	C_9 缺乏价值共识	a_{241} 关于项目价值未达成一致	a_{179} 公众当初有些不同意见，现在更不满意

资料来源：笔者自制。

三 工具型绩效损失的影响因素

（一）社会价值建构

质性分析发现，社会价值建构问题不仅会导致使命型绩效损失与权益型绩效损失发生，还会导致工具型绩效损失发生（见表 6 – 13）。具体表现在公众参与缺乏与资源禀赋不足两个方面。首先，在公共项目建设过程中没有做好公众参与工作，容易引起公众的不理解，他们甚至采用抗争性的手段来干涉项目的建设与运营，影响项目的正常进展。如果项目涉及拆迁，则矛盾更加突出，由拆迁中的公众参与缺乏而造成的关系冲突、矛盾激化、干群对立甚至群体性事件，在现实中并不鲜见，在本书案例中也有表现，项目拖延、工程质量降低、成本超支等工具型绩效损失也会相伴而生。

公众参与还可以避免其他一些问题，比如说他们监督可以保证工程质量（DZ141）。

像修渠、修路这些事，牵扯农民的耕地，一定要把会开到位，争取老百姓的同意，否则就不会动工（Dz204）。

现在老百姓维权意识强得很，这是好事，如果项目对人家身体健康有影响的话，人家肯定不同意建设，去通过一些官方反馈渠道投诉或者反映（Dz205）。

表 6 – 13　工具型绩效损失社会价值建构类因素编码

理论框架	主范畴	次要范畴	开放性编码
社会价值建构	C_1公众参与缺乏	a_{26}重要阶段的公众参与缺乏	a_{261}公众未参与立项 a_{262}公众未参与实施
		a_{27}公众参与抗争	a_{267}公众为个人利益抗争性参与 a_{269}公众为集体利益抗争性参与 a_{270}公众通过村支书表达抗争
	C_3资源禀赋不足	a_{14}资金缺乏	a_{112}缺乏资金 a_{123}配套资金缺乏
		a_{15}关键条件缺失	a_{155}申请时不掌握项目完成所需要的资源 a_{273}项目执行时外部环境改变

资料来源：笔者自制。

其次，社会价值建构不充分还通过资源禀赋的范畴体现。项目因受既定资源禀赋制约而要求项目管理方必须量力而行，一旦超出自身能力限度，整个项目管理系统都会心余力绌，项目进度与质量问题不可避免。第一是资金缺乏，现有的资金不足以保证项目建设完工，而资金缺乏必然引发项目暂停施工，造成项目延宕。如果为节省成本而强行施工，则可能以牺牲工程质量为代价。

> 配套资金不可能给我们现金，只能把这个钱投到你的世界银行项目算成自筹资金（DZ101）。
>
> 配套资金还是存在极大的筹措困难，我们项目需要的 300 多万元配套资金截至目前只配套了 100 多万元（HS104）。
>
> 最主要的是配套资金问题。还差个两三百万元，还得找市里要钱，没钱工程就没法继续，质量也没保证（HH101）。

第二是关键条件缺失，项目申请时不掌握项目完成所需要的资源。在资源缺乏的情况下拿下项目，却仍然面临无法开工建设的现实条件，要满足这些条件需要时间来协调，进而造成进度延迟。

> 这是个教训，但是是普遍存在的问题，必须按照既定程序，在争取这个项目的时候，土地、财政等一系列问题要落实，并且土地用途要符合规划（MJ101）。
>
> 前期工作必须扎实，不能说为了争取项目把有些以后的环节减省，坚决不行，后面的事情更麻烦（MJ102）。

（二）组织管理

案例项目在组织管理方面存在的问题可能引发工具型绩效损失，项目设计问题、激励体系问题与流程管理问题是三个影响因素（见表 6 – 14）。首先通过项目设计问题范畴体现。这里讲的项目设计问题要从广义上理解，包括制度设计缺陷与项目设计缺陷两个层面。制度设计缺陷包括缺乏明确的验收规范、报账制度不稳定、权责划分不清晰。在这种情况下，部门之间的推诿扯皮就成为常态，建成却无法验收、验收却不承认的情况普遍存在，而在此期间，项目的运营管理显然需要成本，因此造成了项目延拖与成本超支。

表 6－14 工具型绩效损失组织管理类因素编码

理论框架	主范畴	次要范畴	开放性编码
组织管理	C_4 激励体系问题	a_{17} 激励不足	a_{124} 对项目办人员缺乏激励
			a_{133} 对项目协调领导小组缺乏激励
			a_{134} 对市发改委缺乏激励
		a_{18} 压力问题	a_{126} 对项目办压力大
			a_{135} 对市发改委缺乏压力
			a_{136} 对项目协调领导小组缺乏压力
			a_{149} 缺乏对项目办人员的强制压力
			a_{160} 市发改委、项目协调领导小组不愿意担责任
		a_{23} 人力资源	a_{128} 项目管理人员配备不足
			a_{129} 项目管理人员能力不足
	C_2 项目设计问题	a_{137} 项目设计缺陷	a_{141} 通过评估但设计不合理
			a_{151} 项目设计不合理，未通过前期评估
			a_{170} 土地手续
			a_{171} 水源地保护
			a_{159} 对于可能出现的技术问题未能做出回答
		a_{13} 制度设计缺陷	a_{113} 验收迟
			a_{114} 验收烦琐、推诿
			a_{122} 项目执行规范不完善、验收标准不明确
	C_5 流程管理问题	a_{125} 缺乏有效监理与监测	a_{174} 监测不足
			a_{175} 缺乏监理
		a_{24} 未掌握规范	a_{152} 项目规范—汇报机制未得到执行
		a_{156} 复杂因素	a_{172} 插手招标
			a_{173} 规矩意识太弱

资料来源：笔者自制。

没有明确规定谁先验、怎么验，因此验收程序等了一年多（DW101）。

一个项目两个不同的部门去审计，发现不同的问题，JY 县审计部门出个报告，省上审计部门又出个报告，是不是省的就否决了县的。这个项目的验收我不知道找谁验收去呢（DW104）。

施工方签证问题、项目管理规范问题、签证走什么程序、报款走什么程序、工程走什么程序，需要有明确的指导性的意见（DW105）。

2013 年主体工程就出来了，之后牵扯一个报账问题，当时是

83%，后来是 100%，报账制度变了（HS101）。

项目设计缺陷主要包括设计不合理未通过评估、通过评估但后期发现问题、未妥善办理相关手续。项目设计缺陷会造成项目的返工，这同样会引发项目拖延与成本超支。

> 当时的路段设计，比人家的铺面要高。设计上有缺陷，而且最低处没有雨水井，老百姓反映了问题（HS102）。
>
> 道路上有变更，原因在于评标漏洞（设计工程量时漏项）（HS103）。
>
> 做环评的时候，设计方案评审没有通过，又重新做设计，拖到现在（QL101）。
>
> 应该是先给规划条件，再进行批复、初设，在当时背景下先进行批复、初设，反过来再做规划，程序存在一定程度的疏漏，规划局只能按这个做，也没有变更的可能，我们要通过补文件、写详细说明报告，请规划局再次审批通过（ZJ101）。

激励在项目管理中的重要作用早已成为共识，它是通过一套理性化的制度来反映激励主体与激励客体相互作用的方式，激励作用于个体可以体现其为了实现目标而付出努力的强度、方向和坚持性。[①] 从内容上可以分为正向激励与负向激励。对于案例项目而言，激励体系问题表现为正向激励的缺乏与压力的失效。在项目进度快却没有正向激励而进度慢又缺乏压力的情况下，公共项目管理方自然会将注意力集中于那些正向激励高、负向压力大的项目。

> 人家对这个项目不感冒，认为这个项目实施也行、不实施也行，最好不要实施（DZ102）。
>
> 一方面很难创造增量政绩，另一方面从县级层面来说是个小项目

---

① 〔美〕斯蒂芬·P. 罗宾斯：《管理学》第四版，黄卫伟等译，中国人民大学出版社，1997。

（HS106）。

这个项目市、区都认为实施也行、不实施也行，最好不要实施（DZ102）。

这个项目的奖励机制、晋升机制和惩罚机制存在待完善之处（DZ104）。

我们弄得非常被动，见了谁（项目协调领导小组成员）都要小心翼翼，"某某主任，这个事情我要给您汇报一下"，这个对于人家来说并非优先事项（DZ105）。

流程管理问题是对整个项目工作流程进行监督、对比并纠正的过程。有效地控制系统可以及时发现项目管理中存在的问题并及时解决问题。案例项目中的流程管理问题主要反映在缺乏有效监理与监测、未掌握规范、复杂因素等三个次要范畴中。而流程管理的漏洞会引发工具型绩效的全面损失，比如进度问题、安全问题、成本问题与工程质量问题。

县发改委找的监理，我们业主单位跟监理单位起矛盾。监理我们说不动，上次我们直接在工地上跟监理吵起来了，人家不管我们（DW106）。

咱们这个区的监理，必须有责任心，要有社会声誉好的监理（MJ103）。

咱们一定要杜绝走到哪儿都走后门的情况，一定要强化规矩意识，不能让一些不法分子有空就钻（HS108）。

必须有公开公正的招标，在招标的过程中不要有杂质在里面（MJ104、MX101、ZJ102）。

（三）协同领导系统

公共项目的协同领导系统问题亦可引发工具型绩效损失。案例公共项目管理系统的主体组成包括省项目办、市发改委、项目协调领导小组与县项目办，但是这个系统却不能称为协同领导系统，原因有二，一是项目中所涉及的一些关键冲突未能得到解决；二是系统内部缺乏有效的沟通机制

（见表 6 - 15）。

表 6 - 15　工具型绩效损失协同领导系统类因素编码

理论框架	主范畴	次要范畴	开放性编码
协同领导系统	C_6冲突问题	a_{116}供应商违约	a_{153}不愿意撕破脸
		a_{12}文化与制度差异	a_{162}项目周期长
			a_{163}程序繁多
			a_{164}要求严格
			a_{165}世界银行重视前期工作
			a_{166}只报工程款，专款专用
			a_{167}低价中标制度
		a_{154}制度异质性	a_{154}项目与地方之间制度冲突
		a_{21}利益相关者冲突	a_{144}与利益相关者存在冲突
			a_{146}项目协调领导小组内部冲突
			a_{161}征地、拆迁造成冲突
	C_7沟通问题	a_{19}缺乏高层参与	a_{111}省项目办缺乏参与
			a_{118}项目协调领导小组缺乏参与
			a_{119}市发改委领导缺乏参与
		a_{20}关键人员离职	a_{127}项目协调领导小组关键人员离职
			a_{138}省项目办关键人员离职
			a_{148}项目办关键人员离职
		a_{22}内部缺乏有效沟通	a_{115}省项目办与项目办缺乏有效沟通
			a_{117}项目协调领导小组与项目办缺乏有效沟通
			a_{120}省项目办与市发改委缺乏有效沟通
			a_{121}省项目办与项目协调领导小组缺乏有效沟通

资料来源：笔者自制。

　　冲突在案例项目中普遍存在。从内容看，冲突既包括供应商违约与利益相关者冲突所引起的关系冲突，也包括项目文化与制度差异以及制度异质性引起的过程冲突。而过程冲突和关系冲突相互影响，与项目绩效负相关。[①] 其中，项目过程冲突主要表现为协同领导系统对世界银行项目理念、

[①]　G. Wu, C. Liu, X. Zhao et al., " Investigating the Relationship between Communication-conflict Interaction and Project Success among Construction Project Teams," *International Journal of Project Management*, Vol. 35, No. 8 (2017): 1466 - 1482.

周期、程序及制度的高度不适应，关系冲突表现为各利益主体之间出现的人际关系问题。冲突问题的解决需要付出时间成本，这会引发工具型绩效损失。

> 承建项目的公司是大公司，它的精力并非完全用于我们这个项目。它干的有些活确实不太好，项目进度比较缓慢（MX102）。
>
> 我们招的××公司相对比较强势，协调沟通比较吃力（MX103）。
>
> 世界银行项目周期太长、制约条件太多（DZ106、DZ107、DZ108、HS109、HH102、SZ101、QL102、MJ105、Dz101）。
>
> 世界银行项目，必须按照人家的那个程序走到位（DZ110）。
>
> 项目在推进过程中跟市级规划存在冲突（ZJ103）。
>
> 我们××市，有××局在那边负责保护地下水资源，不让打井、开荒、移民。还有消防、生产、交通的审批。所以比其他地方多很多环节（QL103）。
>
> 建设过程中和老百姓协调的事情比较多，涉及老百姓的利益难以协调（Dz102）。
>
> 上一任的镇长与发改局局长存在一些观点争议，一定程度导致了项目延期（HS111）。

项目协同领导系统的沟通问题同样普遍存在。在项目执行阶段，除了省项目办主导的督导会与检查会之外，没有建立其他的沟通机制；对于子项目系统，高层级官员不愿参与项目运作。因此，对于关键人员离职等内部问题与利益相关者冲突这样的外部问题均缺乏有效的渠道来讨论解决。更为严重的是，系统内部的沟通问题没有得到解决，系统与外部社会的沟通更无从谈起。沟通不够通畅，难免造成进度延迟与成本超支，进而引发工具型绩效损失。

> 省发改委安排给我们，我们再找区和市汇报，工作被动了，我们倒过去请示市里，人家会觉得存在程序瑕疵（DZ111）。

县上领导换了几茬了，现在的县上领导不太了解这个项目，因此就先放下（DW107）。

看着这个项目没情况，人家就是开会推进，JT 县发改局的领导因为种种原因较少参加协调会议，需要明确协调领导小组具体的组成人员（HS112）。

这些资金我们只能和市里积极争取，市里通过研判认为你这个项目好，就能做；如果研判认为项目不好，项目就纯粹做不起来（HH103）。

虽然成立了协调领导小组，但是存在一定程度的扯皮，项目在镇上组织实施，协调领导小组只管公章（DW108）。

四　影响因素与相关文献比较

本书基于 PV-GPG 理论的核心要素，利用世界银行公共项目案例，采用编码方法获得公共项目绩效损失的影响因素。为增进理论对话，进一步验证结果的可靠性，本书将编码结果与不同理论研究范式下的文献进行对比（见图 6 - 2）。从对比结果看，不同理论下的公共项目绩效的影响因素均可投射在扎根理论研究获得的因素之中，这进一步验证了编码结果的可靠性。另外，对比图还验证了一些规范推论，三重约束理论与新公共管理理论下将公共项目绩效的影响归咎于企业因素与政府因素，没有关注到多元主体参与以及主体之间的互动对绩效的影响；第四代评估理论与公共价值管理理论则更关注公众参与以及协商对公共项目的影响，将影响因素归因于治理因素；基于 PV-GPG 理论的影响因素更为综合，既关注社会价值建构中的公众参与、调查研究与资源禀赋因素，也关注组织管理中的激励、项目设计与流程管理因素，还重视协同领导系统中的沟通、冲突与价值共识因素，有助于对公共项目绩效损失做出更为全面的解释，也为公共项目绩效损失的治理奠定了更加坚实的基础。

五　绩效损失影响因素理论模型与研究假设

本部分首先基于前文提炼的绩效损失影响因素构建了绩效损失影响因

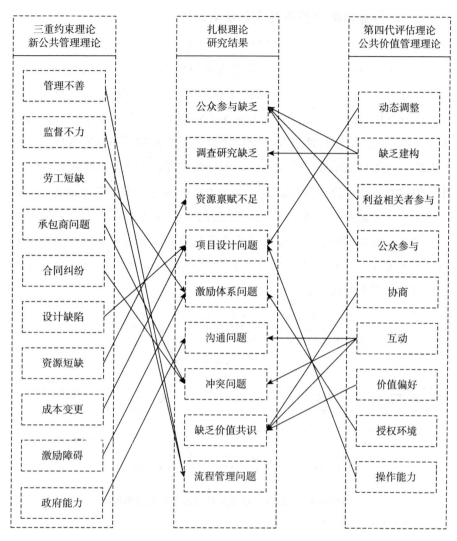

图 6 - 2 编码结果与相关文献的比较

资料来源：笔者自制。

素理论框架；其次基于理论框架所呈现的逻辑关系，提出研究假设，意在抽象得出解释力更强的绩效损失发生机理与路径。需要强调，公共项目绩效损失是一个新的概念，很难从既有研究中找到知识来提出假设。所以，与以往基于文献综述的先验知识或结论提出研究假设不同，本部分主要依靠经验研究构建假设关系。

(一) 使命型绩效损失发生的研究假设

基于质性研究结果，可以构建使命型绩效损失影响因素的理论框架（见图 6 – 3）。根据理论框架，如果公众参与缺乏，公共项目可能难以承载公众偏好，造成项目与公众需求相关性的偏离，进而导致使命型绩效损失。而调查研究缺乏，在社会优先项复杂的情况下，既可能引发对公众需求相关性的偏离，也可能引发对项目建设效益的错估，还可能造成可持续性问题，最终导致使命型绩效损失。项目设计存在漏洞，会影响项目的实际使用效益，造成使命型绩效损失。资源禀赋不足，则欠缺项目成功所需要的条件，可能影响效益的实现与发展的可持续性，造成使命型绩效损失。缺乏价值共识则会导致项目只能承载部分利益相关者的价值偏好，而弱化了相关性、影响效益且面临可持续性问题，最终引发使命型绩效损失。由此，提出假设 H_{11} —H_{15}。

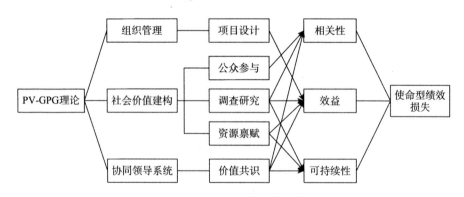

图 6 – 3　使命型绩效损失影响因素的理论框架

资料来源：笔者自制。

H_{11} 公众参与缺乏会导致使命型绩效损失发生（$C_1 \rightarrow loss_1$）

H_{12} 调查研究缺乏会导致使命型绩效损失发生（$C_8 \rightarrow loss_1$）

H_{13} 项目设计问题会导致使命型绩效损失发生（$C_2 \rightarrow loss_1$）

H_{14} 资源禀赋不足会导致使命型绩效损失发生（$C_3 \rightarrow loss_1$）

H_{15} 缺乏价值共识会导致使命型绩效损失发生（$C_9 \rightarrow loss_1$）

(二) 权益型绩效损失发生的研究假设

同样可以构建权益型绩效损失影响因素的理论框架（见图 6 – 4）。公众参与缺乏会弱化公众对公共项目的了解与支持，进而影响满意度，造成权益型绩效损失；同时，公众参与缺乏也会引起外部监督效力不足，难以从外部倒逼项目提高透明度，造成权益型绩效损失。在缺乏价值共识的前提下，强行推进项目建设，会影响公众的满意度，造成权益型绩效损失。在激励体系问题存在的前提下，"透明不透明一个样""回应不回应一个样"，出于成本最小化考虑，管理主体会选择"不透明"与"不回应"，进而造成权益型绩效损失。项目设计存在问题，会引发后期项目的使用问题，导致满意度低下；项目制度设计没有将"满意度""透明度""回应"纳入监测，自然也不会得到管理主体重视，引发权益型绩效损失。项目存在冲突，特别是关系冲突，会造成公众满意度的低下，引发权益型绩效损失。流程管理问题指第三方监督与监理未能发挥作用，透明度低下与回应不足问题没有得到重视，引发权益型绩效损失。由此，提出假设 H_{21}—H_{26}。

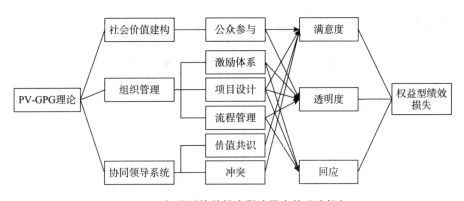

图 6-4　权益型绩效损失影响因素的理论框架

资料来源：笔者自制。

H_{21}公众参与缺乏会导致权益型绩效损失发生（$C_1 \rightarrow loss_2$）

H_{22}缺乏价值共识会导致权益型绩效损失发生（$C_9 \rightarrow loss_2$）

H_{23}激励体系问题会导致权益型绩效损失发生（$C_4 \rightarrow loss_2$）

H_{24}项目设计问题会导致权益型绩效损失发生（$C_2 \rightarrow loss_2$）

H_{25}冲突问题会导致权益型绩效损失发生（$C_6 \rightarrow loss_2$）

H_{26}流程管理问题会导致权益型绩效损失发生（$C_5 \rightarrow loss_2$）

（三）工具型绩效损失发生的研究假设

同样可以构建工具型绩效损失影响因素的理论框架（见图 6-5）。公众在项目前期工作中缺乏参与，在项目建设过程中可能会因"征地、拆迁争议""邻避隐忧"等问题，通过群众闹大的方式来阻碍项目建设，进而影响项目建设效率，增加项目成本，甚至造成安全隐患，从而引发工具型绩效损失。资源禀赋不足，项目推进所需要的关键条件缺失，会影响项目建设效率，还可能影响工程建设质量，最终造成工具型绩效损失。公共项目的按期推进如果没有足够的激励，管理主体就会优先推进那些具有激励的项目，引发工具型绩效损失。项目自身设计问题会造成安全隐患，导致返工并增加建设成本，进而造成工具型绩效损失。各利益相关者之间沟通不足，会造成项目推进障碍，引发工具型绩效损失。冲突问题则会影响项目推进效率并增加项目建设与运维成本，造成工具型绩效损失。而流程管理问题所导致的监理、监督失效，对成本控制、进度推进、安全与质量保证没有起到足够的约束作用，会引发工具型绩效损失。由此，提出假设 H_{31}—H_{37}。

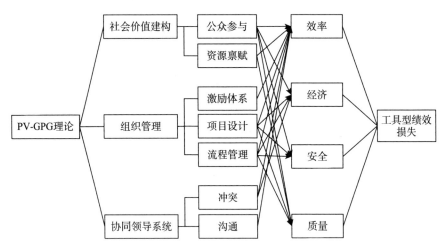

图 6-5　工具型绩效损失影响因素的理论框架

资料来源：笔者自制。

H_{31}公众参与缺乏会导致工具型绩效损失发生（$C_1 \rightarrow loss_3$）

H_{32}资源禀赋不足会导致工具型绩效损失发生（$C_3 \rightarrow loss_3$）

H_{33}激励体系问题会导致工具型绩效损失发生（$C_4 \rightarrow loss_3$）

H_{34}项目设计问题会导致工具型绩效损失发生（$C_2 \rightarrow loss_3$）

H_{35}沟通问题会导致工具型绩效损失发生（$C_7 \rightarrow loss_3$）

H_{36}冲突问题会导致工具型绩效损失发生（$C_6 \rightarrow loss_3$）

H_{37}流程管理问题会导致工具型绩效损失发生（$C_5 \rightarrow loss_3$）

第三节　绩效损失的发生机理

一　使命型绩效损失的发生机理

（一）使命型绩效损失发生的必要性分析

表 6 - 16 结果呈现了 fsQCA 软件对使命型绩效损失发生真值表的必要性分析结果，由此可知，单一前因变量不构成使命型绩效损失发生的充分条件，因此，充分条件假设 H_{11}、H_{12}、H_{13}、H_{14}、H_{15} 未能通过检验，同时，单一前因变量也不构成使命型绩效损失发生的必要条件。[①] 一些前因变量的一致性和覆盖率也较高，但均未触及判别的临界值，表明单一变量对使命型绩效损失有一定的解释力，却不能作为结果发生的充分或必要条件。这也显示，使命型绩效损失的发生可能是由社会价值建构、组织管理、协同领导系统三个维度中诸因素的组合所导致的，表现为"多重路径并发因果"，鉴于此，需要进行交互作用与路径分析来寻根问底。

表 6 - 16　单一前因变量必要性分析

前因变量	一致性	覆盖率	假设	检验结果
C_1公众参与缺乏	0.714286	0.909091	H_{11}	不显著
C_8调查研究缺乏	0.714286	1.000000	H_{12}	不显著
C_3资源禀赋不足	0.785710	0.647059	H_{13}	不显著
C_2项目设计问题	0.142857	0.200000	H_{14}	不显著
C_9缺乏价值共识	0.500000	0.875000	H_{15}	不显著

资料来源：笔者自制。

[①]　QCA 方法通过一致性指标得分来进行充分性和必要性判断，当一致性指标得分大于 0.8 却小于 0.9 时，表示前因变量为结果变量的充分条件；当一致性指标得分大于 0.9 时，表示前因变量为结果变量的必要条件。

（二）使命型绩效损失发生的交互作用与路径

如表 6 - 17 所示，使命型绩效损失的复杂解包含具有不同交互组合的四条发生路径，各路径的一致性和总体一致性（solution consistency）均为1，这表示四条路径的前因条件组合都是引发使命型绩效损失的充分条件。总体覆盖率（solution coverage）为1，表明四条路径对案例的解释力较高。

使命型绩效损失 = 公众参与缺乏 * 资源禀赋不足 * ~ 项目设计问题（路径一）+ 调查研究缺乏 * ~ 资源禀赋不足 * 项目设计问题 * 缺乏价值共识（路径二）+ ~ 公众参与缺乏 * 调查研究缺乏 * 资源禀赋不足 * 项目设计问题（路径三）+ 调查研究缺乏 * 资源禀赋不足 * ~ 项目设计问题 * ~ 缺乏价值共识（路径四）

基于逻辑推理和布尔简化，可以进一步选出三条较为典型的使命型绩效损失发生路径：使命型绩效损失 = 公众参与缺乏 * 资源禀赋不足（路径一）+ 调查研究缺乏 * 缺乏价值共识（路径二）+ 调查研究缺乏 * 资源禀赋不足（路径三）。

表 6 - 17　使命型绩效损失分析结果

Model：$loss_1 = f\,(C_1,\ C_8,\ C_3,\ C_2,\ C_9)$			
	raw coverage	unique coverage	consistency
$C_1 * C_3 * \sim C_2$	0.571429	0.428571	1
$C_8 * \sim C_3 * \sim C_2 * C_9$	0.214286	0.214286	1
$\sim C_1 * C_8 * C_3 * C_2$	0.142857	0.142857	1
$C_8 * C_3 * \sim C_2 * \sim C_9$	0.214286	0.0714286	1
solution coverage	1		
solution consistency	1		

资料来源：笔者自制。

1. 路径一：公众参与缺乏 * 资源禀赋不足

约有 43% 的使命型绩效损失案例有且仅能通过本条路径解释，其基本意涵是：在公众参与缺乏的基本前提下，公共项目在面临资源禀赋不足时，将会发生使命型绩效损失。具体而言，公共项目缺乏实质的公众参与所面临的风险是，项目无法承载公众的集体偏好，而造成的结果是，项目与公众需求相关性的偏离。在资源禀赋充足的情况下，这种相关性偏离还有矫正的机会；但当资源禀赋不足时，则会进一步造成相关性偏离基础上的可持续性问题，实现预期效益无从谈起，因此使命型绩效损失也在所难免。

2. 路径二：调查研究缺乏 * 缺乏价值共识

约有 21% 的使命型绩效损失案例有且仅能通过本条路径解释，其基本意涵是：在调查研究缺乏的基本前提下，当利益相关者对公共项目缺乏价值共识时，将发生使命型绩效损失。具体而言，在公共项目上马之前，通过深度调研进行充分的可行性论证是必不可少的环节，然而一些项目却在错误政绩观的主导下，在没有进行充分论证的前提下就匆匆上马，可行性论证沦为程序合法性的一个基本环节。比如，一些被公众和媒体所诟病的"面子工程"也是经过了可行性论证的，这显示，调查研究可能流于形式，没有能够保证项目的实质合法性。在这种背景下，如果公众和决策者对于项目的价值达成共识，那么对于承载的社会优先项明确的项目，即使缺乏深度调研，其也有实现使命型绩效的可能。但是当社会优先项复杂时，公众和决策者在没有调研的基础上难以对项目价值达成共识，因此缺乏调查研究则会导致项目承载错误的使命，进而造成使命型绩效损失。

3. 路径三：调查研究缺乏 * 资源禀赋不足[①]

约有 21% 的使命型绩效损失案例有且仅能通过本条路径解释，其基本意涵是：在调查研究缺乏的前提下，公共项目面临资源禀赋不足时，将发生使命型绩效损失。具体而言，调查研究缺乏的公共项目本身就存在使命型绩效损失的风险，在资源禀赋充足的情况下，再次进行调研论证以矫正、纠偏尚存在可能；但在资源禀赋不足的情况下，则属于"无中生有抓项目"，会发生使命型绩效损失。

---

① 路径三与路径四进行了合并，原因是"调查研究缺乏 * 资源禀赋不足"是这两条路径的共有条件组合，因此合并后路径唯一覆盖率（unique coverage）应该是二者唯一覆盖率之和。

二 权益型绩效损失的发生机理

(一) 权益型绩效损失发生的必要性分析

表 6 – 18 呈现了 fsQCA 软件对权益型绩效损失发生真值表的必要性分析结果，由此可知：单一前因变量均不构成权益型绩效损失发生的充分条件，因此，充分条件假设 H_{21}、H_{22}、H_{23}、H_{24}、H_{25}、H_{26} 未能通过检验。但同时发现，"激励体系问题"和"项目设计问题"的一致性大于 0.9，因此构成权益型绩效损失发生的必要条件，它们的覆盖率分别为 0.611111 和 0.916667，说明二者对权益型绩效损失的发生具有较强的解释力。其余前因变量的一致性和覆盖率较低，表明它们作为单一变量对权益型绩效损失缺乏足够的解释力。这显示，权益型绩效损失的发生更有可能是组织管理方面的问题。另外，也可能存在其他引发权益型绩效损失的多重路径，因此，本书继续进行交互作用与路径分析，来追寻更多的权益型绩效损失发生路径。

表 6 – 18 单一前因变量必要性分析

前因变量	一致性	覆盖率	假设	检验结果
C_1 公众参与缺乏	0.166667	0.181818	H_{21}	不显著
C_9 缺乏价值共识	0.166667	0.250000	H_{22}	不显著
C_4 激励体系问题	0.916667	0.611111	H_{23}	不显著
C_2 项目设计问题	0.916667	0.916667	H_{24}	不显著
C_6 冲突问题	0.000000	0.000000	H_{25}	不显著
C_5 流程管理问题	0.333333	0.363636	H_{26}	不显著

资料来源：笔者自制。

(二) 权益型绩效损失发生的交互作用与路径

如表 6 – 19 所示，权益型绩效损失的复杂解包含具有不同交互组合的两条发生路径，各路径的一致性和总体一致性均为 1，这表示两条路径的前因条件组合都是引发权益型绩效损失的充分条件。总体覆盖率为 0.916667，表明两条路径对案例的解释力较强。

　　权益型绩效损失 = ~公众参与缺乏 * 激励体系问题 * 项目设计问题 * ~冲突问题 * ~缺乏价值共识（路径一）+ 公众参与缺乏 * 激励体系问题 * 项目设计问题 * 流程管理问题 * ~冲突问题 * 缺乏价值共识（路径二）

表 6 – 19　权益型绩效损失分析结果

Model：$loss_2 = f(C_1, C_4, C_2, C_5, C_6, C_9)$			
	raw coverage	unique coverage	consistency
$\sim C_1 * C_4 * C_2 * \sim C_6 * \sim C_9$	0.83333	0.83333	1
$C_1 * C_4 * C_2 * C_5 * \sim C_6 * C_9$	0.083333	0.0833334	1
solution coverage	0.916667		
solution consistency	1		

资料来源：笔者自制。

　　基于逻辑推理和布尔简化，可以进一步选出权益型绩效损失发生的典型路径：权益型绩效损失 = 激励体系问题 * 项目设计问题。约有 91.7% 的权益型绩效损失案例能通过本条路径解释，其基本意涵是：在存在激励体系问题的基本前提下，公共项目设计如果存在问题，将会发生权益型绩效损失。具体而言，在存在激励体系问题的公共项目中，对于回应、满意度、透明度等权益型公共价值的重视不会得到正向激励，而忽视以上价值也不会面临负向压力。而在项目制度设计中也缺乏对这三类价值所对应的绩效指标的硬性规定，因此注定了它们在一开始就被忽视。在这种情况下，必然出现权益型绩效损失。

三　工具型绩效损失的发生机理

（一）工具型绩效损失发生的必要性分析

　　表 6 – 20 呈现了 fsQCA 软件对工具型绩效损失发生真值表的必要性分析结果，由此可知：假设中的全部单一前因变量均不构成工具型绩效损失发生的充分条件，因此，充分条件假设 H_{31}、H_{32}、H_{33}、H_{34}、H_{35}、H_{36}、H_{37} 未能通过检验，同时，单一前因变量也不构成使命型绩效损失发生的必

要条件。这显示，同使命型绩效损失一样，构成工具型绩效损失的原因众多，但没有绝对的单一因素构成绩效损失发生的充分条件，也没有单一因素构成必要条件，这也进一步解释了工具型绩效损失发生原因的多样性与复杂性。工具型绩效损失的发生也可能是由社会价值建构、组织管理、协同领导系统三个维度中诸因素的组合所导致的，表现为"多重路径并发因果"，鉴于此，需要继续进行交互作用与路径分析。

表 6－20　单一前因变量必要性分析

前因变量	一致性	覆盖率	假设	检验结果
C_1 公众参与缺乏	0.235294	0.363636	H_{31}	不显著
C_3 资源禀赋不足	0.058824	0.100000	H_{32}	不显著
C_4 激励体系问题	0.705882	0.666667	H_{33}	不显著
C_2 项目设计问题	0.294118	0.500000	H_{34}	不显著
C_5 流程管理问题	0.647059	1.000000	H_{35}	不显著
C_6 冲突问题	0.647059	1.000000	H_{36}	不显著
C_7 沟通问题	0.941176	0.551724	H_{37}	不显著

资料来源：笔者自制。

（二）工具型绩效损失发生的交互作用与路径

如表 6－21 所示，工具型绩效损失的复杂解包含具有不同交互组合的七条发生路径，各路径的一致性和总体一致性均为 1，这表示七条路径的前因条件组合都是引发工具型绩效损失的充分条件。总体覆盖率为 0.941176，表明七条路径对案例的解释力较强。

工具型绩效损失 = ～公众参与缺乏 * ～资源禀赋不足 * 激励体系问题 * 流程管理问题 * ～冲突问题 * 沟通问题（路径一）+ 公众参与缺乏 * ～资源禀赋不足 * ～激励体系问题 * 项目设计问题 * 冲突问题 * ～沟通问题（路径二）+ ～公众参与缺乏 * 资源禀赋不足 * 激励体系问题 * ～项目设计问题 * 冲突问题 * ～沟通问题（路径三）+ ～公众参与缺乏 * 资源禀赋不足 * 激励体系问题 * 项目设计问题 * ～流程管理问题 * 冲突问题 * ～沟通问题（路径四）+ 公众参与缺乏 * ～

资源禀赋不足 * 激励体系问题 * 项目设计问题 * 流程管理问题 * 冲突问题 * ~沟通问题（路径五）+ ~公众参与缺乏 * ~资源禀赋不足 * 激励体系问题 * 项目设计问题 * 流程管理问题 * 冲突问题 * 沟通问题（路径六）+ ~资源禀赋不足 * ~激励体系问题 * ~项目设计问题 * 流程管理问题 * 冲突问题 * ~沟通问题（路径七）

表 6 – 21　工具型绩效损失分析结果

Model：$loss_3 = f(C_1, C_3, C_4, C_2, C_5, C_6, C_7)$

	raw coverage	unique coverage	consistency
$\sim C_1 * \sim C_3 * C_4 * C_5 * \sim C_6 * \sim C_7$	0.294118	0.294118	1
$C_1 * \sim C_3 * \sim C_4 * \sim C_2 * C_6 * \sim C_7$	0.176471	0.117647	1
$\sim C_1 * \sim C_3 * C_4 * \sim C_2 * C_6 * \sim C_7$	0.235294	0.235294	1
$\sim C_1 * C_3 * \sim C_4 * C_2 * \sim C_5 * C_6 * \sim C_7$	0.0588235	0.0588235	1
$C_1 * \sim C_3 * C_4 * C_2 * C_5 * C_6 * \sim C_7$	0.0588235	0.0588235	1
$\sim C_1 * \sim C_3 * C_4 * C_2 * C_5 * C_6 * C_7$	0.0588235	0.0588235	1
$\sim C_3 * \sim C_4 * \sim C_2 * C_5 * C_6 * \sim C_7$	0.117647	0.0588235	1
solution coverage	0.941176		
solution consistency	1		

资料来源：笔者自制。

　　需要说明，相比其他两类绩效损失，工具型绩效损失发生路径的唯一覆盖率不高，前三条路径较其他四条路径具备更高的解释力，这表明在 31 个公共项目案例中，前三条路径具有典型性，分别有约 29%、12%、24% 的案例仅能被这三条路径解释。基于逻辑推理和布尔简化，可以进一步简化工具型绩效损失发生路径：工具型绩效损失 = 激励体系问题 * 流程管理问题（路径一）+ 公众参与缺乏 * 冲突问题（路径二）+ 激励体系问题 * 冲突问题（路径三）。

　　1. 路径一：激励体系问题 * 流程管理问题

　　约有 29% 的工具型绩效损失案例有且仅能通过本条路径解释，其基本意涵是：公共项目在存在激励体系问题的前提下，如果面临流程管理问题，将发生工具型绩效损失。具体来看，激励体系问题是指公共项目当预期推进、保证质量与安全时没有获得正向激励，而当工期延误、出现质量和安全问题时也不会面临较大压力。对于同时承接多个项目的管理与实施单位而言，自然会优先推进那些存在正向激励且面临较大负向压力的项目。而流程管理则是在激励体系问题存在的前提下守住项目工具型绩效的另外一道防线。流程管理问题在本书背景下指监理失效和监督失效，前者指监理没有能够发挥有效作用，无法承担起对项目质量、安全与时间的监理责任；后者指在项目招投标中有复杂因素干扰，使本不完全符合要求的单位中标，而依靠这种方式中标的单位难以保证工具型绩效的实现。因此，在激励体系问题存在的前提下，流程管理如果存在问题，便无法成为守护工具型绩效的最后关卡。

2. 路径二：公众参与缺乏 * 冲突问题

约有 12% 的工具型绩效损失案例有且仅能通过本条路径解释，其基本意涵是：在公众参与缺乏的基本前提下，利益相关者之间存在冲突时，将发生工具型绩效损失。这充分说明，公众参与是保证项目顺利实施的有效手段。在案例中，一些公共项目在决策阶段没有实质的公众参与，在项目开建的时候才向公众公示，在这种情况下，公众即使对项目选址、拆迁、使命承载等有不同意见，也难以通过正常的渠道反馈，因此往往会采取群众闹大的方式来激烈反对项目建设，这势必造成冲突与对立，影响项目的进展，并造成质量与安全隐患，进而引发工具型绩效损失。

3. 路径三：激励体系问题 * 冲突问题

约有 24% 的工具型绩效损失案例有且仅能通过本条路径解释，其基本意涵是：在存在激励体系问题的基本前提下，如果公共项目中存在冲突，将发生工具型绩效损失。需要强调，与路径二的利益相关者冲突不同，这里的冲突更多指项目实施规则的冲突。具体而言，存在激励体系问题的公共项目缺乏抑制工具型绩效损失的内在动力与外在压力，而公共项目的实施规则如果与既存的潜规则之间存在冲突，项目管理方势必要转移注意力来处理冲突，在冲突解决与否的激励效果恒定时，优先推进那些没有冲突的项目便成了最优选项，而存在冲突的项目则难以避免出现工具型绩效损失。

本章小结

本章研究了公共项目绩效损失的影响因素与发生路径问题。在影响因素方面，导致绩效损失发生的社会价值建构因素包括公众参与缺乏、调查研究缺乏、资源禀赋不足，组织管理因素包括激励体系问题、项目设计问题与流程管理问题，协同领导系统因素包括冲突问题、沟通问题与缺乏价值共识。在发生路径方面，使命型绩效损失有"在公众参与缺乏的前提下，面临资源禀赋的不足""在调查研究缺乏的前提下，利益相关者对公共项目缺乏价值共识""在调查研究缺乏的前提下，面临资源禀赋的不足"等三条发生路径，权益型绩效损失有"在存在激励体系问题的前提下，存在项目设计问题"一条发生路径，工具型绩效损失有"在存在激励体系问题的前提下，面临流程管理问题""在公众参与缺乏的前提下，存在冲突问题""在存在激励体系问题的前提下，存在冲突问题"等三条发生路径。

| 第七章 |

公共项目绩效损失的治理路径

从理论基础的确定、测度体系构建方法的提出到测度体系的构建与应用、影响因素的提炼、发生路径的探析，本书对公共项目绩效损失的内涵、测度与发生机理做了深入阐释，在已有研究结论的基础上，本章尝试提出公共项目绩效损失的治理路径。需要强调，探索公共项目绩效损失的治理路径需要同时关注绩效损失测度与绩效损失治理两方面的问题，其中，绩效损失测度是绩效损失治理的前提，而绩效损失治理则需要提出减少各类绩效损失的具体建议（见图7－1）。另外需要说明，虽然本章的治理建议更多是基于本书公共项目案例提出的，但有鉴于案例的代表性，有理由认为它们具备较强的概推性与普适性，因此对其他公共项目绩效损失的治理也具有启示意义。

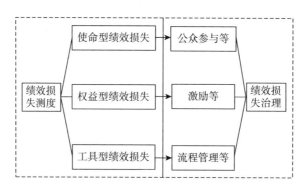

图7－1 公共项目绩效损失治理路径示意模型

资料来源：笔者自制。

第一节 绩效损失治理的思路

公共项目绩效损失治理路径的提出需要同时关注绩效损失的测度与治理两方面的问题，只有通过测度定位绩效损失，才能进一步提出治理建议。在测度方面，传统的项目绩效损失测度缺乏对公共价值的关注，也没有从全周期提出可以落地的测度体系，造成的结果是，公共项目容易因公共价值偏离而产生绩效损失。在 PV-GPG 理论下，首先，要认识到公共价值对公共项目绩效具有本质规定性；其次，在任何一个阶段均可能出现任何类型的绩效损失，因此在横向上要从全周期、在纵向上要从全类型测度绩效损失（见图 7-2）。因此，想要系统性解决公共项目的绩效损失问题，首先需要从理念层面对传统的公共项目绩效观、绩效损失监测与测度体系进行根本性的反思与重塑，在此基础上提出建议。

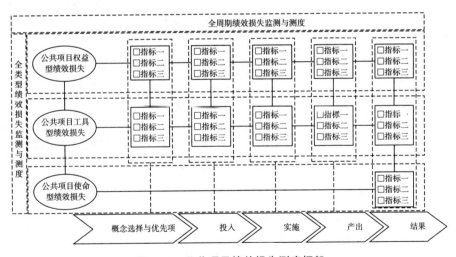

图 7-2 公共项目绩效损失测度框架

矫正公共项目绩效观是绩效损失治理的逻辑起点，建立全周期的绩效损失监测与测度体系则是绩效损失治理的前提。在明确公共项目存在绩效损失后，需要提出针对各类绩效损失的治理建议。在公共项目绩效损失发生机理的基础上，本章提出了公共项目绩效损失的治理框架（见

图 7 - 3）。该框架包含了三类绩效损失的治理策略，其中使命型绩效损失的治理主要依赖于社会价值建构中的公众参与、调查研究、资源禀赋以及协同领导系统中的价值共识；权益型绩效损失的治理依赖于组织管理中的项目设计与激励；工具型绩效损失的治理更为复杂，既需要社会价值建构中的公众参与，又需要协同领导系统中的冲突处理，还需要处理组织管理中的流程管理问题并在此基础上提供激励。建立在公共项目绩效损失治理框架基础上的治理策略，是探索各类绩效损失治理的"知其然"问题，但要提出更深层次的治理建议，还需要追问"所以然"的问题。换言之，治理建议不仅要提出"增加公众参与""深入调查研究"等治理策略，还要进一步回答"为什么公众常常缺乏参与""为什么不深度调查研究"等深层次问题，在此基础上才能提出更有操作性的政策建议。本书在对公共项目绩效损失治理框架展开分析的基础上，提出具体建议。

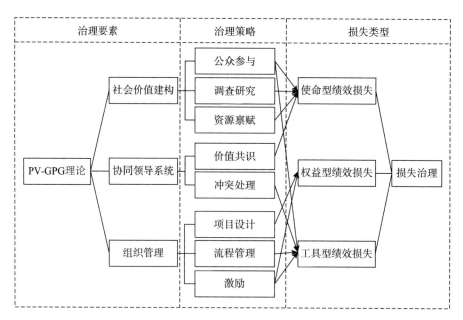

图 7 - 3　公共项目绩效损失治理框架

第二节　绩效损失的测度建议

一　树立以公共价值为基础的公共项目绩效观

"什么是公共项目绩效"是公共项目绩效评估理论发展的核心问题，也是公共项目绩效评估实践发展的中心议题。长期以来，一些地方政府片面追求通过不断上马新项目、达成新规模、盲目搞项目来取得新政绩。然而就像"大学之大不在于大楼之大，在于大师之大"，公共项目绩效之高不在于"体量有多大、数量有多少、建得有多快"，而在于公共项目对公众需求偏好的满足程度以及对公共利益的贡献。政府应该牢固树立和践行正确的公共项目政绩观，需要认识到，建大项目、多建项目与高绩效并不能画等号，项目本身的"大小"与"多少"并不是衡量政绩高低的首要标准。

公共项目应该首先追求对公共价值的承载，在此基础上满足公众偏好、产出政府绩效，而项目的规模与数量处于次级维度。如果缺乏公共价值承载，规模越大、数量越多反而成本越高，绩效损失越大。对于公共项目决策官员也是一样，个人政绩不应该取决于项目"是否新建"以及它的"类型"、"大小"与"数量"，因为这样会导致畸形的政绩观，容易引发官员换届所导致的公共项目失败现象，也会出现新任官员对公共项目大拆大建的后果。正如习近平总书记所言："不要换一届领导就兜底翻，更不要为了显示所谓政绩去另搞一套。"① "'功成不必在我'并不是消极、怠政、不作为，而是要牢固树立正确政绩观，既要做让人民群众看得见、摸得着、得实惠的实事，也要做为后人作铺垫、打基础、利长远的好事，既要做显功，也要做潜功。"② 而正确的政绩观表现在公共项目领域，就是基于公共价值的政绩观。

---

① 《习近平谈治国理政》，外文出版社，2014，第400页。
② 《思想纵横：功名潜显皆堪立》，《人民日报》2018年3月15日。

二 构建全类型公共项目绩效损失的测度体系

绩效评估最重要的功能是导向功能，只有在项目伊始就明确各类绩效指标，使公共项目管理运营主体了解到具体的绩效目标与可能会发生损失的薄弱环节，才能使导向作用最大化。具体而言，在公共项目的概念选择与优先项的形成阶段，就应该基于本书第四章提出的方法，构建公共项目绩效损失的测度体系。通过社会价值建构可以明确公共项目要承载的三类公共价值的具体内容，通过协同领导系统处理各类价值冲突并形成公共价值共识，通过组织管理完成绩效指标的公共价值承载与绩效损失指标的构建。三重约束理论与新公共管理理论下公共项目绩效指标体系构建欠缺了社会价值建构环节，造成的结果是，测度体系可以体现项目的部分绩效，却可能忽视更重要的部分；测度用于塑造项目的形式合法性，却可能失去实质合法性。而测度体系只有基于 PV-GPG 理论，才能够发挥基于公共价值对项目绩效与绩效损失的全方位导向作用，避免出现绩效的高估与绩效损失的漏测。

三 构建全周期公共项目绩效损失的监测体系

一些传统的公共项目绩效评估是"一次性工程"，即在公共项目完工或已接近完工时才开展的基于结果的评价。然而，基于本书的研究发现可知，公共价值分布于公共项目的全周期决定了绩效也分布于全周期，而绩效损失可能在任一阶段产生。因此，仅仅基于结果的绩效测度有不小的漏洞，当发起测度时，可能已经产生很大的绩效损失了，如果能够通过有效的监测体系尽早发现损失就可以及时止损。因此，需要基于全周期进行绩效与绩效损失的监测追踪。具体来看，首先，应该以公共项目绩效损失测度体系为基础，构建绩效损失监测体系；其次，需要进一步明确使命型、权益型、工具型绩效损失可能分布在哪些环节，用哪些方法来监测；最后，依据方法与指标体系来及时监测项目全周期的绩效损失态势。基于全周期的绩效损失监测体系有着显而易见的好处，比如当监测完成时，绩效评估也就完成了，而且能够不遗漏任何一个环节与阶段，当出现绩效损失时，评估者能够及时发现、及时纠偏，防患于未然。

第三节　绩效损失的治理建议

一　使命型绩效损失的治理建议

（一）搭建平台，积极引导公众参与

公众参与可以帮助管理者识别和理解公共价值观、偏好和需求，保证使命型绩效的实现。但从案例来看，公众参与缺乏主要有三个原因。首先，公共项目决策者向公众的授权不够。由于目前的结构和话语"常常被具有大量资源的组织的利益所主导"，因此分散的公众信仰和观点很难通过现有的治理结构和公共话语达成共识。[1] 公众作为最重要的受益群体因缺乏建构权而未能成为确定项目用途的参与者，又因为没有参与权而无法成为项目的广泛受益群体。由于自下而上的参与路径不通畅，虽然公众心中有好坏的评判秤，但口中无实质的话语权、手中无实质的监督权，在感知项目无用时，公众没有更多的途径来反映，既有的途径更多依附于自上而下的政治路径，目标是为了查贪而不是纠偏。政府的注意力聚焦在项目建设本身，他们关心提供新的公共物品，却可能会忽视公众的参与，导致的意外结果是，政府提供的并非公众最需要的。[2]

其次，现有的参与平台无法承接公众对公共项目的偏好表达功能。现有的平台主要包括：政府留言平台、信访平台、村民代表大会、听证会、市长热线等。从内容上看，本应承接公众表达偏好的平台却没有为公众参与提供足够的支撑，现有的参与平台更多成为公众被动发起诉求的窗口，而非公众主动表达偏好的平台。其中，留言、信访等平台渠道无法反映集体偏好，村民代表大会、听证会等方式对参与内容承载不足并且功能有限，这说明现有的参与渠道没有能够完全实现与公众意见的积极互动，公众集体偏好进入项目决策系统面临障碍。

---

[1]　Lawrence R. Jacobs, "The Contested Politics of Public Value," *Public Administration Review*, (2014): 480 – 494.

[2]　折晓叶、陈婴婴：《项目制的分级运作机制和治理逻辑——对"项目进村"案例的社会学分析》，《中国社会科学》2011 年第 4 期。

最后，还存在现阶段公众参与成本较高的问题。可行性研究计划、环境影响评价、社会稳定风险评估等公共项目前置审批的规制文件对公众参与做出了明确要求，这本是面向公共项目有关决策单位的要求，但在实际运作中，决策单位组织公众参与的成本很高，这个成本一方面来源于公众本身的素质有待提高、参与意识有待加强，另一方面来源于组织有效参与需要付出的成本与预期的收益不成正比。因为组织参与可能会延误工期，而在上级的督查考核中，进度往往更容易考核，因此牺牲公众参与来追求进度成为不少决策者的现实选择。另外，规制性文件虽然对公众参与做出了明确要求，但缺乏实施主体与责任主体的细则规定，在这种情况下，决策者往往依托公共项目建设企业来进行公众参与评估。对于企业而言，降低成本与追逐利润显然比项目的公共性更为重要，公众参与遂流于形式。

基于以上分析可知，对于使命型绩效损失的治理，需要明确公众的参与平台、机制、组织形式与目标等问题。按照阿恩斯坦（Arnstein）的公众参与阶梯理论，公众参与平台由浅至深分为三种，第一种是以保证透明度和获取信息为目的的公众参与平台，包括法律规定的告知与咨询；第二种是以增进政策可接受性、实现公共利益为目的的公众参与平台，包括政策听证会、公民委员会；第三种是以建立与政府强有力的合作关系为目的的公众参与平台，实现合作生产。① 要避免使命型绩效损失所需要的公众参与平台应是最后一种，即由政府主导搭建的、开放议程的、向公众充分授权的参与平台。站在政府视角，公众参与还存在没有足够的资源来组织动员②、缺乏足够的法律支持③、增加了行政成本④、降低

① S. R. Arnstein, "A Ladder of Citizen Participation," *Journal of the American Institute of Planners*, Vol. 35, No. 4 (1969): 216 – 224.

② J. L. Creighton, *The Public Participation Handbook: Making Better Decisions through Citizen Involvement*, John Wiley & Sons, 2005.

③ B. Enserink, J. Koppenjan, "Public Participation in China: Sustainable Urbanization and Governance," *Management of Environmental Quality: An International Journal*, Vol. 18, No. 4 (2007): 459 – 474.

④ T. L. Cooper, "The Hidden Price Tag: Participation Costs and Health Planning," *American Journal of Public Health*, Vol. 69, No. 4 (1979): 368 – 374.

了代理效率①等诸多障碍。但是需要看到，即使存在诸多障碍，且这些障碍在短期内难以解决，解决问题的方法也不是将参与权与建构权从公众手中收回，而是给他们指明方向，因为他们是公共项目最核心的利益相关者。具体而言，需要从顶层设计上积极引导公众参与，培育公众的参与意识，逐渐降低公众参与成本，为破除障碍并进一步制定公众参与的法律细则积蓄能量。

（二）深入调查研究，充分进行可行性论证

"没有调查，没有发言权"本应成为实事求是的基本要求，但现实情况可能是没有调查也掌握发言权与决策权，有些受访对象甚至提出"领导是第一生产力"的不当观点。具体来看，公共项目决策者具有强大的话语权，即使在缺乏深入调查研究的背景下，自上而下的决策路径对项目施加的意图也可以成为社会的优先项，这种意图使社会优先项即使不清晰，也可以不用被详细调查而为项目所承载。在缺乏调查研究的背景下，对绩效的认知与定义较为模糊，虽然也强调既看显绩，更看潜绩，但是在实际操作中，潜绩难以测度为决策者自我定义绩效提供了模糊地带与微调空间，没有经过广泛调研而被决策者单一建构的绩效即使不完全符合政治路径，也因为模糊空间的存在而在宣传时被标定为政绩，因为自上而下的路径没有规定具体项目绩效的价值判断，更没有将价值判断纳入验收标准，因此，除非项目出现较为严重的质量问题或者牵扯腐败问题，政治路径中的审计、纪委等部门才会介入调查，这种调查的目的是针对组织与个人追究纪检责任，而不是依据项目的真实绩效来倒查调研中的责任。

简言之，调研就是要明确自身"守着多大的碗"，并在此基础上决定"吃多少的饭"。深入调查研究，需要从调研内容、对象、方法与问责机制等方面着手。首先，公共项目的调研需要围绕项目目标、面临的风险、资源禀赋、公众支持度等内容展开；其次，调研对象的选取应该

---

① Kenneth R. Greene, "Municipal Administrators' Receptivity to Citizens' and Elected Officials' Contacts," *Public Administration Review*, Vol. 42, No. 4 (1982): 34 – 46; E. Vigoda, "From Responsiveness to Collaboration: Governance, Citizens, and the Next Generation of Public Administration," *Public Administration Review*, Vol. 61, No. 5 (2002): 527 – 540.

更精准，需要包括公共项目各方面的利益相关者，特别是受益群体和受影响群体，以保障利益相关者的话语权与对绩效的定义权，吸收自下而上的公众意见并将其纳入公共项目使命；再次，需要掌握科学的调研方法，能够把公众的集体偏好总结、凝练、归纳出来；最后，在制度层面，还要构建出现重大使命型绩效损失时的责任追究机制，要回溯调查研究是否充分，没有经过充分论证的调查研究要追究责任，以此倒逼公共项目决策者真正重视调研。

（三）立足资源禀赋，明确资金配套细则

资源禀赋不足在本书中突出表现为，公共项目决策者在欠缺配套资金的情况下，为了获得上级划拨的资金进而承接项目，往往会做出可以配套足够资金的许诺。从配套资金制度设计的初始目标来看，要求地方政府拿出一部分资金来配套，旨在调动地方政府的积极性，提高地方政府的重视程度与责任感。但自分税制改革以来，作为公共项目决策者的地方政府，其财政汲取能力逐渐走弱，留给县级政府自主安排的财力占比较小，因此决策者的配套能力极为有限，西部的地方政府更是捉襟见肘，然而在推动经济社会发展与政绩冲动的驱使下，地方政府又不得不积极配套上级发包的项目，因此同一笔配套资金配给多个项目的现象并不鲜见。但问题是，一些项目的配套资金无法按时拨付，还有一些项目只允许专项配套而不允许将同一笔配套资金配给多个项目，在这种情况下，资金链的断裂很容易引发连锁反应，导致项目烂尾，效益无法实现，可持续性不能保证。因此，解决问题的关键在于遏制地方政府的政绩冲动并从制度上解决资金的欠缺问题。

在资源禀赋不足的前提下承接项目，可以部分归因于地方政府的政绩冲动，但要从配套资金的制度层面进行反思。公共项目大多建于地方，因此地方更清楚什么是合适的项目、当地的资源禀赋可以匹配什么样的项目。但是，现在项目的决策与资金的划拨存在倒挂现象，即上级政府是项目的决策者，是资金的主要提供者，也是项目属性的最终决定者，而最了解地方现实需求的基层政府则属于项目配套资金的提供者，只能被动接受项目。因此，解决问题的关键在于改进资金配套制度与项目申报制度。首

先，应该对一刀切的配套资金制度与上级垄断的项目属性决定制度进行改革，项目属性应秉持自下而上的申报原则，资金配套应遵循因地制宜的原则；其次，资金下发额度应向欠发达地区倾斜，项目类型应向公益民生类倾斜，调动欠发达地区建设公共项目的积极性，解决资金缺乏导致的发展问题；最后，要明确配套资金的管理办法，配套资金同项目专项资金一样，也应该专款专用专监管，还要制定无法配套足额资金时的惩戒机制，避免地方政府忽略自身资源禀赋却又因为政绩需要而引发的项目冲动现象，从根本上杜绝配套资金不足导致的绩效损失。

（四）整合决策权力，建立协同领导机制

价值共识是指不同主体对价值达成的基本或根本一致的看法，也即对价值形成的基本或根本一致的观点和态度。[①] 公共项目的价值共识，意指利益相关者对于公共项目的用途、价值、效用所表达的一致性认知。可以将价值共识分为系统外部的价值共识与系统内部的价值共识两种。前者未达成价值共识的原因在于公众参与的缺乏，项目没有承载公众偏好，自然难以得到公众的认可。后者未达成价值共识的原因在于决策者与执行者之间缺乏沟通。运行一个公共项目往往牵扯不同的部门，决策部门一般不负责具体项目推进，负责项目推进的部门却没有决策权，因此系统内部容易围绕项目价值而争执与扯皮。在本书案例中，公共项目协调领导小组是决策者，直面基层公众的项目办管理人员是执行者，协调领导小组不愿意花费时间与项目办管理人员沟通，造成了绩效损失。

整合决策权力，建立协同领导机制可以在一定程度上解决系统内外部之间缺乏价值共识的问题。以往公共项目涉及的各项审批权力分散于多个部门，比如可行性研究计划审批权在发改委、环境影响评价权在环保局、用地审批权在国土资源局等。容易出现部门各自为战、相互掣肘的现象，造成的结果是，对于同一个项目，"横看成岭侧成峰，远近高低各不同"，各单位只能出于部门视角看待问题，而非从更高的维度来看待项目价值，因此难以形成价值共识。解决问题的关键，在于对各部门涉及项目审批与

---

① 胡敏中：《论价值共识》，《哲学研究》2008 年第 7 期。

监管的职能进行整合，可以成立新的项目评审中心（类似于香港的决策局），或者由上级领导牵头，各责任单位配合，建立项目的联席审批制度。此外，还要强化项目审批部门与公众之间的沟通，努力达成系统内部与外部对于公共项目价值的共性认知。

二 权益型绩效损失的治理建议

（一） 加强制度设计，拓宽项目协定范围

项目设计问题主要是针对权益型绩效损失而言的，它指项目管理制度虽然从理念层面倡导满意度、回应与透明，但没有将理念进一步落实为制度细则。具体而言，在项目协定中没有针对回应、满意度、透明度做出明确要求，缺乏硬性约束力导致权益型公共价值没有得到重视，造成了权益型绩效的监管漏洞；项目决策者与管理方即使意识到权益型绩效的重要性，也没有足够的权限来设定相应的行政许可、行政处罚、行政强制等事项；第三方监测机构虽然基于理论可以推定权益型绩效的重要价值，但因与项目管理方所签订的项目协议中没有包含这一内容而忽视权益型绩效，即使在监测体系中设置了具体的指标，也由于欠缺约束力而难以得到各层项目管理方的重视。在问题解决方面，在关注公共项目本身设计的同时，还要注重对公共项目管理制度的设计，避免制度漏洞所引发的权益型绩效损失。具体而言，类似项目协定的有关规制性文件，除了设定公共项目的使命型绩效目标和工具型绩效目标外，也应设定权益型绩效目标，比如应达到的公众满意度与透明度、应做到的回应。在项目管理手册中做出针对协定目标的具体规定，比如需要公开的清单目录、需要回应公众的具体事项与响应时间、如何增进公众的满意度等。另外，项目制度设计中也应该增加与权益型绩效指标实现的激励机制，将权益型绩效指标的完成情况纳入绩效考核体系。

（二） 建立与权益型绩效指标相对应的激励机制

缺乏有效的激励会引发权益型绩效损失问题，而在激励机制中，正向激励引导与负向压力问责是相辅相成的机制。对于正向激励，国家层面虽然自上而下均强调以"人民满意不满意"为最高标准，以"透明型政府建

设"为政府现代化的发展方向，以"回应公众关切"为施政要求，然而，自上而下的倡导还没有具化为项目层面的要求，并且，这些在政治层面能够"体现合法性"且在公众层面能够"体现公众偏好"的事情往往是在正向激励中难以量化的"政绩"，也就是说，这些权益型公共价值内容没有被具化为绩效目标，因此，关注这些绩效目标的难度大、成本高，却不会有额外的激励。对于负向压力，满意度低、透明度不高、回应不足等权益型绩效损失出现，不仅会导致政府公信力的下降，而且有时造成的危害甚至远远大于项目本身所带来的效益。解决问题的关键在于将容易忽视的权益型指标纳入绩效考核体系，补上对绩效认知的制度漏洞。应该认识到，使命型绩效不是衡量项目绩效的全部，缺乏权益型绩效会引起负外部性，影响整体绩效实现"帕累托最优"。权益型绩效指标完成较好，同样可用于晋升与薪酬激励；而指标完成不好，也要面临问责。

三　工具型绩效损失的治理建议

（一）促进公众参与，增强政策的可接受性

如果说公众参与在使命型绩效损失治理中的作用是确定"建什么公共项目"的话，那么它在工具型绩效损失治理中的作用是促进利益相关者之间就"如何建公共项目"达成共识。使命型绩效损失治理旨在通过公众的参与和政府的响应式互动来使公共项目承载正确的使命，按照公众参与模型，它以建立与政府强有力的合作关系为手段，实现公共项目绩效的合作生产。但工具型绩效损失治理中的公众参与，是指正确承载使命后的参与，它属于以保证透明度、获取信息为目的和以增强政策可接受性为目的的参与。需要知道，项目承载使命型公共价值，并不能保证项目全周期运转的一帆风顺，因为项目的选址、拆迁、环评、稳评等活动同样涉及公众参与，任意环节的公众参与缺失均会影响工程的进度与质量，造成工具型绩效损失。公众参与的作用在于向公众阐述项目建设的必要环节与具体路径，并提前预料公众对项目建设各环节与各路径的态度，从而可以更有针对性地做出反应，为拆迁、选址或其他容易导致利益相关者冲突的环节赢得缓冲。

（二） 建立与工具型绩效指标相对应的激励机制

同权益型绩效激励一样，此部分同样进行正向激励与负向压力分析。正向激励可以分显性激励与隐性激励两个视角，现行项目的制度安排几乎不包含任何针对工具型绩效指标的显性激励，对于全部经过至少一轮变更的项目协调领导小组成员而言，项目属于"别人的项目"，因此，推进与不推进一个样，他们在完成多项公共项目时，必然有所取舍，即重点推进"自己的项目"，暂缓"前任的项目"。对于基层的项目办管理人员来说，项目属于不发"绩效工资"的项目，因此，推进与不推进一个样。在隐性激励方面，公共项目管理制度如果对配套资金的要求更严（不能将同一笔配套资金配给多个项目）、监督手段更先进（比如本书案例项目中采取"工程量清单"、按照进度通过信息系统报账等措施进行控制），那么虽然能够实现专款专用与避免浪费，但剥夺了地方政府的自主性，因为同一笔资金配套多个项目是很多预算有限的基层政府的现实选择，而不允许存在"同一笔资金配套多个项目、同一个项目多头承载、多头项目多拿绩效"的隐性激励的项目，自然难以得到资金的配套，势必影响项目的进展与质量。如果说正向的激励不足还不至于导致工具型绩效损失，那么压力不足则是造成工具型绩效损失的最后一根稻草。无论条线的项目垂管部门还是块面的项目管理矩阵，都缺乏有效的约束机制，这里主要是指制度性约束机制，包括有效的问责机制与问责手段。仅存的约束机制是项目管理矩阵与协调领导小组签订的项目进度责任状以及传统的纪委监察系统，但项目进度责任状的约束力不足，甚至不少项目进度责任状连责任主体都是不明确的；而纪委监察系统只会因项目涉及腐败问题而启动，不会整治项目目标置换、质量、延期、安全与调整等问题。

需要看到，在现有的公共项目管理实践中，晋升机会往往与项目的大小强相关，因此，是谁承接的项目至关重要，现实中公共项目往往会刻上"某某官员的项目"烙印，这个烙印便是政绩的直接代名词。一般而言，项目的周期又相对较长，因此项目的承接人难以自始至终跟进项目，在"谁申请、谁政绩、谁负责"的体系下，续接项目的人难以得到强激励，因此造成了"别人的项目"不愿推进的困境。再加上公共项目现行的压力机制依附于传统的纪委监察系统，即便绩效不佳，只要不存在经济问题，就难以问责续任官员。因此，解决这个问题的关键在于对公共项目绩效定义的进一步清晰化，建立基于工具型绩效的激励机制。具体而言，申请到公共项目固然属于绩效，但公共项目的后续推进情况也属于绩效，因此，在重构公共项目绩效定义的基础上，应该建立与之相匹配的新的激励机制。在新的激励机制下，公共项目只有实现全部预期绩效，才可算作负责官员政绩，才会增加其晋升的可能；而一旦出现工具型绩效损失，则要根据损失的大小来进行问责。

（三）建立委托第三方监督监理制度

导致工具型绩效损失的流程管理问题在本书中表现为监督失效和监理失职两个方面。公共项目的监督检查权本应属于上级政府，但在实际运作中，上级政府会将监督检查权下放给县级政府，自身只负责项目的抽查与终验。而在项目自验和县级政府组织的验收后，上级政府一般会在终审报告上签字。这造成的问题是，项目决策者也是公共项目监督者，既当裁判长又当运动员赋予了地方政府独立运作项目的空间，也可能引发对项目质量问题的容忍迁就，造成工具型绩效损失。公共项目的监理工作本应该由独立机构完成，目标是对项目的时间、质量与安全进行监督与把关。但实际情况是，监理单位受施工方的委托开展工作，而施工方往往会选择手续齐全且"听话"的监理单位，因此监理的独立性较弱。更有甚者，本书案例中的一些监理方平常甚至不会常驻现场履行监理职责，只有在上级部门检查或者需要签字的时候才会出现。这无形中就给"面子工程"与"豆腐渣工程"发放了"准生证"。

在流程管理中，建立委托第三方监督监理制度，是减少工具型绩效损失的一种途径。公共项目涉及的金额大、环节多，监管难度大，而政府内部监管的人员少、法定的监管范围小，因此难免留下监管漏洞。第三方机构监督独立性强，可以对相关政府内部监管进行补充，让整个公共项目监督体系发挥更大效能。应改变监理的委托主体，原来由企业委托的方式可以改由政府委托，以对施工单位与监理单位的共谋行为形成制约。政府具体负责对第三方机构的监管，要筛选出资质较高的第三方机构，并建立第三方机构的评价退出机制。

（四）加强规则培训，规范管理行为

文化与制度冲突是导致工具型绩效损失的关键因素。新制度主义理论将文化与制度定义为博弈规则，包括正式规则（宪法、产权、制度和合同）和非正式规则（规范和习俗），即使能从国外借鉴良好的正式规则，如果本土的（indigenous）非正式规则因为惰性而一时难以变化，新借鉴来的正式规则和既有的非正式规则也势必产生冲突，造成的结果是，借鉴来的制度既无法实施又难以奏效。[①] 本书案例中的种种问题就是应验，项目有着先进的管理制度与运作模式，但和地方所适应的传统项目文化与制度产生碰撞，没有能够有效融合，导致了一系列问题的出现。

解决公共项目中存在的文化与制度冲突的关键有三：首先是注重制度融合，项目一切管理制度均需要与地方的实际情况与管理水平相匹配，对于提款报账、项目审批等不涉及原则性问题的项目制度，可以赋予地方政府一定的自主调整权；其次是注重制度设计，对项目中涉及的各种原则性问题，要通过项目协定、管理手册、责任书等政策文件来进一步细化，避免因规则不清而留下管理漏洞；最后还要建立与新制度相匹配的培训制度，对于同传统项目管理制度不一致的部分，管理方要通过强化宣传、专题培训等方式，使项目各级管理人员能够适应新的制度，提升管理能力。

本章小结

本章在前文规范研究和实证研究有关发现的基础上，提出了公共项目绩效损失的治理思路，即从测度与治理两方面着手提出策略。其中，测度建议包括：树立以公共价值为基础的公共项目绩效观、构建全类型公共项目绩效损失的测度体系、构建全周期公共项目绩效损失的监测体系等三项内容。使命型绩效损失的治理建议包括：搭建平台，积极引导公众参与；

---

① 〔美〕道格拉斯·诺斯、路平、何玮：《新制度经济学及其发展》，《经济社会体制比较》2002 年第 5 期。

深入调查研究，充分进行可行性论证；立足资源禀赋，明确资金配套细则；整合决策权力，建立协同领导机制。权益型绩效损失的治理建议包括：加强制度设计，拓宽项目协定范围；建立与权益型绩效指标相对应的激励机制。工具型绩效损失的治理建议包括：促进公众参与，增强政策的可接受性；建立与工具型绩效指标相对应的激励机制；建立委托第三方监督监理制度；加强规则培训，规范管理行为。需要说明，每一种绩效损失的影响因素不尽相同、发生路径复杂多元，仅仅局限于某一维度的治理建议容易产生"头疼医头、脚疼医脚"的现象，无法从根本上解决绩效损失问题。因此需要面面俱到，进行通盘考虑，同时关注各类治理建议。

|第八章|

结论与展望

第一节　研究结论

本书从绩效损失的逆向研究视角切入，核心目标是通过研究公共项目绩效损失的测度与治理以解释并尽可能解决公共项目绩效的最大化问题。本书致力于解决五个具体问题：第一，传统公共项目绩效系列评估理论为什么无法解释公共项目绩效的"测不准"特性；第二，基于 PV-GPG 理论构建绩效损失测度体系的方法是什么；第三，在构建方法的基础上，如何构建绩效损失测度指标体系；第四，绩效损失的影响因素与发生路径是什么；第五，绩效损失又如何治理。本书围绕以上具体问题的研究结果是：第一，系统论证了 PV-GPG 理论作为全文理论基础的适用性，在此基础上论证了绩效损失是公共管理中的一个新概念；第二，基于 PV-GPG 理论框架与第四代评估理论方法论，提出了包含三个维度共十个步骤的绩效损失测度体系的构建方法；第三，基于绩效损失测度体系的构建方法，选取公共项目案例，构建了包含三个部分十个维度和 25 项指标的测度指标体系，并开展实证测度；第四，基于扎根理论的编码方法提炼了各类绩效损失的影响因素，利用定性比较分析法研究了各类绩效损失的发生路径，其中使命型绩效损失与工具型绩效损失有三条发生路径，权益型绩效损失有一条发生路径；第五，在以上研究的基础上，为绩效损失的治理提出具体建议。主要研究结论如下。

第一，公共价值是公共项目绩效生产的出发点，它对项目绩效合法性具有本质规定性，公共价值差之毫厘，项目绩效就会谬以千里。公共项目绩效只有在公共价值的沃土中才能茁壮成长，只有在公共价值的轨道上生产，才能称为绩效，而偏离了公共价值的轨道，则会出现绩效损失。公共项目的绩效损失是公共项目绩效的实际产出与预期结果之间的差距，预期结果即经过社会价值建构后的基于公共价值的项目绩效目标，它的测度需要以清晰的绩效定义为前提。而绩效损失的概念与相似概念的核心不同在于绩效目标设定需要以社会价值建构为基础。

第二，社会价值建构过程是构建绩效损失测度体系的核心，没有社会价值建构过程会弱化评估的合法性。具体而言，社会价值建构过程包含识别利益相关者、参与式构建、公共价值共识等三个步骤。组织管理是开展评估的具体实施流程，保证了评估的可操作性。具体而言，组织管理包括组建评估团队、建立协作网络、确定绩效损失测度框架、确定绩效损失测度指标体系等四个步骤；协同领导系统的核心任务是平衡和协调价值冲突并形成价值共识，协同领导系统需要识别公共价值冲突、响应式互动和达成公共价值共识等三个步骤。

第三，绩效损失有使命型绩效损失、权益型绩效损失与工具型绩效损失三种类型，其中使命型绩效损失最为严重，一旦出现较大程度的使命型绩效损失，则可以判定公共项目因承载了错误的使命而失败；权益型绩效损失不为公共项目的规制性文件所限定，因而不具有强制性，从理论上容易被选择性忽视，在实践中容易造成漏测，但它不可或缺并对其他两种绩效损失有重要影响；工具型绩效损失最容易发生，它在三重约束理论下的公共项目实践中被等同于全部绩效损失，但忽视另外两类绩效损失而单纯测度工具型绩效损失毫无意义。

第四，基于 PV-GPG 理论测度的绩效损失要大于三重约束理论与新公共管理理论两种评估理论下的绩效损失，原因是基于三重约束理论的绩效损失测度从工程学角度审视项目能否发挥作用，淡化了对项目是否承载公众需求的测度；而基于新公共管理理论的测度则过分关注对项目结果的测度，忽视了项目建设过程已然发生绩效损失的事实。因此，基于 PV-GPG 理论的测度体系解决了公共项目绩效的测不准问题，绩效测度需要完全基于公共价值，否则会造成绩效的高估与损失的漏测。

第五，社会价值建构问题主要反映在公众参与缺乏、调查研究缺乏与资源禀赋不足等三个方面，组织管理问题主要反映在激励体系问题、项目设计问题与流程管理问题等三个方面，协同领导系统问题主要体现在冲突问题、沟通问题与缺乏价值共识等三个方面。

第六，公共项目在"在公众参与缺乏的前提下，面临资源禀赋的不足""在调查研究缺乏的前提下，利益相关者群体对公共项目缺乏价值共识""在调查研究缺乏的前提下，面临资源禀赋的不足"等三条路径下，将会发生使命型绩效损失。公共项目在"存在激励体系问题的前提下，存在项目设计问题"的路径下，将会发生权益型绩效损失。公共项目在"存在激励体系问题的前提下，面临流程管理问题""在公众参与缺乏的前提下，存在冲突问题""在存在激励体系问题的基本前提下，存在冲突问题"等三条路径下，将会发生工具型绩效损失。

第二节　研究创新

一　视角创新

本书从公共项目绩效损失切入，为研究公共项目绩效提供新的视角。以往公共项目绩效测度总是从正向展开，积极意义在于可以充分总结成绩，然而也存在两方面的问题：一是测度结果总是呈现公共项目的高绩效，这与现实情况不一定符合，测度结果缺乏公信力的项目在客观性与完备性方面容易受到质疑。比如，有些项目虽然顺利通过了验收，但并没有满足公众需要；一些项目因缺乏维护而面临可持续性问题；一些项目存在安全隐患与质量问题；一些项目已经投入运行却还遗留着移民安置问题；等等。总结成绩固然重要，但发现并解决问题更为重要。二是绩效测度没有对"绩效的最大化问题"加以关注，也在一定程度上忽视了损失的治理问题。从正向进行公共项目绩效测度的方式往往是为了评估而评估，弱化了绩效评估对于绩效改进的推动作用。而采取逆向思维的模式，从相反的角度出发则会在很大程度上解决这一问题，能够将研究视角从"成绩"转向"问题"、从"评估"转向"治理"。因此，研究视角构成了本书的第一个研究创新。这一创新有助于推动政府对公共项目的认识从关注"成绩"转向关注"问题"，从过去"我们做了哪些公共项目，绩效有多好"转向"公共项目的哪些方面没做好，哪些项目根本不应该建，哪些项目不应该这么建，还有哪些改进空间"。

二　理论创新

本书是对 PV-GPG 理论进一步落地的一次探索性尝试，能够完善 PV-GPG 理论的测度方法与其结构的内容要素构成，有助于促进该理论在中观层面的发展。相对该理论以往的研究，本书主要的理论创新是明确了 PV-GPG 理论三个维度在公共项目绩效治理中的具体构成要素。PV-GPG 理论提出的社会价值建构、组织管理与协同领导系统是构建以公共价值为基础的政府绩效治理体系的方法论与工具。以往研究业已证明，在政府绩效管理过程中，一旦社会价值建构、组织管理、协同领导系统等一个或多个要素出现问题，就会引发绩效损失，但尚未有文献充分讨论"核心要素的具体内容构成是什么"的问题，而这一问题能否得到解答会直接影响 PV-GPG 理论对实践的指导及理论本身的概推性。本书通过质性研究，提炼总结了社会价值建构、组织管理、协同领导系统等要素在公共项目中的具体内容构成，这有助于从可操作性层面打开公共项目绩效生产的"黑箱"，为公共项目的绩效损失治理提供启示。

三　方法创新

本书提出了在 PV-GPG 理论框架下构建公共项目绩效损失测度体系的具体操作流程与方法。既有研究虽然明确了公共项目绩效指标的设定需要经过社会价值建构、组织管理与协同领导系统等过程才具有合法性，但是"究竟如何开展社会价值建构、组织管理与协同领导系统等工作"的问题之前尚未讨论。本书在 PV-GPG 理论下提出绩效损失测度的方法，吸收借鉴了第四代评估理论的建构主义方法论，认为政府不能"我不要你觉得，我要我觉得"而一厢情愿地建构绩效指标，应该与公众一起合作，共同制定绩效目标。本书语境下公共项目绩效生产中的政府与公众关系，与合作治理的概念具有一致性，本质要素是不同主体以共同的目标（基于公共价值的绩效目标）结合在一起，并且为了这一过程愿意牺牲自己的个性特征和自治权。本书提出的方法主要强调政府和公众在合作和互动中对绩效目标的共同设计，绩效损失测度体系必然以公共价值的识别与绩效指标的公共价值承载为基础。本书以公共项目为研究对象，提出的公共项目绩效损失测度体系的构建方法，有助于从公共项目全周期出发避免公共项目绩效损失的漏测与绩效的高估。同时，该方法具有方法论意义，其可以拓展到公共管理研究的其他领域，探索构建公共部门、公共政策和非营利组织绩效损失的测度方法。

第三节　研究不足

（1）本书基于 PV-GPG 理论提出了公共项目绩效损失测度体系的构建方法，依据此方法构建了测度体系，但由于构建方法的门槛相对较高，本书以尽可能接近构建方法的方式构建了测度指标体系并进行实证测度，虽然从构建方法的规范性、测度体系的合法性、测度内容的广泛性方面，对三重约束理论与新公共管理理论有所超越，且实证测度结果得到各利益相关者的认可，但囿于方方面面的制度障碍与条件约束，研究者没有严格按照构建方法，从一开始就介入并进行"自然主义"的评估。这导致的后果是，测度结果相较传统更为接近真实的绩效损失，但测度的"偏差"依然存在。从理想的视角出发，只有取得足够的授权，从项目伊始就介入公共项目，再依据公共项目绩效损失测度体系的构建方法构建指标体系，才能构造绩效损失测度应用的完美场景，但由于制度层面对第三方评估介入的刚性规定而未能实现。当然，本身接近于自然主义的程序也决定了这些方法与指标仍然可资借鉴，期待能够早日将测度体系完全应用于实践场景。

（2）本书提出了涉及绩效损失、绩效损失治理的诸多变量并论证了治理因素与绩效损失之间的关系。但以下三个方面的研究尚待讨论：一是绩效损失类型之间、绩效损失子维度指标之间的相关性需要得到进一步的研究。比如，时间滞后所体现的效率问题会引起公众满意度的低下，即工具型绩效损失可能会引起权益型绩效损失，但实际情况如何尚需实证检验。二是绩效损失治理体系要素之间的关系尚需进一步阐明，从而排除可能存在的多重共线性问题。三是绩效损失治理要素对绩效损失、绩效损失子维度指标的影响程度问题需要进一步研究。换言之，按照书中方法可以论证关系中的"是否"问题，无法论证关系的"程度"问题。上述不足的根本原因在于案例样本数量的限制，在后续的研究工作中，随着案例样本的扩充，论证体系将进一步研究完善。

（3）绩效损失测度体系构建方法的适用性条件以及具体细节需要进一步明确。本书所选用的公共项目案例包含了五种类型，属于典型的公共基础设施及培训类公共项目，具有一定的代表性。但从规模看，全部项目属于中小型公共项目，审批权属于省发改委，管理权与运营权属于县级政府。因此，整个公共项目构建方法对同种类型的项目具有适用性，但对大型公共项目缺乏概推性。因此，本书方法的适用性条件尚需明确，这有赖于更多个案的分析，从而为形成独立与完善的绩效损失测度方法论奠定基础。另外，具体步骤中的细节尚需进一步完善，比如，仅公共价值偏好测度一个步骤，就包含了大量的研究内容：如何组织公众参与偏好表达、评估者作为协调者所获取的公共价值共识是否可靠、第二轮更为复杂的公共价值偏好谈判与互动过程如何实施等。最后，测度步骤在实际工作中使用要克服一些复杂因素，比如外围的制度环境、领导的偏好、行业的差别、组织文化等。

第四节　研究展望

绩效损失概念的提出已整十年，其间围绕这一主题及公共项目、公共政策等产出了50余篇期刊论文和博士、硕士学位论文，但将其置于公共行政发展史的坐标系中，它显得非常"年轻"，甚至有些"稚嫩"，要发展成为学科中的一个成熟概念，仍有大量的工作要做。此处从四个方面提出一些潜在研究议题，以抛砖引玉，邀请更多的学界同人关注并共同发展这一理论。

一 基于 PV-GPG 理论的政府绩效评估方法论

本书提出的公共项目绩效损失测度体系构建方法只是基于 PV-GPG 理论的政府绩效评估方法论研究的初级阶段，以此为开端从而形成完善的政府绩效评估方法论仍有大量的工作要做。要在公共项目领域把方法的使用推向纵深，需要纳入更多类型、更大规模、更多数量的公共项目进行测度分析，以进一步明确公共项目绩效损失测度体系构建方法的适用条件与不足。还要在其他领域拓宽使用边界，把方法向其他公共管理领域推广，比如公共政策绩效损失测度、公共服务绩效损失测度、公共部门绩效损失测度等。本书认为，伴随着各领域实践应用的增多和对先进理论与实践研究成果的汲取，基于 PV-GPG 理论的政府绩效评估方法必定会逐步走向成熟，该理论也会在促进公共价值生成与减少绩效损失的过程中从幕后走向台前。

二 公共项目绩效损失及其治理量表开发

囿于篇幅限制，本书仍遗留了许多亟待解决且卓有意义的研究问题。公共项目绩效损失及其治理量表的开发就是其一。通过开发量表研究本书提出的各种变量的题项测量和变量之间的中介作用、调节作用是富有意义的研究议题，它相比针对大样本公共项目案例做绩效损失测量更节省成本，也因此更具效率与可行性，有助于进一步推进 PV-GPG 理论的实证应用，为促进 PV-GPG 理论与学界的深入对话增添窗口。上文已述，结构方程模型虽然很难解决多变量因素之间的交互作用，并且对于问卷数量与质量有着较高的要求，但它擅长解决本书的研究议题。在笔者后续的研究中会将上述问题逐一铺陈开来。

三 公共价值共识的测量以及绩效指标的承载

公共价值是社会建构的产物，因此不同类型、不同地区、不同规模的公共项目会承载不同的公共价值内容，绩效也会有不同。而公共价值的分析与识别是构建方法的起点。本书运用解构分析的方法以及编码的方式提炼了公共价值共识，然后分别选取了绩效指标承载公共价值。这一方法对于涉及受益群体少的中小型项目是适用的，然而涉及面广、核心利益相关者众多的大型公共项目，则很难通过传统的技术手段去识别公共价值共识。幸运的是，大数据、云计算、人工智能时代的到来，为完成这一必需的工作提供了新思路与新工具。因此，如何利用新的工具有效识别公共价值、如何判别绩效指标在承载公共价值上的效度等问题也是未来需要重点关注的研究议题。

四　公共项目绩效损失的国别比较研究

我国"基建狂魔"的伟岸形象蜚声海内外，这源于这些年中国一系列大规模公共工程项目的出现，逢山开路、遇水搭桥，极高的建设效率引起各界的赞誉与艳羡，取得的成就足以令国人骄傲与自豪。与此同时，基于PV-GPG理论的绩效损失测度体系则告诉我们，可以自豪却不能自满，因为公共价值是多元的、绩效损失的类型是多元的，仅在某一方面取得领先并没有多大的意义，因为我们要追求的是整体的领先。我们在公共项目建设速度与规模方面或许已经走在了前列，但是，在公共项目的论证充分性、类型多样性、立项精准性、使命完成度、发展持续性以及权益保障等方面仍然需要借鉴世界银行等国际组织和发达国家的先进经验。在未来，也许可以基于PV-GPG理论的测度体系，尝试开展公共项目绩效损失的跨国案例比较研究，甚至构建公共项目国别绩效损失指数，在互比中取长补短，吸纳多元公共价值，减少整体绩效损失。当然，如果说前三个议题是展望，第四个则纯属畅想，暂且作为好奇，留由以后探讨。

参考文献

〔美〕埃贡·G. 古贝、〔美〕伊冯娜·S. 林肯：《第四代评估》，秦霖、蒋燕玲等译，中国人民大学出版社，2008。

包国宪、〔美〕道格拉斯·摩根：《政府绩效管理学——以公共价值为基础的政府绩效治理理论与方法》，高等教育出版社，2015。

〔美〕戴维·奥斯本、〔美〕特德·盖布勒：《改革政府：企业精神如何改革着公营部门》，上海市政协编译组、东方编译所编译，上海译文出版社，1996。

董礼胜：《西方公共行政学理论评析——工具理性与价值理性的分野与整合》，社会科学文献出版社，2015。

〔美〕哈罗德·科兹纳：《项目失败分析与拯救：案例分析与技巧》，叶红星等译，电子工业出版社，2015。

〔美〕杰伊·D. 怀特、〔美〕盖·B. 亚当斯：《公共行政研究——对理论与实践的反思》，刘亚平、高洁译，清华大学出版社，2005。

〔英〕L·赖维乐·布朗、〔英〕约翰·S. 贝尔：《法国行政法》第五版，高秦伟、王锴译，中国人民大学出版社，2006。

〔荷〕米歇尔·S. 德·弗里斯、〔韩〕金判锡主编《公共行政中的价值观与美德：比较研究视角》，熊樱、耿小平等译，中国人民大学出版社，2014。

〔美〕斯蒂芬·P. 罗宾斯：《管理学》第四版，黄卫伟等译，中国人民大学出版社，1997。

孙一平：《美国公共项目评估研究》，中国人事出版社，2011。

中国方正出版社编《工程建设项目施工招标投标办法》，中国方正出版社，2003。

中国社会科学院哲学研究所自然辩证法研究室编《国外自然科学哲学问题》，中国社会科学出版社，1991。

包国宪、马翔：《基于 PV-GPG 理论框架的公共项目绩效损失问题研究——以 G 省世界银行项目为例》，《公共行政评论》2018 年第 5 期。

包国宪、马翔：《兰州市洒水治污政策变迁路径与动力研究——基于定性比较分析法》，《北京理工大学学报》（社会科学版）2018 年第 4 期。

包国宪、马翔、李树军：《公共项目绩效损失结构、测度与评价方法研究》，《上海行政学院学报》2020 年第 4 期。

包国宪、毛雪雯、张弘：《政府绩效治理中的公众参与：绩效领导途径的分析》，《行政论坛》2017 年第 6 期。

包国宪、孙加献：《政府绩效评价中的"顾客导向"探析》，《中国行政管理》2006 年第 1 期。

包国宪、王学军：《以公共价值为基础的政府绩效治理——源起、架构与研究问题》，《公共管理学报》2012 年第 2 期。

包国宪、张弘：《基于 PV-GPG 理论框架的政府绩效损失研究——以鄂尔多斯"煤制油"项目为例》，《公共管理学报》2015 年第 3 期。

包国宪、张弘、毛雪雯：《公共治理网络中的绩效领导结构特征与机制——基于"品清湖围网拆迁"的案例研究》，《兰州大学学报》（社会科学版）2017 年第 3 期。

包国宪、周云飞：《政府绩效评价的价值载体模型构建研究》，《公共管理学报》2013 年第 2 期。

曹堂哲：《基于测量理论的政府绩效测量与评估的方法体系》，《宜宾学院学报》2015 年第 10 期。

晁毓欣：《美国联邦政府项目评级工具（PART）：结构、运行与特征》，《中国行政管理》2010 年第 5 期。

陈振明：《评西方的"新公共管理"范式》，《中国社会科学》2000 年第 6 期。

〔美〕大卫·哈里·罗森布鲁姆、敬乂嘉:《论非基于使命的公共价值在当代绩效导向的公共行政中的地位》,《复旦公共行政评论》2012 年第 2 期。

〔美〕戴维·H. 罗森布鲁姆、苗爱民、杨晋:《论非任务性公共价值在当代绩效导向的公共管理中的地位》,《公共管理与政策评论》2012 年第 1 期。

〔美〕道格拉斯·诺斯、路平、何玮:《新制度经济学及其发展》,《经济社会体制比较》2002 年第 5 期。

邓剑伟:《价值观与美德:公共行政市场化改革失效的良药——评〈公共行政中的价值观与美德:比较研究视角〉》,《中国公共政策评论》2016 年第 1 期。

杜亚灵、尹贻林、严玲:《公共项目管理绩效改善研究综述》,《软科学》2008 年第 4 期。

范柏乃、闫伟:《公共部门绩效评估方法的缺陷与修正:FBN 认同度评估法》,《南京社会科学》2016 年第 9 期。

费小冬:《扎根理论研究方法论:要素、研究程序和评判标准》,《公共行政评论》2008 年第 3 期。

付伟江、李旭辉:《基于系统视角的项目框架模型探索》,《项目管理技术》2018 年第 5 期。

付伟、焦长权:《"协调型"政权:项目制运作下的乡镇政府》,《社会学研究》2015 年第 2 期。

郭汉丁、张印贤、陶凯:《工程质量政府监督多层次利益分配与激励协同机制探究》,《中国管理科学》2019 年第 2 期。

郝瑾、王凤彬、王璁:《海外子公司角色分类及其与管控方式的匹配效应——一项双层多案例定性比较分析》,《管理世界》2017 年第 10 期。

何俊青:《西方公共行政发展中的管理主义——对管理主义思想与实践的梳理与反思》,硕士学位论文,武汉大学,2005。

何文盛、何志才:《地方政府绩效评估悖论形成机理探析——一个基于混沌理论的解释框架》,《北京行政学院学报》2016 年第 5 期。

何文盛、王焱、蔡明君:《政府绩效评估结果偏差探析:基于一种三维视角》,《中国行政管理》2013 年第 1 期。

胡敏中:《论价值共识》,《哲学研究》2008 年第 7 期。

姜士伟:《"治理"的多语境梳理与"国家治理"内涵的再解读》,《广东行政学院学报》2015 年第 5 期。

李东来、奚惠娟:《图书馆卓越绩效管理的驱动——领导力与战略管理》,《图书馆建设》2013 年第 7 期。

李有平等:《世行项目监测评价实践对国家科技重大专项监测评价的启示》,《科研管理》2009 年第 1 期。

李正彪、文峰:《农户经济行为视角的财政农业投资:绩效、原因、对策》,《经济问题探索》2009 年第 10 期。

厉晓婷:《政府垄断下无形公共产品的高成本服务问题研究——以杭州市环境保护事业为例》,硕士学位论文,浙江工商大学,2015。

刘光富、陈晓莉:《基于德尔菲法与层次分析法的项目风险评估》,《项目管理技术》2008 年第 1 期。

刘林平、范长煜、王娅:《被访者驱动抽样在农民工调查中的应用:实践与评估》,《社会学研究》2015 年第 2 期。

卢盛峰、陈思霞、杨子涵:《"官出数字":官员晋升激励下的 GDP 失真》,《中国工业经济》2017 年第 7 期。

马亮:《目标治国、绩效差距与政府行为:研究述评与理论展望》,《公共管理与政策评论》2017 年第 2 期。

马翔:《公共项目失败的类型划分、发生机理及其绩效损失测度——基于 PV-GPG 理论的跨案例研究》,硕士学位论文,兰州大学,2016。

毛寿龙:《治道变革:90 年代西方政府发展的新趋向》,《北京行政学院学报》1999 年第 1 期。

毛湛文:《定性比较分析(QCA)与新闻传播学研究》,《国际新闻界》2016 年第 4 期。

邱均平、欧玉芳:《美国〈教育项目评价标准〉的制定及启示》,《重庆大学学报》（社会科学版）2015 年第 6 期。

渠敬东：《项目制：一种新的国家治理体制》，《中国社会科学》2012 年第 5 期。

渠敬东、周飞舟、应星：《从总体支配到技术治理——基于中国 30 年改革经验的社会学分析》，《中国社会科学》2009 年第 6 期。

沈佩萍：《反思与超越——解读中国语境下的治理理论》，《探索与争鸣》2003 年第 3 期。

汪吉庶、张汉：《农村公共物品供给的议程困境及其应对——以浙江甬村为案例的小集体分成付费制度研究》，《公共管理学报》2014 年第 4 期。

王凤彬、江鸿、王璁：《央企集团管控架构的演进：战略决定、制度引致还是路径依赖？——一项定性比较分析（QCA）尝试》，《管理世界》2014 年第 12 期。

王红丽、崔晓明：《你第一时间选对核心利益相关者了吗?》，《管理世界》2013 年第 12 期。

王浦劬：《国家治理、政府治理和社会治理的含义及其相互关系》，《国家行政学院学报》2014 年第 3 期。

王学军、韩志青：《从测量到治理：构建公共价值创造的整合分析模型》，《上海行政学院学报》2017 年第 6 期。

王学军：《基于 PV-GPG 理论的政府绩效价值链构建及其管理研究》，《公共行政评论》2017 年第 2 期。

王学军、马翔：《政府绩效生成路径：新范式下的理论及其解释》，《上海行政学院学报》2015 年第 4 期。

王学军、王子琦：《公共项目绩效损失测度及治理：一个案例研究》，《中国行政管理》2019 年第 1 期。

王学军、张弘：《公共价值的研究路径与前沿问题》，《公共管理学报》2013 年第 2 期。

王学军：《政府绩效损失及其测度：公共价值范式下的理论框架》，《行政论坛》2017 年第 4 期。

夏冬林：《企业会计是一个战略控制系统——纪念杨纪琬先生诞辰 100

周年》,《会计研究》2017年第1期。

谢永结:《企业服务外包项目采购管理的研究和应用》, 硕士学位论文, 上海交通大学, 2009。

杨锡春:《公共投资项目绩效评价研究》, 博士学位论文, 西南财经大学, 2012。

杨小平、韩金伟:《基于挣值管理有效模型的挣值动态预测研究》,《北京理工大学学报》(社会科学版) 2010年第4期。

尹贻林、万礼锋:《汶川地震灾后恢复重建保障性公共项目绩效规划研究》,《科学学与科学技术管理》 2010年第3期。

张兵等:《PPP项目失败的组态研究——基于30个案例的清晰集定性比较分析》,《公共行政评论》 2019年第4期。

张强、韩莹莹:《当代美国联邦政府绩效评估的层级体系分析》,《社会科学研究》 2006年第1期。

赵晓军:《"万人评议政府"的元评估分析——以杭州社会评价为例》, 博士学位论文, 兰州大学, 2018。

折晓叶、陈婴婴:《项目制的分级运作机制和治理逻辑——对"项目进村"案例的社会学分析》,《中国社会科学》 2011年第4期。

郑方辉、王珺:《基于满意度导向的政府公共项目绩效评价》,《广东社会科学》 2010年第2期。

周俊:《政府购买公共服务的风险及其防范》,《中国行政管理》 2010年第6期。

周云飞:《中国地方政府绩效评价的价值体系研究——以县级政府为例》, 博士学位论文, 兰州大学, 2012。

朱凌:《绩效差距和管理决策: 前沿理论与定量研究评论》,《公共管理与政策评论》 2019年第6期。

Aaltonen K. Project Stakeholder Analysis as An Environmental Interpretation Process [J]. International Journal of Project Management, 2011, 29 (2): 165 - 183.

Adams P. W. Perspective: Public Values Have Changed? [J]. Journal of

Forestry, 1995, 93 (6): 60 – 60 (1).

Alford J. , Hughes O. E. Public Value Pragmatism as the Next Phase of Public Management [J]. American Review of Public Administration, 2008, 38 (2): 130 – 148.

Al-Hujran O. E-Government Adoption in Developing Countries [J]. Proceedings of the International Conference on Cloud Computing and E-Government, 2013, 2 (3): 53 – 58.

Al-Momani A. H. Construction Delay: A Quantitative Analysis [J]. International Journal of Project Management, 2000, 18 (1): 51 – 59.

Amitai A. Project Post-evaluation via AHP [J]. Production Planning & Control, 1994, 5 (4): 337 – 341.

Andersen E. S. , Dyrhaug Q. X. , Jessen S. A. Evaluation of Chinese Projects and Comparison with Norwegian Projects [J]. International Journal of Project Management, 2002, 20 (8): 601 – 609.

Arnstein, S. R. A Ladder of Citizen Participation [J]. Journal of the American Institute of Planners, 1969, 35 (4), 216 – 224.

Assaf S. A. , Al-Hejji S. Causes of Delay in Large Construction Projects [J]. International Journal of Project Management, 2006, 24 (4): 349 – 357.

Avery I. T. Bent Flyvbjerg [M]. North Mankato: Cel Publishing, 2012.

Bakker K. D. , Boonstra A. , Wortmann H. Does Risk Management Contribute to IT Project Success? A Meta-analysis of Empirical Evidence [J]. International Journal of Project Management, 2010, 28 (5): 493 – 503.

Barclay C. , Osei-Bryson K. M. Project Performance Development Framework: An Approach for Developing Performance Criteria & Measures for Information Systems (IS) Projects [J]. International Journal of Production Economics, 2010, 124 (1): 272 – 292.

Beck P. , Jiang J. J. , Klein G. Prototyping Mediators to Project Performance: Learning and Interaction [J]. Journal of Systems & Software, 2006, 79 (7): 1025 – 1035.

Behn, R. D. Why Measure Performance? Different Purposes Require Different Measures [J]. Public Administration Review, 2003, 63 (5), 586 – 606.

Benington J. , Moore M. H. Public Value: Theory and Practice [M]. Basingstroke: Palgrave Macmillan, 2011.

Bozeman B. Public Values and Public Interest: Counterbalancing Economic Individualism [J]. Acta Politica, 2009, 44 (4): 472 – 475.

Bozeman B. Public Values and Public Interest [M]. Washington: Georgetown University Press, 2007.

Bronte-Stewart M. Beyond the Iron Triangle: Evaluating Aspects of Success and Failure Using a Project Status Model [J]. Computing & Information Systems, 2015, 19 (2): 19 – 36.

Bryson J. M. , Crosby B. C. , Bloomberg L. Public Value and Public Administration [J]. Public Value & Public Administration, 2015 (11): 360 – 369.

Bryson, John M. , Slotterback, et al. Designing Public Participation Processes [J]. Public Administration Review, 2013, 73 (1): 23 – 34.

Budd J. W. Implicit Public Values and the Creation of Publicly Valuable Outcomes: The Importance of Work and the Contested Role of Labor Unions [J]. Public Administration Review, 2014, 74 (4): 506 – 516.

Buky J. B. Project Performance Evaluation by the World Bank [C]. Post-Audits of Environmental Programs and Projects. ASCE, 2010.

Cavarec, Revisiting the Definition of Project Success [M]. Project Management Institute (PMI), 2012.

Chen W. T. , Liao S. L. , Lu C. S. , et al. Evaluating Satisfaction with PCM Services for School Construction: A Case Study of Primary School Projects [J]. International Journal of Project Management, 2010, 28 (3): 296 – 310.

Cooper, T. L. The Hidden Price Tag: Participation Costs and Health Planning [J]. American Journal of Public Health, 1979, 69 (4), 368 – 374.

Cordero R. The Measurement of Innovation Performance in the Firm: An Overview [J]. Research Policy, 1990, 19 (2): 185 – 192.

Crawford L. H. , Helm J. Government and Governance: The Value of Project Management in the Public Sector [J]. Project Management Journal, 2009, 40 (1): 73 – 87.

Creighton, J. L. The Public Participation Handbook: Making Better Decisions through Citizen Involvement [M]. New York: John Wiley & Sons, 2005.

Dahl R. A. , Sartori G. The Formal Structure of Government [M]. London: Macmillan Education UK, 1970.

Dai Y. , Xu Z. , Yan L. , et al. New Evaluation Scale of Linguistic Information and Its Application [J]. Chinese Journal of Management Science, 2008, 16 (2): 145 – 149.

Denver. Pilot Program on Common Status Measures Objective-Referenced Tests. [J]. Colorado Evaluation Project, 1970 (1): 1 – 16.

Diallo A. , Thuillier D. The Success Dimensions of International Development Projects: The Perceptions of African Project Coordinators [J]. International Journal of Project Management, 2004, 22 (1): 19 – 31.

Donald, P. , Moynihan. Performance Regimes Amidst Governance Complexity [J]. Journal of Public Administration Research & Theory, 2011, 21 (1): 141 – 155.

Egon G. Guba, Yvonna S. Lincoln. Fourth Generation Evaluation [M]. London: Sage Publications.

Elder E. E. , Butcher W. R. Including the Economic Impact of Cost Paying in Regional Input-Output Analysis [J]. Western Journal of Agricultural Economics, 1989, 14 (1): 78 – 84.

Enserink, B. , & Koppenjan, J. Public Participation in China: Sustainable Urbanization and Governance [J]. Management of Environmental Quality: An International Journal, 2007, 18 (4), 459 – 474.

Faulkner N. , Kaufman S. Avoiding Theoretical Stagnation: A Systematic Review and Framework for Measuring Public Value [J]. Australian Journal of Public Administration, 2017 (5): 67 – 85.

Gan K. P. , Tower E. A General Equilibrium Cost-benefit Approach to Policy Reform and Project Evaluation in Malaysia [J]. Singapore Economic Review, 1987, 32 (1): 46 –61.

Gendron Y. , Cooper D. J. , Townley B. The Construction of Auditing Expertise in Measuring Government Performance [J]. Accounting Organizations & Society, 2007, 32 (1): 101 – 129.

Gordon, David. The Black Swan: The Impact of the Highly Improbable [J]. Library Journal, 2007, 132 (7): 94 –94.

Grasso P. G. , Wasty S. S. , Weaving R. V. World Bank Operations Evaluation Department: The First 30 Years [J]. General Information, 2003.

Guba E. G. , Lincoln Y. S. Effective Evaluation: Improving the Usefulness of Evaluation Results through Responsive and Naturalistic Approaches. [J]. Journal of Higher Education, 1981, 54 (4): 9 –33.

Guba E. G. , Lincoln Y. S. Fourth Generation Evaluation [J]. Canadian Journal of Communication, 1989, 16 (2): 6 – 10.

Institute P. M. A Guide to the Project Management Body of Knowledge: PMBOK (R) Guide [C]. Project Management Institute, 2013.

Iyer K. C. , Banerjee P. S. Measuring and Benchmarking Managerial Efficiency of Project Execution Schedule Performance [J]. International Journal of Project Management, 2016, 34 (2): 219 –236.

Jacobs, Lawrence R. The Contested Politics of Public Value [J]. Public Administration Review, 2014: 480 – 494.

Jennings N. R. , Sycara K. , Wooldridge M. A Roadmap of Agent Research and Development [J]. Autonomous Agents and Multi-Agent Systems, 1998, 1 (1): 7 –38.

John Benington. Creating the Public in order to Create Public Value? [J]. International Journal of Public Administration, 2009, 32 (3): 232 – 249.

Jørgensen T. B. , Bozeman B. Public Values An Inventory [J]. Administration & Society, 2007, 39 (3): 354 –381.

Joslin R. , Müller R. Relationships between A Project Management Methodology and Project Success in Different Project Governance Contexts [J]. International Journal of Project Management, 2015, 33 (6): 1377 – 1392.

Joslin R. , Müller R. The Relationship between Project Governance and Project Success [J]. International Journal of Project Management, 2016, 34 (4): 613 – 626.

Jr M. G. Recognizing Public Value, by Mark H. Moore, Cambridge, MA: Harvard University Press [J]. Journal of Policy Analysis & Management, 2014, 33 (3): 854 – 860.

Jugdev K. , Moller R. A Retrospective Look at Our Evolving Understanding of Project Success [J]. IEEE Engineering Management Review, 2005, 34 (3): 110 – 110.

Kaming P. F. , Olomolaiye P. O. , Holt G. D. , et al. Factors Influencing Construction Time and Cost Overruns on High-rise Projects in Indonesia [J]. Construction Management & Economics, 1997, 15 (1): 83 – 94.

Kaplan S. Participation in the Design Process: A Cognitive Approach [J]. Perspectives on Environment and Behavior, 1977 (1): 221 – 222.

Karunasena K. , Deng H. Critical Factors for Evaluating the Public Value of E-government in Sri Lanka [J]. Government Information Quarterly, 2012, 29 (1): 76 – 84.

Kenneth, J. , Meier, et al. Performance Gaps and Managerial Decisions: A Bayesian Decision Theory of Managerial Action [J]. Journal of Public Administration Research & Theory, 2015 (4): 12 – 21.

Kenneth R. Greene. Municipal Administrators' Receptivity to Citizens' and Elected Officials' Contacts [J]. Public Administration Review, 1982, 42 (4): 34 – 46.

King L. , Appleton J. V. Fourth Generation Evaluation of Health Services: Exploring a Methodology that Offers Equal Voice to Consumer and Professional Stakeholders [J]. Qualitative Health Research, 1999, 9 (5): 698 – 710.

Lane J. E. New Public Management [J]. Encyclopedia of Creativity Invention Innovation & Entrepreneurship, 1998, 25 (2): 234 – 240.

Laughlin R. , Broadbent J. Redesigning Fourth Generation Evaluation: An Evaluation Model for the Public-sector Reforms in the UK? [J]. Evaluation, 1996, 2 (4): 431 – 451.

Lay M. , Papadopoulos I. An Exploration of Fourth Generation Evaluation in Practice [J]. Evaluation, 2007, 13 (4): 495 – 504.

Lincoln Y. S. Fourth Generation Evaluation, The Paradigm Revolution and Health Promotion. [J]. Canadian Journal of Public Health Revue Canadienne De Santé Publique, 1992, 83 (1): 6 – 10.

Lincoln Y. S. , Guba E. G. , Pilotta J. J. Naturalistic Inquiry: Beverly Hills, CA: Sage Publications, [J]. International Journal of Intercultural Relations, 1985, 9 (4): 438 – 439.

Lotfia A. Zadeh, et al. Fuzzy Sets, Fuzzy Logic, and Fuzzy Systems [C]. World Scientific, 1996: 35 – 43.

Marx A. , Dusa A. , Crisp-Set Qualitative Comparative Analysis (csQCA), Contradictions and Consistency Benchmarks for Model Specification [J]. Methodological Innovations Online, 2011, 6 (2): 103 – 148.

Meier K. J, Bohte J. Ode to Luther Gulick: Span of Control and Organizational Performance [J]. Administration & Society, 2000, 32 (2): 115 – 137.

Mekonen Y. Measuring Government Performance in Realising Child Rights and Child Wellbeing: The Approach and Indicators [J]. Child Indicators Research, 2010, 3 (2): 205 – 241.

Melchior M. B, Melchior A. A Case for Particularism in Public Administration [J]. Administration & Society, 2001, 33 (3): 251 – 275.

Meredith J. R. , Mantel S. J. J. Project Management: A Managerial Approach [J]. Cardiff University, 1995, 13 (3): 7 – 9.

Meynhardt T. , Brieger S. A, Strathoff P. , et al. Public Value Performance: What does It Mean to Create Value in the Public Sector? [M]. Wiesbaden:

Springer Fachmedien Wiesbaden, 2017.

Meynhardt, Timo. Public Value Inside: What is Public Value Creation? [J]. International Journal of Public Administration, 2009, 32 (3 –4): 192 –219.

Mkoba E. , Marnewick C. IT Project Success: A Conceptual Framework for IT Project Auditing Assurance [C]. The Conference of the South African Institute of Computer Scientists and Information Technologists. 2016: 1 – 8.

Mohapatra M. K. , Rose B. , Woods D. A, et al. Attitudes toward Public Administration Education, Professional Role Perceptions and Political Values among the Public Administrators in an American State—Kentucky. Research Report. [J]. Administrator Attitudes, 2001, 4 (10): 22 –28.

Moore, Mark Harrison. Creating Public Value: Strategic Management in Government [M]. Boston: Harvard University Press, 1995.

Moore M. H. Recognising Public Value: The Challenge of Measuring Performance In Government [M]. Boston: Harvard University Press, 2006.

Moore M. H. Recognizing Public Value [M]. Boston: Harvard University Press, 2013.

Morse R. S. Integrative Public Leadership: Catalyzing Collaboration to Create Public Value [J]. Leadership Quarterly, 2010, 21 (2): 231 –245.

Moynihan D. P. , Hawes D. P. Responsiveness to Reform Values: The Influence of the Environment on Performance Information Use [J]. Public Administration Review, 2012, 72 (1): 95 –105.

Moynihan D. P. , Pandey S. K. The Big Question for Performance Management: Explaining Performance Information Use [J]. Social Science Electronic Publishing, 2009, 20 (4): 840 –866 .

Moynihan, Donald P. Public Management in North America [J]. Public Management Review, 2008, 10 (4): 481 –492.

Nathan, Favero, Kenneth, et al. Goals, Trust, Participation, and Feedback: Linking Internal Management With Performance Outcomes [J]. Journal of Public Administration Research & Theory, 2014 (10): 2 –11.

Nielsen, Aaes P. Learning From Performance Feedback: Performance Information, Aspiration Levels, And Managemenrial Priorities [J]. Public Administration, 2014, 92 (1): 142 – 160.

Olsen M. , Sørensen H. T. , Hjortdal V. E. , et al. Congenital Heart Defects and Developmental and Other Psychiatric Disorders: a Danish Nationwide Cohort Study [J]. Circulation, 2011, 124 (16): 1706 – 1712.

Osella M. , Ferro E. , Pautasso M. E. Toward a Methodological Approach to Assess Public Value in Smart Cities [M]. Wiesbaden: Springer International Publishing, 2016.

Page S. Integrative Leadership for Collaborative Governance: Civic Engagement in Seattle [J]. Leadership Quarterly, 2010, 21 (2): 246 – 263.

Papi L. , Bigoni M. , Bracci E. , et al. Measuring Public Value: A Conceptual and Applied Ccontribution to the Debate [J]. Public Money & Management, 2018 (2): 503 – 510.

Patton M. Q. Effective Evaluation: Improving the Usefulness of Evaluation Results through Responsive and Naturalistic Approaches [J]. Journal of Higher Education, 1981, 54 (54): 339.

Pavel Dubský, Magda Ördögová, Michal Malý, et al. CEval: All-in-one Software for Data Processing and Statistical Evaluations in Affinity Capillary Electrophoresis [J]. Journal of Chromatography A, 2016, 45 (14): 158 – 165.

Pei-Ling Hsu, Wolff-Michael Roth, Asit Mazumder. Natural Pedagogical Conversations in High School Students' Internship [J]. Journal of Research in Science Teaching, 2009, 46 (5): 481 – 505.

Piotrowski, S. , & Rosenbloom, D. Nonmission-based Values in Results-Oriented Public Management: The Case of Freedom of Information [J]. Public Administration Review, 2002, 62 (6), 643 – 657.

Ragin C. C. , Strand S. I. Using Qualitative Comparative Analysis to Study Causal Order Comment on Caren and Panofsky [J]. Sociological Methods & Research, 2008, 36 (4): 431 – 441.

Rainey, Hal, G., et al. Comparing Public and Private Organizations: Empirical Research and the Power of the A Priori. [J]. Journal of Public Administration Research & Theory, 2000 (4): 447 - 469.

Rainey, G. Hal. Review: Public Organization Theory: The Rising Challenge [J]. Public Administration Review, 1983, 43 (2): 176 - 182.

Rębiasz B., Macioł A. Comparison of Classical Multi-Criteria Decision Making Methods with Fuzzy Rule-Based Methods on the Example of Investment Projects Evaluation [M]. Intelligent Decision Technologies. Springer International Publishing, 2015: 549 - 561.

Rokeach M. The Nature of Human Values. [J]. American Journal of Sociology, 1973, 89 (1).

Rosenbloom D. H. Beyond Efficiency: Value Frameworks for Public Administration [J]. Chinese Public Administration Review, 2017, 8 (1): 11 - 37.

Rosenbloom D. H., Gong T. Coproducing "Clean" Collaborative Governmence: Examples from the United States and China [J]. Public Performance & Management Review, 2013, 36 (4): 544 - 561.

Rutgers M. R. Sorting Out Public Values? On the Contingency of Value Classification in Public Administration [J]. Administrative Theory & Praxis, 2008, 30 (1): 92 - 113.

Sakawa M. Interactive Fuzzy Decision Making for Multiobjective Linear Programming Problems and Its Application [J]. IFAC Proceedings Volumes, 1983, 16 (13): 295 - 300.

Sanderson S. K. Book Review: Eugenics: A Reassessment. Richard Lynn. Westport, CT: Praeger, 2001, 367 pp. (Hardbound), $ 85.00 [J]. Population & Environment, 2002, 24 (2): 219 - 222.

Samset K., Volden G. H. Front-end Definition of Projects: Ten Paradoxes and Some Reflections Regarding Project Management and Project Governance [J]. International Journal of Project Management, 2016, 34 (2): 297 - 313.

Schim S. M, Doorenbos A. Z. A Three-dimensional Model of Cultural Congruence: Framework for Intervention [J]. Journal of Social Work in End-of-life & Palliative Care, 2010, 6 (3): 256.

Schneider C. Q. , Wagemann C. Standards of Good Practice in Qualitative Comparative Analysis (QCA) and Fuzzy-Sets [J] . Comparative Sociology, 2010, 9 (3): 397 – 418.

Schwandt T. A. Qualitative Data Analysis: An Expanded Sourcebook: Edited by Matthew B. Miles and A. Michael Huberman. Thousand oaks, Calif. : Sage, 1994 [J]. Evaluation & Program Planning, 1996, 19 (1): 106 – 107.

Schwandt T. A. Qualitative Inquiry: A Dictionary of Terms [M]. London: Qualitative Inquiry: A Dictionary of Terms. Sage Publications, 1997.

Shiferaw A. Project Governance as a Critical Success Factor for the Development of Public Investment Projects [C]. The 3rd International Conference on Construction and Project Management-ICCPM 2012.

Stake R. E. Statement of Resignation from the Vice Presidency of Division D of AERA [J]. Educational Researcher, 1975, 4 (8): 2 – 2.

Stephen Brookes, Jay Wiggan. Reflecting the Public Value of Sport [J]. Public Management Review, 2009, 11 (4): 401 – 420.

Stoker G. Public Value Management: A New Narrative for Networked Governance? [J]. American Review of Public Administration, 2006, 36 (1): 41 – 57.

Sweis G. , Sweis R. J. , Bisharat S. M. , et al. Factors Affecting Contractor Performance on Public Construction Projects [J]. International Journal of Project Management, 2014, 11 (4): 28 – 39.

T. Christensen P. L. NPM and beyond: The Second Generation of Reforms [J]. 2006 (1): 19 – 21.

Taylor Jeannette. Organizational Culture and the Paradox of Performance Management [J] . Public Performance & Management Review, 2014 (12): 7 – 22.

Thiel V. and Leeuw F. The Performance Paradox in the Public Sector [J]. Public Performance & Management Review, 2002, 25 (3): 267 – 281.

Tom Christensen, Per Lægreid. The Whole-of-Government Approach to Public Sector Reform [J]. Public Administration Review, 2007, 67 (6): 1059 – 1066.

Toor S. U. R., Ogunlana S. O. Beyond the "Iron Triangle": Stakeholder Perception of Key Performance Indicators (KPIs) for Large-scale Public Sector Development Projects [J]. International Journal of Project Management, 2010, 28 (3): 228 – 236.

Torbica Z. M., Stroh R. C. Impactof Total Quality Management on Home-Buyer Satisfaction [J]. Journal of Construction Engineering & Management, 1999, 125 (3): 198 – 203.

Vigoda, E. From Responsiveness to Collaboration: Governance, Citizens, and the Next Generation of Public Administration [J]. Public Administration Review, 2002, 62 (5), 527 – 540.

Wagemann C., Schneider C. Q. Qualitative Comparative Analysis (QCA) and Fuzzy-Sets: Agenda for a Research Approach and a Data Analysis Technique [J]. Comparative Sociology, 2010, 9 (3): 376 – 396.

Wang X., Wang Z.. Beyond Efficiency or Justice: The Structure and Measurement of Public Servants' Public Values Preferences [J]. Administration Society, 2019. 6 (1): 1 – 26.

Williams T., Klakegg O. J., Magnussen O. M., et al. An investigation of Governance Frameworks for Public Projects in Norway and the UK [J]. International Journal of Project Management, 2010, 28 (1): 40 – 50.

Wu G., Liu C., Zhao X., et al. Investigating the Relationship between Communication-conflict Interaction and Project Success among Construction Project Teams [J]. International Journal of Project Management, 2017, 35 (8): 1466 – 1482.

Zhang H., Shen Y., Zhang Z. Local Government Performance Evaluation Model Based on Fuzzy Comprehensive Evaluation [J]. Science Technology & Engineering, 2006.

附录 A

公共项目部分指标数据监测表

项目发展目标（Project Development Objective，PDO）		
项目结果指标（Project Level Results Indicators，P-LRI）	度量单位	基线
P-LRI-1：从新建和改建道路受益的人数	人	0
P-LRI-2：日平均交通流量	辆	0
P-LRI-3：使用供水服务的人数	人	106
P-LRI-4：服务中心。有效使用综合服务中心、农产品市场，以及使用灌溉服务的用户数量	人	9964
项目中间成果指标（Project Intermediate Result Indicators，P-IRI）1		
P-IRI-1.1：修路	km	0
P-IRI-1.2：改建道路	km	0
P-IRI-1.3：供水量	m^3/d	30
P-IRI-1.4：由于新项目而能使用供水服务的家庭	个	0
P-IRI-1.5：铺设管线的长度 （a）供水 （b）污水 （c）排水	m	0
P-IRI-1.6：新建的农贸市场、产业中心、职业培训中心	个	0
P-IRI-1.7：因新建和改建设施而增加的灌溉面积（渠和泵站）	公顷	0
项目中间成果指标 2		
P-IRI-2.1：根据同意的技术援助项目完成的研究数量	个	
P-IRI-2.2：发展的农民组织的数量（生产者协会、合作社、用水者协会）	个	0

续表

P-IRI-2.3：农产品市场		516
（a）商贩数量	个	
（b）销售额	百万元	47.55
P-IRI-2.4：根据同意的培训计划，接受培训的目标受益者的数量（企业、小生产者和农民）	个	0
项目中间成果指标 3		
P-IRI-3.1：培训的项目办工作人员人数（项目管理、采购、财务管理、监测与评价等）	个	0
P-IRI-3.2：资金到位率	%	0
（a）世界银行资金到位率		
（b）配套资金到位率		

资料来源：世界银行项目协定。

附录 B

公共项目部分主观指标调查表

×××道路项目满意度与社会经济调查

为全面了解×××道路项目有关情况，兰州大学中国政府绩效管理研究中心课题组特制定满意度与社会经济调查问卷。本问卷采取匿名制，调查数据仅用于科学研究。希望您反映自己的真实体会，并且您的任何意见和建议都将会被重视。

填写说明：

请根据每个问题，在符合您的意见的选项上打"√"。

一 受访者基本信息

性　别	□男　□女	年　龄	□＜18　　□18—30　　□31—50　　□51—70 □＞70		
民　族		政治面貌	□中共党员　□群众　□其他＿＿＿		
职　业	□务农　　□务工　　□教师　　个体户　　□其他＿＿＿				
文化程度	□小学及以下　　□初中　　□高中　　□专科与本科　　□硕士及以上				
家庭人数		家庭收入	□1万元以下　　□1万—2万元　　□2万—3万元 □3万—4万元　　□4万元及以上		

二 项目满意度

请您根据自己对于本地世界银行道路项目的实际感受和体会，对下面题项进行满意度的评价和判断，并在最符合的数字上打"√"。评价和判断的标准如下：1 = 非常不满意，2 = 不满意，3 = 一般，4 = 满意，5 = 非常满意。

序号	题项内容	评价					建议
		1	2	3	4	5	
1	您对道路设计满意吗						
2	您对道路选址满意吗						
3	您对道路质量满意吗						
4	您对道路外观满意吗						
5	您对道路修建周期满意吗						
6	您对道路使用地便利性满意吗						
7	您整体上对道路项目满意吗						

三 项目影响

请您根据自己对于本地世界银行道路项目的实际感受和体会，对下面题项进行项目影响的评价和判断，并在最符合的数字上打"√"。评价和判断的标准如下：1 = 非常不同意，2 = 不同意，3 = 一般，4 = 同意，5 = 非常同意。

序号	题项内容	评价					建议
		1	2	3	4	5	
1	符合您的实际需求						
2	方便了您的日常出行						
3	节省您的出行时间						
4	货物运输更便利了						
5	您的家庭收入增加了						
6	提高了您的生活质量						

序号	题项内容	评价					建议
		1	2	3	4	5	
7	促进了本地区地经济发展						
8	本地外来游客更多了						

资料来源：兰州大学中国政府绩效管理研究中心与世界银行经济分析专家李嫣共制。

×××灌溉项目满意度与社会经济调查

为全面了解×××灌溉项目有关情况，兰州大学中国政府绩效管理研究中心课题组特制定满意度与社会经济调查问卷。本问卷采取匿名制，调查数据仅用于科学研究。希望您反映自己的真实体会，并且您的任何意见和建议都将会被重视。

一　灌溉项目满意度与社会经济调查问卷

为全面了解灌溉项目有关情况，兰州大学中国政府绩效管理研究中心课题组特制定满意度与社会经济调查问卷。本问卷采取匿名制，调查数据仅用于科学研究。希望您反映自己的真实体会，并且您的任何意见和建议都将会被重视。

填写说明：

请根据每个问题，在符合您的意见的选项上打"√"。

（一）受访者基本信息

性　　别	□男　　□女	年　　龄	□＜18　　□18—30　　□31—50　　□51—70 □＞70
民　　族		政治面貌	□中共党员　　　□群众　　　□其他_____
职　　业	□农民　　□工人　　□公职人员　　□教师　　□企业人员　　□个体户 □其他_____		
文化程度	□小学及以下　　□初中　　□高中　　□专科与本科　　□硕士及以上		
家庭人数		家庭收入	□1万元以下　　□1万—2万元　　□2万—3万元 □3万—4万元　　□4万元及以上

219

（二）项目满意度

请您根据自己对于本地世界银行灌溉项目的实际感受和体会，对下面题项进行满意度的评价和判断，并在最符合的数字上打"√"。评价和判断的标准如下：1 = 非常不满意，2 = 不满意，3 = 一般，4 = 满意，5 = 非常满意。

序号	题项内容	评价					建议
		1	2	3	4	5	
1	您对灌溉渠道设计满意吗						
2	您对灌溉渠道选址满意吗						
3	您对灌溉渠道质量满意吗						
4	您对灌溉渠道外观满意吗						
5	您对灌溉渠道修建周期满意吗						
6	您对渠道使用的便利性满意吗						
7	您对灌溉渠道运营维护满意吗						
8	您整体上对灌溉项目满意吗						

（三）项目影响

请您根据自己对于本地世界银行灌溉项目的实际感受和体会，对下面题项进行项目影响的评价和判断，并在最符合的数字上打"√"。评价和判断的标准如下：1 = 非常不同意，2 = 不同意，3 = 一般，4 = 同意，5 = 非常同意。

序号	题项内容	评价					建议
		1	2	3	4	5	
1	这正是您所需要的						
2	方便了您的农田灌溉						
3	提高了农田灌溉效率						
4	降低了农田灌溉成本						
5	增加了农业产量						
6	增加了您的家庭收入						
7	提高了您的家庭生活质量						

续表

序号	题项内容	评价					建议
		1	2	3	4	5	
8	本地区农业生产环境有所改善						
9	促进了本地区的经济发展						

资料来源：兰州大学中国政府绩效管理研究中心与世界银行经济分析专家李嫣共制。

×××培训项目满意度与社会经济调查

为全面了解×××培训项目有关情况，兰州大学中国政府绩效管理研究中心课题组特制定满意度与社会经济调查问卷。本问卷采取匿名制，调查数据仅用于科学研究。希望您反映自己的真实体会，并且您的任何意见和建议都将会被重视。

填写说明：

请根据每个问题，在符合您的意见的选项上打"√"。

（一）受访者基本信息

性　别	□男　　□女	年　龄	□<18　　□18—30　　□31—50　　□51—70 □>70
民　族		政治面貌	□中共党员　　□群众　　□其他_____
职　业	□农民　　□工人　　□公职人员　　□教师　　□企业人员　　□个体户 □其他_____		
文化程度	□小学及以下　　□初中　　□高中　　□专科与本科　　□硕士及以上		
家庭人数		家庭收入	□1 万元以下　　□1 万—2 万元　　□2 万—3 万元 □3 万—4 万元　　□4 万元及以上

（二）项目满意度

请您根据自己对于本地世界银行培训项目的实际感受和体会，对下面题项进行满意度的评价和判断，并在最符合的数字上打"√"。评价和判断的标准如下：1 = 非常不满意，2 = 不满意，3 = 一般，4 = 满意，5 = 非常满意。

序号	题项内容	评价					建议
		1	2	3	4	5	
1	您对培训地点满意吗						
2	您对培训流程满意吗						
3	您对培训内容满意吗						
4	您对培训时间安排满意吗						
5	您对培训人员满意吗						
6	您对培训质量满意吗						
7	您整体上对培训项目满意吗						

（三）项目影响

请您根据自己对于本地世界银行培训项目的实际感受和体会，对下面题项进行项目影响的评价和判断，并在最符合的数字上打"√"。评价和判断的标准如下：1 = 非常不同意，2 = 不同意，3 = 一般，4 = 同意，5 = 非常同意。

序号	题项内容	评价					建议
		1	2	3	4	5	
1	这正是您所需要的						
2	提高了您的生产技能						
3	增加了您的就业机会						
4	提高了您个人的家庭地位						
5	您的家庭收入增加了						
6	本地区产业发展环境有所改善						
7	促进了本地区的经济发展						

资料来源：兰州大学中国政府绩效管理研究中心与世界银行经济分析专家李嫣共制。

×××市场项目满意度与社会经济调查

为全面了解×××市场项目有关情况，兰州大学中国政府绩效管理研究中心课题组特制定满意度与社会经济调查问卷。本问卷采取匿名制，调查数据仅用于科学研究。希望您反映自己的真实体会，并且您的任何意见和建议都将会被重视。

填写说明：

请根据每个问题，在符合您的意见的选项上打"√"。

（一）受访者基本信息

性 别	□男 □女	年 龄	□＜18 □18—30 □31—50 □51—70 □＞70			
民 族		政治面貌	□中共党员 □群众 □其他_____			
职 业	□农民 □工人 □公职人员 □教师 □企业人员 □个体户 □其他_____					
文化程度	□小学及以下 □初中 □高中 □专科与本科 □硕士及以上					
家庭人数		家庭收入	□1 万元以下 □1 万—2 万元 □2 万—3 万元 □3 万—4 万元 □4 万元及以上			

（二）项目满意度

请您根据自己对于本地世界银行市场项目的实际感受和体会，对下面题项进行满意度的评价和判断，并在最符合的数字上打"√"。评价和判断的标准如下：1＝非常不满意，2＝不满意，3＝一般，4＝满意，5＝非常满意。

序号	题项内容	评价					建议
		1	2	3	4	5	
1	您对市场设计满意吗						
2	您对市场选址满意吗						
3	您对市场质量满意吗						
4	您对市场上商品质量满意吗						
5	您对市场上商品价格满意吗						
6	您对市场商户服务态度满意吗						
7	您对市场秩序满意吗						
8	您对市场环境卫生满意吗						
9	您整体上对市场项目满意吗						

（三）项目影响

请您根据自己对于本地世界银行市场项目的实际感受和体会，对下面题项进行项目影响的评价和判断，并在最符合的数字上打"√"。评价和判断的标准如下：1 = 非常不同意，2 = 不同意，3 = 一般，4 = 同意，5 = 非常同意。

序号	题项内容	评价					建议
		1	2	3	4	5	
1	这正是您所需要的						
2	方便了您购物						
3	节省了您的购物时间						
4	提高了您家庭的生活质量						
5	本地区的购物环境有所改善						
6	促进了本地区的经济发展						

资料来源：兰州大学中国政府绩效管理研究中心与世界银行经济分析专家李嫣共制。

×××管网项目满意度与社会经济调查

为全面了解×××管网项目有关情况，兰州大学中国政府绩效管理研究中心课题组特制定满意度与社会经济调查问卷。本问卷采取匿名制，调查数据仅用于科学研究。希望您反映自己的真实体会，并且您的任何意见和建议都将会被重视。

填写说明：

请根据每个问题，在符合您的意见的选项上打"√"。

（一）受访者基本信息

性　别	□男　　□女	年　龄	□＜18　　□18—30　　□31—50　　□51—70 □＞70			
民　族		政治面貌	□中共党员　　□群众　　□其他_____			
职　业	□农民　　□工人　　□公职人员　　□教师　　□企业人员　　□个体户 □其他_____					
文化程度	□小学及以下　　□初中　　□高中　　□专科与本科　　□硕士及以上					
家庭人数		家庭收入	□1 万元以下　　□1 万—2 万元　　□2 万—3 万元 □3 万—4 万元　　□4 万元及以上			

（二） 项目满意度

请您根据自己对于本地世界银行管网项目的实际感受和体会，对下面题项进行满意度的评价和判断，并在最符合的数字上打"√"。评价和判断的标准如下：1＝非常不满意，2＝不满意，3＝一般，4＝满意，5＝非常满意。

序号	题项内容	评价					建议
		1	2	3	4	5	
1	您对管道设计满意吗						
2	您对管道选址满意吗						
3	您对管道质量满意吗						
4	您对管道修建周期满意吗						
5	您对自来水管使用满意吗						
6	您对污水／雨水管排水满意吗						
7	您对管道运营维护满意吗						
8	您整体上对管道项目满意吗						

（三） 项目影响

请您根据自己对于本地世界银行管网项目的实际感受和体会，对下面题项进行项目影响的评价和判断，并在最符合的数字上打"√"。评价和判断的标准如下：1＝非常不同意，2＝不同意，3＝一般，4＝同意，5＝非常同意。

序号	题项内容	评价					建议
		1	2	3	4	5	
1	这正是您所需要的						
2	方便了您的日常生活						
3	自来水增加了您的收入（商户）						
4	改善了您家庭的生活环境						
5	提高了您家庭的生活质量						
6	本区域的居住环境有所改善						

资料来源：兰州大学中国政府绩效管理研究中心与世界银行经济分析专家李嫣共制。

附录 C

专家组结果标定证据来源表

编号	循证来源	报告来源	监测频率	报告数量	是否公开
R1	《世行项目进度外部监测报告》	绩效中心	年均两次	91	是
R2	《世行项目满意度评价报告》	绩效中心	全周期一次	32	是
R3	《世行项目社会经济影响报告》	绩效中心	全周期一次	32	是
R4	《世行项目可行性研究报告》	各省（区、市）发改委	全周期一次	3	是
R5	《世行项目移民安置报告》	移民中心	年均两次	10	否
R6	《世行项目质量监督检查报告》	各省（区、市）发改委	全周期两次	31	否
R7	《世行项目环评报告》	各省（区、市）发改委	全周期一次	31	是
R8	《世行项目社会风险评估报告》	各省（区、市）发改委	全周期一次	31	是
R9	《世行项目公众参与情况访谈报告》	绩效中心	全周期两次	2	否
R10	《世行项目综合绩效损失访谈报告》	绩效中心	全周期两次	2	否
R11	《世行项目协定》	世界银行	全周期一次	3	否
R12	《世行项目专项检查报告》	世界银行	年均一次	5	否
R13	《世行项目管理手册》	各省（区、市）发改委	全周期一次	3	是
R14	《世行项目绩效领导访谈报告》	绩效中心	全周期一次	12	否
R15	《世行项目敦煌国际会议研讨报告》	绩效中心	全周期一次	1	否
R16	《焦点小组共同判定会议记录》	绩效中心	全周期两次	2	是

资料来源：笔者自制。

附录 D

专家组结果标定打分表

变量标定关键诊断性问题

维度	变量	序号	关键诊断性问题	判定		证据来源
				是	否	
社会价值建构	公众参与	1	本地民众参与本项目的积极性比较高?			
		2	建设项目之前,广泛征求了公众意见?			
		3	公众对项目中有任何问题都可以向管理方反馈?			
		4	公众对项目的集体意见已经纳入项目决策当中?			
	调查研究	5	建设什么样的项目,要经过广泛的调查研究?			
		6	调查研究之后撰写了全面的调查报告?			
		7	调查报告中反映的情况基本落实到项目中?			
	资源禀赋	8	项目建设充分考虑到了当地资源禀赋问题?			
		9	项目不存在资金缺乏的问题?			
		10	项目与当前本地所处的发展阶段相匹配吗?			
		11	项目中不存在土地规划等问题?			
组织管理	激励体系	12	通过本项目,项目管理人员会有更大的晋升机会?			
		13	通过本项目,项目管理人员会有更多的收入?			
		14	有项目管理问题,项目管理人员会遭到问责?			
		15	项目关键管理人员没有变更?			
		16	项目关键管理人员能力很好?			
	项目设计	17	项目设计没有缺陷?			
		18	项目有与回应、透明度有关的制度设计吗?			

续表

维度	变量	序号	关键诊断性问题	判定		证据来源
				是	否	
组织管理	流程管理	19	监理机构发挥了有效的作用？			
		20	投标很规范，没有外部因素干扰？			
		21	项目严格按照管理手册进行管理？			
		22	项目签署的合同得到了规范执行？			
协同领导系统	冲突	23	项目管理人员的关系融洽吗？			
		24	项目管理方关于项目工作没有任务分歧？			
		25	项目管理方与项目供应方之间没有冲突？			
		26	项目管理方与项目受益目标群体没有冲突？			
		27	项目供应方与项目受益目标群体没有冲突？			
		28	成员对于实现任务的路径没有意见？			
	沟通	29	整个项目管理系统有正式的沟通机制？			
		30	管理方与外部利益相关者有正式的沟通机制？			
		31	通过正式的沟通机制，各方的沟通是及时的？			
		32	通过正式的沟通机制，各方的沟通是透明的？			
		33	能够在正式场合沟通解决问题？			
	价值共识	34	上下级关于项目要实现什么价值达成一致？			
		35	内外部关于项目要实现什么价值达成一致？			
		36	公众关于项目能实现什么价值达成一致？			
绩效损失	使命型绩效损失	37	项目与国家战略不太相关？			
		38	项目与本地的需求不太相关？			
		39	在未来，我不看好项目持续发挥作用？			
		40	项目目标没有达到预期？			
	工具型绩效损失	41	本项目竣工时间超过了预定日期？			
		42	本项目的制造、运营、维护成本超过了预期？			
		43	本项目存在某种程度的质量问题吗？			
		44	项目执行期间存在安全问题吗？			
	权益型绩效损失	45	项目透明度方面做得不好？			
		46	全过程无法积极回应公众诉求？			
		47	公众对项目不满意？			

资料来源：笔者自制。

| 附录 E |
其他相关访谈提纲

在执行本书研究任务过程中，研究者还充分利用外部监测调研的便利性，针对访谈表 6 - 2 中发现的新问题与未能触及的问题，对部分调研对象进行了回访，涉及的回访议题包括：项目的公众参与情况、项目的领导机制问题、项目的冲突问题、项目的激励机制问题。

具体的访谈提纲如下。

附录 E - 1　公共项目中的公众参与访谈提纲

公共项目的公众参与情况	
访谈问题	
1	老百姓对项目支持吗？会提出具体意见吗？有反馈渠道吗？
2	您认为在世界银行项目中，老百姓参与是必要的吗，为什么？如果没有老百姓的参与，世界银行项目能够成功吗？
3	如果把世界银行项目周期划分为计划、立项、谈判、实施、评价以及监督等不同的环节，您认为在哪些环节需要老百姓的参与，为什么？
4	在项目建设中与当地老百姓有冲突时，是否邀请老百姓一同协商解决？冲突具体如何解决的？
5	在世界银行项目的实际管理过程中，老百姓参与的方式有哪些？具体是如何参与的？
6	在这些有老百姓参与的环节中，参与的老百姓可以分为几类群体？（参与的群体有无组织，如合作社参与、老百姓自发组织的参与、个人参与；参与的人员，如老百姓个人、乡村精英或有威望的人、村委会成员等）

附录 E-2   公共项目存在的其他问题访谈提纲

公共项目存在的其他问题和不足	
	访谈问题
1	所在地的公共项目进度如何？（如果进度缓慢，追问具体原因）
2	项目建设中遇到其他困难？有没有难以克服的，为什么？
3	您认为，机构能力建设与项目办工作人员素质影响项目绩效吗？
4	项目资金充足吗？若不充足，为什么能申请下来，对项目绩效影响大吗？
5	您认为整个世界银行项目管理过程中有哪些步骤是不必要的、不适合中国的？
6	手续办理不下来，为什么还要未批先建，有哪些好处且有什么问题？

附录 E-3   公共项目冲突问题访谈提纲

公共项目中的冲突问题	
	访谈问题
1	整个公共项目周期，项目办与地方百姓有过冲突吗？什么冲突？（进度？内容？资金？）
2	地方项目办与县（市）项目协调领导小组有过冲突吗？哪种类型的？
3	地方项目办与省项目办有过冲突吗？哪种类型的？
4	地方项目办与世界银行有过冲突吗？哪种类型的？
5	地方项目办与地方其他行政部门有过冲突吗？（有的时候是怎么处理的？）哪种类型的？
6	除公共项目工作之外，您还身兼其他工作吗？工作时间有冲突吗？如果有，您如何进行任务排序？
7	您在执行项目有关工作的时候受哪些因素影响？（自身？上级？制度？）
8	为了更适合当地运行，您认为世界银行公共项目哪些环节还需要调整？

附录 E-4   项目激励—压力机制访谈提纲

公共项目的激励机制（正向激励）	
	访谈问题
1	在您看来，世界银行项目与国内项目之间有哪些不同？
2	相比您做过的国内项目，世界银行资金的管理方面有什么不同？
3	您认为世界银行项目有值得我们学习的地方吗？您愿意学习吗？
4	如果再有世界银行项目，我们还愿意积极争取吗？
5	现有的激励手段是什么？（晋升？资金？荣誉？）

续表

公共项目的激励机制（正向激励）	
	访谈问题
6	对于县（市）项目协调领导小组的激励？（晋升？资金？荣誉？）
7	对于地方项目办工作人员的激励？（晋升？资金？荣誉？）
8	世界银行项目建设是否纳入上级部门绩效考核目标？
9	公共项目能够可持续运行的关键是什么？
公共项目的激励机制（负向激励）	
	访谈问题
1	您觉得承担世界银行公共项目的压力大不大？
2	世界银行公共项目的各种监督机制（绩效评估、外部监测、利益相关者、满意度）有压力吗？
3	项目实施状况不好，县（市）项目协调领导小组会给压力吗？省世界银行办会给压力吗？有没有行政问责机制？
4	公共项目实施状况不好，老百姓会给压力吗？
5	有没有地方项目办工作人员因为项目问题受到惩罚？受到什么惩罚？
6	地方项目办受谁监督？（省世界银行办？纪委？第三方机构？老百姓？）

公共项目偏好调查

×××利用世界银行贷款
建设农村经济综合开发示范镇项目偏好调查问卷

为更好地利用世界银行贷款建设农村经济综合开发示范镇项目，保证项目能够具有价值，确保项目绩效目标的实现，请您根据实际情况配合我们完成此项调查。请在您的选项上勾选"√"即可，选项均可复选。

1. 基本信息

姓名：_____　　　　　　村组：_____

2. 您所受的教育程度：

（1）小学（ ）　　（2）初中（ ）　　（3）高中（ ）

（4）大学（ ）

3. 本次调查之前是否了解这个项目和工程？

不了解_____。为什么：

（1）无人告知（ ）

（2）听说过，但不了解具体情况（ ）

（3）不知从何处了解（ ）

（4）跟我没关系（ ）

（5）不关心（ ）

了解_____。从何处了解：

（1）政府公告/宣传（　）

（2）村干部讲的（　）

（3）其他人说的（　）

（4）自己询问的，询问谁：_____？

4. 是否赞成该项目？

（1）赞成（　）

（2）不赞成（　）

（3）无所谓（　）

5. 项目与您的关系：

（1）很密切（　）

（2）不太密切（　）

（3）没有什么关系（　）

6. 您认为项目能带来那些最重要的价值是：

（1）家庭收入会增加（　）

（2）工作机会更多（　）

（3）路会更好走（　）

（4）村里的环境会变好（　）

（5）会养更多的牲畜（　）

（6）牲畜更好卖（　）

（7）能学到更多的知识技能（　）

（8）其他_____

7. 您对以下项目价值的关注程度：

项目环节	非常关注	关注	不关注	无所谓
项目的可持续性				
项目的相关性				
项目效益				
项目承包商盈利				
自己能从项目中受益				

续表

项目环节	非常关注	关注	不关注	无所谓
项目组织成长				
项目工程质量				
项目招投标管理				
项目受到的投诉数量				
项目进度				
项目安全				
项目财务管理				
项目的公众满意度				
项目的投诉得到及时回应				
项目相关信息的公开性				
媒体的正面宣传				

8. 您认为下列措施是否重要?

措施	重要	不重要	说不清
项目开始之前充分征求群众意见			
项目进行中随时接受群众咨询和监督			
公布监督热线电话,随时接受群众咨询和举报			
定期公布项目进展信息			
派群众代表参与项目决策、管理和运作			

调查时间: 年 月 日

被调查人姓名: (签字)

调查人员: (签字)

| 后　记 |

　　本书是我整个研究生生涯的最终检验，不敢妄言重要的理论研究贡献，却无疑倾注了大量的心血，希冀能够为以公共价值为基础的政府绩效治理理论（PV-GPG 理论）的落地提供方法支撑，为公共项目绩效的测度与改进提供思路与借鉴。

　　感谢恩师包国宪教授。本书的选题起源于导师关于政府绩效评价多年的思考：既有的政府绩效具有"测不准"特性，我们需要在绩效测量方面形成一套可操作的程序与方法，推动政府从过去"我们做了什么，绩效是多少"转向"我们什么没做好，损失有多大，改进空间在什么地方"。导师委我以重任，让我承担这一理念的具体落实。在本书研究的过程中，导师承接了来自世界银行、甘肃省政府等委托的系列公共项目评价与监测研究项目。我有幸受导师指派，作为项目秘书全程深度参与了这些项目。这些研究项目为本书提供了广阔的场景、丰富的素材、便利的条件，使我能够通过 PV-GPG 理论来指导公共项目的绩效测度与改进，又能够在承担公共项目评价实践任务的过程中深化和丰富对 PV-GPG 理论的认知。本书在理论与实践的深度交融与密切互动中得以成形。

　　对导师的感谢不仅在于他对我论文的指导与对我的信任，更在于七年期间，导师对我做事为人的言传身教。导师所提出的 PV-GPG 理论对于我人生的方向同样具有启示，它告诉我，只要路走对了，就不怕遥远。导师"让平凡变得不平凡，视不平凡为平凡"的寄语让我领会到，一个人应当追求的不是世俗的成功，而是成功后的世俗和高贵的精神品质，其中，"专业与负责"应该成为一切从业者的精神底色。导师于学生有包容与大爱，因材施教，有教无类，给予我广阔的发展空间，心中有佛，看人皆佛，人人皆可以为圣……导师给予的太多，无以为报，唯有传承师道、践行理念、踏实做事、本分为人。

感谢加里·瓦拉丁汉姆（Gary Vanlandingham）教授，2019 年 2 月至 2020 年 2 月，我经包国宪教授推荐，受国家留学基金委建设高水平大学公派研究生联合培养博士项目资助，赴美国佛罗里达州立大学访学。访学期间，美方合作导师瓦拉丁汉姆博士给予我学术上的指导与生活上的关照。瓦拉丁汉姆博士专长于公共项目评估与循证决策，他对于本书如何开展公共项目绩效损失测度体系构建方法有具体指导，主要思路体现在本书的第六章。

感谢丁煌教授、周志忍教授、周光辉教授、孙柏瑛教授、朱德米教授、丁志刚教授、韩国明教授、童星教授、刘帮成教授、李少惠教授。各位教授在本书问题设定、结构调整、贡献呈现等方面提了很多宝贵的意见与建议，基于意见与建议的修改为本书增色不少。

感谢论文写作过程中参与深度访谈的合作单位人员，包括世界银行驻华代表处高级项目经理董文嫣、甘肃省发展和改革委员会原产业协调处处长王志民、甘肃省发展和改革委员会原灾后重建办主任王永杰、甘肃省发展和改革委员会国际产能合作办公室原主任刘军、甘肃省原世界银行小城镇项目秘书李保民及甘肃、广东、湖南三省世界银行项目子项目办公室主任，与你们的交流使本书汲取了充足的实践养分，同时我们也建立了友谊，希望以后可以继续深度交流与合作，你们宝贵的公共项目运作经验必将能够为绩效损失测度的完善提供助益。

感谢管理学院王学军教授、吴建祖教授、单菲菲教授一直以来对我的支持、关照和指导，你们的鼓励使我更加坚定要在学术之路上砥砺前行。感谢郎玫教授、保海旭教授、李一男副教授、叶杰副教授、张弘博士、王永杰博士、蒋丽华博士、侯莎莎博士、张蕊博士、刘宁博士以及各位师兄弟姐妹对我在学期间的帮助与支持，研究中心的讨论、调研途中的趣事、田间地头的扎根，点点滴滴，总在心头，你们于我，亦师亦友亦家人。

感谢兰州大学管理学院原党委副书记、兰州大学土木工程与力学学院党委书记韩伟老师，韩老师对我有知遇之恩。我能够进入管理学院学习并拜入包老师门下，始源于2013年2月那个来自韩老师的电话。当时管理学院分管招生工作的韩老师在看到我的调剂申请信息后，联系并引荐我进入包老师课题组。现在想来，感慨万千，如果没有这一个电话，现在的我是否已经找到未来的方向？

感谢管理学院沙勇忠教授、何文盛教授、李少惠教授、韩国明教授、张国兴教授、贾旭东教授、张若勇教授对我的授课，你们的指导使我掌握了更多的研究方法，汲取了丰富的理论知识，在全书处处体现。

感谢竺乾威教授、杨永恒教授、杨开峰教授、蓝志勇教授、杨立华教授、米加宁教授、孙柏瑛教授、于文轩教授、马亮教授、朱亚鹏教授、梅赐琪教授对我学术之路的指引，无论是聆听讲座还是当面请益都令我受益匪浅。

感谢我的好友兼同学李骏博士、门路博士、杜丽娜博士、唐菂博士，在共度的学术生涯中，我们相互支持、相互学习、相互勉励，纵然以后的工作地点天南海北，我们一定可以继续分享各自的学术梦想。另外，我的学生皇甫操慧负责了书稿后期的部分编排工作，在此一并致谢。

由衷感谢社会科学文献出版社马克思主义分社社长曹义恒老师、社会科学文献出版社新媒体部主任秦静花老师，他们为本书的出版提供了方方面面的帮助。感谢本书的责任编辑岳梦夏老师、文稿编辑李铁龙老师，他们在编辑业务上精益求精，在沟通上耐心负责，为本书的出版提供了可靠保障。

另外需要说明，由于作者能力和资源所限，书中存在疏漏在所难免，期待广大读者批评指正。

2023年12月于兰州大学齐云楼

图书在版编目(CIP)数据

公共项目绩效损失测度与治理研究：基于 PV - GPG 理
论的视角 / 马翔著. -- 北京：社会科学文献出版社，
2024.4
ISBN 978 - 7 - 5228 - 3549 - 5

Ⅰ. ①公… Ⅱ. ①马… Ⅲ. ①公共管理 - 项目管理 -
经济绩效 - 研究 Ⅳ. ①F062.4

中国国家版本馆 CIP 数据核字(2024)第 080056 号

公共项目绩效损失测度与治理研究
——基于 PV-GPG 理论的视角

著　　者 / 马　翔

出 版 人 / 冀祥德
责任编辑 / 岳梦夏
文稿编辑 / 李铁龙
责任印制 / 王京美

出　　版 / 社会科学文献出版社·马克思主义分社 (010) 59367126
　　　　　　地址：北京市北三环中路甲 29 号院华龙大厦　邮编：100029
　　　　　　网址：www.ssap.com.cn
发　　行 / 社会科学文献出版社 (010) 59367028
印　　装 / 三河市尚艺印装有限公司

规　　格 / 开　本：787mm × 1092mm　1/16
　　　　　　印　张：15.5　字　数：237 千字
版　　次 / 2024 年 4 月第 1 版　2024 年 4 月第 1 次印刷
书　　号 / ISBN 978 - 7 - 5228 - 3549 - 5
定　　价 / 98.00 元

读者服务电话：4008918866